記憶で書き直す歴史

記憶で書き直す歴史

「慰安婦」サバイバーの語りを聴く

韓国挺身隊問題対策協議会・
2000年女性国際戦犯法廷証言チーム

金 富 子／古 橋 綾……編訳

岩波書店

HISTORIES REWRITTEN THROUGH MEMORIES
Voices of "Comfort Women" Survivors
Second Edition

by Testimony Team in Korean Commiitee for the Women's International War Crimes Tribunal 2000 for the Trial of Japanese Military Sexual Slavery at the Korean Council for the Women Drafted for Japanese Sexual Slavery

First published 2011 by Pulbit, Seoul
This Japanese edition published 2020
by Iwanami Shoten, Publishers, Tokyo
by arrangement with
The Testimony Team in Korean Committee for the Women's International War Crimes Tribunal 2000
and
The Korean Council for Justice and Remembrance for the Issues of Military Sexual Slavery by Japan.

編訳者まえがき

本書は、『記憶で書き直す歴史——強制連行された朝鮮人軍慰安婦たち4』（韓国挺身隊問題対策協議会二〇〇〇年日本軍性奴隷戦犯女性国際法廷韓国委員会証言チーム編、プルピッ、初版二〇〇一年、改訂版一一年。『証言4集』と略す）を翻訳したものである。本書には、「慰安婦」サバイバー九人の「証言」（第Ⅱ部）を中心に、これら「証言」を証言チームがどのように聴き取りしたのかという経緯と方法論を論じた「改訂版序文」（一一年）・「序論」（〇一年）を改題して見出しを適宜つけ第Ⅰ部に置き、巻末に聴き取りの実践例を示した「付録」を収録した（翻訳は改訂版に依り、韓国挺身隊問題対策協議会・二〇〇〇年女性国際戦犯法廷証言チームと略した。同協議会は一八年に日本軍性奴隷制問題解決のための正義記憶連帯に改編・改名した）。また、証言を日本の読者により深く理解していただくため歴史的背景を解説した編訳者解説「証言を理解するために」をあとがきに加え、「地図」も新しく作成した。

なぜいま日本で、二〇年前に韓国で出版された「慰安婦」証言集を翻訳・出版するのか疑問に思う人もいるかもしれない。しかし、この二〇年間、日本軍「慰安婦」問題は解決するどころか、むしろ「慰安婦」バッシングや嫌韓言説が深刻化している。その一因として、韓国の「慰安婦」問題解決運動や研究が「反日ナショナリズム」にとらわれ、その枠組みからこの問題を発信しているというイメージが、日本社会のなかで根強く存在しているためではないかと私たちは考えた。

とくに被害者の証言について言えば、韓国の聴き手（研究者や活動家）が、「反日」や「純潔主義」の立場からそれに都合のいい「定型的な」被害証言だけを聴いてきた、などと疑う人々が少なくないのではないか。しかし実際はそうではなく、韓国での「慰安婦」証言の聴き取りは、語り手（「慰安婦」サバイバー）が主導者となり、本人が語りたいことを語りたいだけ語るという、語り手をどこまでも尊重するものだったこと、聴き手である研究者たちはそうした経験から学びそれを理論に昇華させたことを、日本の多くの人に知ってもらいたいと考え、本書の翻訳刊行を企画した。

本書の「慰安婦」サバイバー九人の証言を読めば感じていただけるだろうが、まるで彼女たちの肉声が聴こえてくるかのように編集されている。ここに本書の画期的な意味がある。それまでの韓国の証言集（1集・2集・3集）では、聴き取りを第三者的に書き言葉で、かつ時系列で編集したのに対して、本書はサバイバーの語りをありのままに活かすために方言が混じる口語体で編集され、しかも言葉としては紡ぎ出されなかった想い——息づかい、泣き方、沈黙——までも読者に届けようとした。さらに、「慰安所」での性暴力被害だけでなく、サバイバーの人生全体によりそい、彼女たちの「記憶の地図」をともに歩もうとした。それは、サバイバーに学び、聴き取りの方法を証言者中心主義、すなわち「問うから聴く」（聴き手が聴きたいことを問うのではなく、語り手が語りたいことを聴く）に転換した本書の方法論に基づくものだ（第Ⅰ部参照）。

そのため、この九人の証言を日本語に翻訳することは、並大抵の苦労ではなかった。それでも、古橋以外に証言の訳者として趙慶喜《チョウキョンヒ》氏、金美恵《キムミヘ》氏、李玲実《リリョンシル》氏、中野宣子氏が名乗りをあげてくれたのは幸いだった。編訳者・訳者どうしで、また全編を監訳してくれた裵姈美《ペヨンミ》氏をまじえて、数回の会議を開き、訳文の検討を重ねた。方言をどう表記するか、語尾はどうするか、ここのニュアンスはこうではないのか……。検討作業は果てしなく続くように思えたが、それぞれが編訳者の想像を超える熱心さで取り組んでくれた。韓国に渡り、梁鉉娥《ヤンヒョナ》氏・崔奇子《チェキジャ》氏・金秀娥《キムスア》氏など『証言4集』の聴き取り・編集に携わった証言チーム・メンバーと検討会議を催し、細かいニュアンスの確認を行った。その際に、聴き取りの状況と内容を詳しく語っていただいたことで当時の情景を思い描くことができ、その後の作業に有効な時間となった。その後も海をこえた協議は続き、明らかな誤記は証言チーム・メンバーと確認のうえ修正した。このようにして、多くの方々にご尽力いただき、翻訳を完成に近づけていった。第Ⅱ部（証言）を主に古橋綾が、それ以外を金富子《キムプジャ》が担当した。

証言を最初に読んだとき、一次翻訳をしたとき、会議で検討作業を行ったとき、推敲を重ねたとき、韓国での会議で聴き取りメンバーから聴いたエピソードをふまえ読み返したとき、そして出版を目前とした今……。段階を追うごとに、より一層、語り手たちの声が聴こえるようになり、彼女たちの人生が迫ってくるようになったと感じている。

おそらく、読者の皆さんも一読しただけでは意味がわからない部分があるだろう。想像力をふくらませながら、ぜひ何度も読んでいただきたい。話し言葉の響きを感じながら、声に出して読んでいただきたい。そして、日を置いてまた読んでいただきたい。いくら想像しても想像力を超えたところにある「慰安婦にされたこと」の被害にあったサバイバーたちの人生の軌跡と、彼女たちとともに歩もうとしてきた韓国の活動家・研究者たちの足跡を感じていただければ幸いである。二〇年前に聴き取られた本書に登場するサバイバーの方々はお一方《ひとかた》を除き、みな鬼籍に入っている（二〇二〇年八月現在、尹順萬（ユンスンマン）さんは満九一歳でご存命）。彼女たちが残した語りをどう紡いでいくのかが、後に続く私たちの課題なのではないだろうか。

本書出版の直接的なきっかけは、「戦争と女性への暴力」リサーチ・アクション・センター（以下、VAWW RAC）総会シンポジウム「『慰安婦』被害はどう聞き取られ、叙述されてきたか――証言からオーラル・ヒストリーへ――」（二〇一八年九月三〇日）に、『証言4集』の証言チームを率いた梁鉉娥氏を招いて基調報告をしてもらったことだった。この時に梁氏の報告をより深く理解してもらうため、本書の編訳者である金富子と古橋綾がそれぞれ「序論」、「慰安婦」サバイバーの韓オクソンの証言を翻訳して、シンポジウムの資料として提供した。その後、この内容とともに過去の戦争や現代の性暴力・性搾取も含めて執筆者を増やし金富子・小野沢あかね編『性暴力被害を聴く――「慰安婦」から現代の性搾取へ』が企画され、さらに本書を翻訳する企画へとつながった。両著は姉妹本の関係にあるので、『性暴力被害を聴く』も読んでいただければ幸いである。両著とも、『証言4集』刊行のきっかけとなった法廷から二〇年目の今年、加害国日本で刊行されたことを何よりも喜びたい。『証言4集』は英語版も刊行される予定である。

戦時性暴力サバイバーの語り（九人の証言）だけでなく、理論（「序論」）と具体的実例（「付録」）を兼ね備えた本書が、日本において「性暴力被害を聴く」ことはもちろん、女性史・ジェンダー史研究、オーラル・ヒストリー研究にも貢献することを願ってやまない。

並大抵の難しさではない証言の翻訳に心血を注いでくれた趙慶喜氏、金美恵氏、李玲実氏、中野宣子氏、全編の監訳に尽力してくれた裵姈美氏に改めて心からの感謝の意を表したい。証言翻訳への全面的な協力を惜しまなかった梁鉉娥氏をはじめとする『証言4集』証言チームに敬意と感謝を捧げる。金昌禄《キムチャンロク》氏には日本語翻訳の相談にのっていただき、これをきっかけに日本軍性奴隷制問題解決のための正義記憶連帯から翻訳助成をいただいた。両者に深く感謝申しあげる。『性暴力被害を聴く』編者の小野沢あかね氏にはさまざまなサポートをいただき感謝に堪えない。シンガポールに関する専門的な助言をくださった林博史氏、南洋群島に関する専門的な助言をくださった今泉裕美子氏、全編を読み助言をくれた洪昌極《ホンチャングク》氏に感謝申し上げる。カバー図版は、『証言4集』カバー図版にちなんで、韓国の社会的企業マリーモンド「花ハルモニ」プロジェクトから金学順《キムハクスン》さんに献呈されたムクゲのモチーフを使わせていただいた。『性暴力被害を聴く』カバー図版で使用した宋神道《ソンシンド》さんのモチーフとともに、マリーモンドのご厚意に深く感謝したい。仲介してくれた梁澄子《ヤンチンジャ》氏にも感謝する。いつも応援を惜しまないVAWW RAC運営委員メンバーに変わらぬ感謝を捧げる。

最後に、本書が加害国日本で出版される意義を認め、出版への道を開いてくれた岩波書店の中本直子氏に心から感謝いたします。何よりも日本の読者のみなさんに、朝鮮人「慰安婦」サバイバーの声が鳴り響くことを願ってやみません。

二〇二〇年九月

金富子・古橋綾

目　次

第Ⅰ部

問うから聴くへ
——聴き取りの方法論

第1章
声から歴史を書き直す

梁《ヤン》 鉉《ヒョ》娥《ナ》（証言チームを代表して）
改訂版序文、二〇一一年八月記

多様で躍動的な主体としての被害者

『記憶で書き直す歴史――強制連行された朝鮮人軍慰安婦たち４』が出版されて一〇年がたった〔二〇一一年当時〕。本証言集改訂版を出すにあたり、過去一〇年間の被害者の証言研究、オーラル・ヒストリー〔原文：口述史〕、そして日本軍「慰安婦」問題をめぐる変化と進展を振り返ろう。

一九八〇年代以降しだいに広がった韓国社会の民主化の熱望のなかで、「下からの歴史を書くこと」の雰囲気が自然につくられていった。これは、学生運動や労働運動を超えて、フェミニズムや過去清算運動など多様な流れとしてあらわれ、その間の歴史叙述ではまともに代弁されてこなかったサバルタン〔原文：基層民、subaltern〕に対する関心がつくられた。これに加えて生活史、文化史、ミクロ・ヒストリー〔特定の対象の細部や日常生活を探求する歴史研究の方法論、またはそのように記述された歴史〕のような新しい歴史叙述の流れが、証言研究に影響を与えたことも否定しがたい。

振り返ってみれば、韓国挺身隊問題対策協議会・二〇〇〇年女性国際戦犯法廷（以下、二〇〇〇年法廷)証言チームも、このような時代的な脈略に置かれていた。二〇〇〇年法廷は、アジア八カ国が参加した初めての国際的な民衆法廷であり、証言チームは、一九九九年四月に、この法廷のための真相究明を目的として出帆した。合計三〇名の研究者たちが自発的に参加して、証言集を刊行するまで証言チームを続けた。この証言集が二〇〇一年当時、新たな問題のタネを投げえたことは、証言チームが当初には予想しえなかった多様な問いと挑戦にぶつかって、多くの学びがあったためだと考える。

改訂版の刊行をきっかけに、このことを再整理してみたい。

本証言集は、サバイバーの主体の性格について問いを投げ、これを通じてサバイバーたちを新たに再現したと思う。この証言集でサバイバーたちは、サバイバーで、被害者で、ハルモニ(おばあさんの意。サバイバーへの親しみをこめた呼び方)であり、一人の女性であり、名前をもった個人として再現された。このように多様で躍動的な主体として被害者を再現したことは、当時の韓国社会が日本軍「慰安婦」サバイバーに対してもっていたステレオタイプの被害者像から解放する役割をなしとげた。「慰安婦」被害者というアイデンティティが認められ、それと同時に付与された固定的な被害者への視線を、ある程度は解体させることができたのである。この証言集では、被害サバイバーは泣いていないし、横向きの姿でない正面写真を大きく載せている。それぞれのハルモニたちがもつエスプリをとらえて、彼女たちのもっとも美しい姿を載せようとしたのだ。このような再現は、当時の韓国社会でつくられていた「恨《ハン》多き被害者」の像とは異なる別の姿を示すきっかけの一つになったと評価できる。

証言チームのこうした視角は、証言者たちの証言をいかに解釈するかという重要な問題に連なっていた。たとえば、「慰安婦」サバイバーたちの主体性に注目することで、次のような事実が見えてきた。一生涯「慰安婦」サバイバーたち自身が「慰安婦」だったことを隠して暮らし、自分の子どもにさえこの事実を隠したのは、被害者の貞操観念によって自身を恥ずかしいと思ったからではなく、韓国社会から子どもと自身を保護するための積極的な対処だったということである。貞操観念を持っていたのは、彼女ではなく韓国社会だったのだ。こうした事実を発見することによって、彼女たちは被害者であるだけでなく、荒涼とした韓国近代史を生きてきた積極的なサバイバーとして生まれ変わることとなった。日本軍「慰安婦」ハルモニたちが、植民地と戦争を経験した韓国女性に対する一つの意味深長なメタファーなら、彼女たちについての新しい像は、今日を生きる女性ないし韓国人とは誰なのかを問い直すきっかけになるのではないだろうか。

ポスト・コロニアリズムの観点から見るときにも、被植民地のサバルタンの体験と証言は、植民地の歴史を再考する一つの方法になる。それは、従来の民族主義的な視線からみた「解放」を望む単一民族の統合された声でもなければ、マルクス主義的な視線からみた無産階級の階級的位置からの発話でもない。むしろスピヴァク(Gayatri Spivak)が喝破したように、その声を聴く方法論、すなわち視線をもちえていないという認識が必要だ。それは、階級的、民族的、ジェンダー的、という多様な立ち位置のなかで重層的に(再)決定される主体性であるゆえに、脱植民地の課題もまた帝国主義的な対決や批判ではなく、「まず自己からの」省察であり、批判でなければならない。まずはこの声から「書き直す歴史」を追求しなければならない。

サバイバーとの出会いのなかで視覚がつくられる

前述した被害サバイバーの主体性についての証言チームの発見は、従来のポスト・コロニアリズム理論やフェミニズム理念に影響を受けてもいただろうが、むしろサバイバーとの出会いのなかでその視覚がつくられたという側面が多かったと言わねばならない。証言チームがもった偏見と通念を「下ろしたら」、サバイバーたちの、生きられた主体性が現れたともいえよう。この点から証言研究の作業は、禅と通じるところがある。ステレオタイプの被害者像を脱することは、これらの被害を黙認したり、縮小することを意味しない。むしろその逆だ。日本軍「慰安婦」被害者たちの被害は、慰安所での強かんで終わったわけでも、クライマックスだったわけでもない。ある者は生涯を一人の人間として楽しく大手を振って歩いて暮らすことができなかったことから、ある者は子どもを一度も産めず女として男の愛情を一度も受けることができなかったことから、ある者は一生つづく秘密と貧しさと病から、それぞれの被害を証言していることを見るとき、「慰安婦にされたこと」の被害とは、個人的であり多層的かつ現在進行形のものだった。

このように見るとき、慰安所で彼女たちが経験した強かんだけに焦点を合わせる韓国社会の支配的な視線は、ややもすれば彼女たちの被害について、女性の貞節やセクシュアリティだけに意味を付与する家父長的な視線の産物だとも言える。日本軍「慰安婦」として受けた強かんは、貞操を蹂躙した犯罪を超えて、人道に対する罪として、植民地主義、家父長制、そして軍国主義が結合してもたらした構造的な産物として、より厳しく分析しなければならないだろう。日本軍「慰安婦」制度という組織的犯罪には、軍国主義の戦争遂行のための男性の性欲解消、家父長制下の女性蔑視、植民地主義下における朝鮮人の道具化、といった多くの位相が存在する。それでも、この犯罪が何を意味し、何に帰結したのか、その真実を語る重要な話り手は、法ではなく、彼女たちではないのか。被害は、彼女たちの人生を通じて構成されているからだ。それだけでなく、過去六〇年の間、誰も語らなかったこの「巨大なアジアの忘却」を破って出てきたのが、金学順《キムハクスン》をはじめとするサバイバーの証言だった点を忘れてはならないだろう。

観察者、再現者である被害者

このように証言チームは、被害調査という名目で彼女たちを他者化する視線に対して問題提起をしつつ、証言調査の方法に多くの関心を注いだ。彼女たちの被害に近づくためには、彼女たちの視線に、彼女たちの苦痛と涙に、より一層耳を傾けなければならないのではないか。けれども「どのように」、あるいは「何のために」耳を傾けるのが適切なのか。苦痛についての著名な著者であるスカリー(Elaine Scarry)は、「身体の苦痛をどのように言葉で表現できるのか」について問うた。彼女たちの被害に近づくために、彼女たちの言語と視線に、彼女たちの苦痛と涙にもっと耳を傾けるべきではないのか。苦痛は人間の言語とは異なる次元のものだが、言葉で表現されなければ、隣人の苦痛から共感をたぐりよせ難いゆえに、苦痛は再現されることを待つ。この点から被害者の証言は、被害の言語ではなく、すでにそれを「見つめる」言語であることに留意しなければならない。証言を通して彼女の体験に近づこうとするだけで、証言は「生々しい経験そのもの」とはその境界が異なる。そのようにして経験を語る彼女たちは、被害者であり観察者であり、また再現者だ。

この証言集でも、証言者の、ある表現には切々とした痛みがつまっているが、別の体験については語りえないでいる。なぜ彼女たちは特定の体験については依然として表現することを躊躇するのか。たとえば、強かん、性暴力、あるいは体系的な強かんという言葉では、彼女たちの経験をすべて代弁することも、その感覚をすべて捉えることもできなかっただろう。そしてその経験を前後して有機的に続く生のさまざまな体験をしたとしても、聴き手も共感する者もいなかったため、語りとして構成されたことがなかったのだろう。それは苦痛の地点であるが、言説を超えた地点だ。証言調査において、被害サバイバーたちが自らの体験をすべて表現できたとか、証言チームがその言説をすべて再現したとどうして言えるだろうか。被害サバイバーの言語には、苦痛と勇気、沈黙と超越などがつまっている。

この点から本証言集を、二〇〇〇年法廷に提出された証拠資料としての意味だけに限定するのは難しい。二〇〇〇年法廷は民衆法廷、そして女性法廷として、被害サバイバーたちの証言に熱心に耳を傾けた。南北コリア（大韓民国と朝鮮民主主義人民共和国）がともに作成した共同起訴状（法廷では南北コリア検事団が結成された）には、当時存在した六七人の証言を統合して証拠として提出し、法廷は証言資料の価値を認めて最終判決文にサバイバーのさまざまな証言を引用した。けれども、前述した通り、証言の真実は法的な真実と出会いもするし、別れもする。法的真実の追究は法的有効性のある事実を析出するとするなら、証言の真実は生きている主体それぞれが感じ、体験した真実であり、他の人々が共感できる「相互主観的真実(intersubjective truth)」であるといえよう。

しかし、法的真実も、意味を交流しながら地平を共有する人間世界のなかに存在するという点から、証言の真実と本質的に別物なのかという問いを投げてみたい。被害者が経験した被害と苦痛が不法行為と犯罪の重さをはかる重要な基準だと言うとき、人間社会の相互主観的真実もまた法廷で受け入れるべき真実なのだ。法廷がこうした相互主観的真実に向かってもう少し開かれるとき、原状回復と正義という法執行の目的に近づくのではないだろうか。

被害者たちが人生を通して受けた被害の償いは、果たしてどのように果たされなければならないのか、「修復的正義(restorative justice)」のために、加害者にはどのような態度が求められるのか、現在の賠／補償の法的体系はどんな観点から構築されているのかなど、法学が傾聴すべき問題について被害者証言は語っている。このように二〇〇〇年法廷は、法と証言、歴史叙述と女性が対話をした法廷だったといえよう。

一方、証言チームは、証言再現の哲学と理論だけでなく、口述テキストを扱う方法論的側面に対しても多くの挑戦に直面した。証言が被害者の「生々しい言語」というよりは再現された言語だというならば、それは人為的に選別された「恣意的言語」とはどのように違うのか。私たちはこの両者の区別が非常に重要だと考えた。両者がきちんと区別されなければ、証言の構築性を否定して証言の客観性を主張する、実証主義的研究態度をたやすく呼び入れるためだ。周知のように、当時まで軍「慰安婦」被害サバイバーの証言研究は、事実か否かという事実性の物差しから判断される場合が多かった。もちろん法廷や政策などの目的から、彼女が本当に「慰安婦」被害者なのかを検証しなければならない場合があるが、これで証言の意義とメッセージを限定するのは悲劇だ。

なぜなら、事実性に基づく被害者の証言は、文書資料や別の事実によって知られた事実を（再）確認する役割を果たすだけで、被害者の声に対する新しい視線と地平を導き出すことはできないためだ。証言チームは、証言を実証主義の資料の一つに位置づける態度と自らを区別すると同時に、すべての真実は意味の付与次第という相対主義的な真実観とも距離を置いた。証言研究が見つけようとした真実は、蓄積された集合的真実の地平のなかに生きて行く社会の人々と交感する相互主観的真実だとひとまず言えるだろう。

また、軍「慰安婦」被害証言は、よく知られた事実の確認ではなく、「知られていない」事実の生産と受容という点から新しい真実を追い求める過程だった。どうして、このような真実を実証主義的事実に限定することができようか。前述のポスト・コロニアリズムで言及したように、サバルタンの声を判断・解釈する理論を私たちがもちえないなら、逆にまさにそれを見つけるために証言研究をしなければならなかったのだ。

読者がサバイバーの肉声を「聴くことができる」とき

現在ではオーラル・ヒストリーと証言研究において普通に取り入れられている「問うから聴く」への方法論が証言チームで生まれえたのは、こうした理論、あるいは理論がないことに基づいていた。そうならば、この「聴く」とは、たんにサバイバーの語りに忠実であることを意味するのだろうか。そしてサバイバーの言語を「聖化」させる態度にいたるのだろうか。ここで「聴く」とは、どんな意味をもつ空間なのかを考えてみよう。

ここで、「聴く」とは無思考の空間ではなく、先述したように、集合的真実の地平という相互主観的意味の脈略で行われることであるため、「聴く」の完成は究極的に証言チームではなく、読者との交感から成し遂げられると考える。読者がサバイバーの肉声を「聴くことができる」とき、証言をめぐる対話が可能になり、証言の真実が集合的真実のなかで受け入れられ、共鳴できるためだ。こうして証言研究は、実証主義の物差しとして裁断するのが難しい「やって来ない真実」を追い求めるための努力であり、私たちが誰なのかを語る集合的体験を活かすための探査だった。サバイバーの証言研究は、法廷の真実究明のための証言とライフ・ヒストリー〔原文：生涯史〕の交差点、そして個人のライフ・ヒストリーの叙述とアジアの歴史叙述の交差点に立っている。

他方、証言チームは口述テキストを活かすため、浅い知識でさまざまな方案を模索した。証言チームは何よりも忠実な聴き取り記録の作成に力を注ぎ、その主観的で脈略的な意味や口述言語の感じを伝えようとした。それは生々しい感じと主観性だけが重要なのでない。それを見失わないとき、彼女たちの主体がもつ真実の語りにもっと深く共感できる響きをもって伝えられると信じたためだ。とくに彼女たちの言語がもつリズムと韻律のなかで、その言語のなかに滲《にじ》んでいる音楽ないし詩と出会うようになるのだが、これこそが苦痛のなかの昇華(sublime)、涙のなかの悟りの一端を示していると考えたのだ。たとえば、次の文章は、本証言集に掲載された崔甲順《チェガプスン》の証言の冒頭だ（本書一四二頁）。

「私があんなふうにこの世で生きたと思うと眠れなくて、昼間でもこうして横になっていると」

「「誰か来るかな？　来ないかな？」来る人が誰もいなくてこうしていると、だんだん眠くなってひと眠りしてしまって、夕方になっても眠れなくて、あのことが思い出されるよ」

「自分のオモニから命拾いしたことが思い出されるし、あの日本人にされたこと。満洲から逃げてきて豆腐の商売して、まあ、そりゃあ売ったり買ったりしながらね、金を稼ごうとして豆満江《トゥマンガン》で溺れて死にそうになったこと、ぜんぶ思い出されて次の朝までぜんぜん眠れないですよ」

こうして証言は、社会的正義と真実だけでなく、人間の生に対する想像力と芸術的インスピレーションのための豊かな資料ともなる。

「記憶の地図」

他方、本証言集の意義において共同作業という側面は欠かせない。証言4集『記憶で書き直す歴史』は証言者と研究者の間の共同作業であり、研究者どうしの共同作業であり、研究者と（仮想の）読者の間の共同作業だった。「序論」（本書第I部第2章）にある通り、私たちは証言者に出会いつつ、同時に証言チームの集まりを続けた。証言者に対する主体性の鳥瞰、彼女たちの、そして私たちの「記憶の地図（map of memory）」の仕組みをつくって、インタビュー記録と五回にわたって再整理された編集本をみんなで回し読みし、直接対面できなかった証言者たちの存在を「感じようと」した。この作業は証言チームのなかに相互主観性をつくるプロセスであり、同時代を生きる「証言チーム」のなかに被害証言者の主体を受け入れるプロセスだった。この長くも厳しい過程をともに通り抜けながら、私たち自身も証言者となり、同時に証言の転移者となっていった。この点で証言チームの多数が証言関連研究者として成長したのは、驚くことではない。

証言が響き渡り、こだまとなって再び戻ってくる

この場を借りて、証言集を愛読してくれた読者たち、そして難産だった証言集の出版のために最後まで一緒に取り組んでくれた証言チームのメンバーたちに同志愛と感謝を伝える。また同時に、謝礼も断って表紙の芸術的な作業を引き受けてくれた崔《チェ》ミラン先生、被害者たちを一人ひとり訪ねて写真を撮ってくれた朴《パク》ヨンスク先生にも遅ればせながら感謝する。さらに本証言集の新しい試みに支援を惜しまなかった韓国挺身隊問題対策協議会二〇〇〇年法廷準備チームと証言チームの共同チーム長の余舜珠《ヨスンジュ》先生の苦労にも、遅ればせながら感謝する。過去数年間、絶版状態だったため本改訂版の出版が遅くなったが、本証言集の意義に共感して改訂版の出版を実現してくれた図書出版プルピッの関係者にも感謝する。いま証言集をみてみると、もう少し果敢でもよかったのにとの思いが浮かんだ。何より編集が節制されすぎて、実際のインタビュー記録や私たちの悩みの量に比して、出版された内容が多少簡略になったという気がして心残りだ。未踏の道を行こうとした当時の注意深さが自らを抑制する力に作用したと思われる。それはまた、本証言集が未熟な実験的境地にあったことを物語るものではないかと思う。将来、もっと多くの研究者がこの分野に関心をもって証言再現の方法論、さらには韓国の歴史をみる理論をもう少し多様な方式で、より緻密に、より正義の立場から取り組むことを期待する。

この間、たくさんのサバイバーが亡くなられた。二〇〇〇年法廷の判決では日本政府に多くの勧告をしたが、これらは実現されておらず、再び「待ちの一〇年」が過ぎた。本証言集に掲載された九名の被害サバイバーのうち、六名が亡くなられた。本改訂版には、各証言の最初のページに彼女たちの生の軌跡が二〇一一年二月現在と掲載されているので、参照してほしい（翻訳に際し二〇二〇年八月現在の状況も追記した）。けれども、証言本文は誤植を修正しただけで、二〇〇一年の初版通りであることを断っておきたい。このように多くのサバイバーたちが、もはや生存者ではなく犠牲者になったと伝えるのは胸が痛い。自ら命を絶った安法順《アンボプスン》証言者を含めて、この間に亡くなられた被害証言者の冥福を祈る。彼女たちが亡くなった後もこの証言集がサバイバーたちの言語と情緒を伝えるものとして、現在がいつなのか、私たちが誰なのかを忘却したまま生きている人々に言葉をかける役割をすることを願っている。被害サバイバーたちの証言が響き渡り、こだまとなって再び戻ってくることを確信しながら、次の発題文を送る（二〇一〇年一二月東京で開かれた「女性国際戦犯法廷から一〇年・国際シンポジウム」で発表された法廷首席検事パトリシア・セラーズの主題講演の一部）。

あなたの苦痛を見つめることで
私たちはやさしくいたわらなければならないと主張します。
あなたの若さが奪われたことを認めることで
あなたに幼な子の天真さを享受する権利があると主張します。
あなたが奴隷状態だったことを理解することで

私たちは奴隷制の完全な根絶を主張します。
あなたの戦時の苦痛を想起することで
私たちは今日の平和を主張します。
沈黙を破ったあなたの勇気を証言することで
私たちは私たちの声を発見します。

（訳・金富子）

第2章　この証言集をどのように読むのか

二〇〇〇年女性国際戦犯法廷証言チーム

序論、二〇〇〇年一二月一日記

I　証言集が出るまで——「問う」から「聴く」へ

〈二〇〇〇年法廷〉のための真相究明活動の一環として

この証言集を作成した証言チームが初めて集まったのは、一九九九年四月二日だった。もともとこのグループは二〇〇〇年一二月に開かれる〈日本軍性奴隷制を裁く二〇〇〇年女性国際戦犯法廷〉〈以下〈二〇〇〇年法廷〉〉のための真相究明活動の一環として構想された。当時、韓国に生存する元「慰安婦」は一五五名余りと把握されていたが、そのなかで証言集などを通して証言が記録されたのは六十余名にすぎず、証言チームはこうした未証言者たちに対する調査のために結成された。とくに〈二〇〇〇年法廷〉のための証言資料収集が主な目的だったと言えよう。

ソウルにあるいくつかの大学の、さまざまな専攻の大学院に在学中の大学院生たちで構成されたこのグループは、軍「慰安婦」問題、再現の問題等に関して一カ月程度のオリエンテーションの時間をもった。他方、これまでの調査に基づき、新しい「聴き取り〔原文：面接〕調査の態度」と「質問内容」をつくった（付録参照）。この質問内容と聴き取り調査の態度は、証言者が「慰安婦」にされた時期だけでなく、人生すべてを包括する点、事件そのものではなく証言者がそれに関してどのような意味を付与しているかに注意を傾けた点などをその特徴とする。とくに、聴き手（原文：面接者）ではなく、語ってくれるサバイバー証言者に聴き取りの主導権を持たせることによって、私たちの「調査」が「問う」から「聴く」次元へと進むことができた。証人の言葉から「キュー（合図）」を探し出し、その記憶を触発せよ。後述するように、それは糸のようにもつれた結び目の数々を引き出し、それを一緒にほどいていく作業だった。

私たちはまず二人一組となり、徴兵・徴用サバイバーの一人と面談したあと、「慰安婦」サバイバーに出会いはじめた。各組で平均三回証言者と会ったが、組によっては数カ月から一年にわたって行われることもあった。しかし、サバイバーといっても全員が「記憶のサバイバー」ではなかった。豊かな記憶が残っている場合もあるが、語るのをためらう場合、証言が難しい状況（家族状況など）、認知症の症状とともに記憶が深刻に毀損されている場合、健康状態が非常によくない場合など、出会った当初から生存の乱脈なありようにぶち当たった。ここで、私たちは六〇年放置された「慰安婦」事件のもつ時間の重さ、そしてその時間のなかで凝結した沈黙と闘い始めたようなものだった。

こうして一年半がすぎて、証言チームが出会った「慰安婦」サバイバーは二五人ほど、聴き手として証言活動に携わった人びとは全員で三〇名ほどに達した。サバイバーたちと出会い続けながら、他方で討論の場を続けた。ハルモニたちとの出会いから、この討論の場で私たちの「声」がわき起こった。聴き取り内容を聴き取り原文〔原文：原録取〕資料として作成するという当初の計画がたやすい課題ではないということを、とくに「聞こえる通りに書き起こす」という当初の考えはあまりに純朴すぎたということを痛感した。証言者の言葉をどこでつなげてどこで切り離すべきか、この発言をどのように文字に移すのかといった数々の問いが提起された。聴き取り原文を通じて伝えなければならない口述は、文字とは「異なる」体系の言語であることを発見したのだ。口述は、その発音、文法、表現などから文字とは重なりつつも異なる構造に属すのに、私たちは文字として口述を表現しなければならないことの難しさと隔たりの問題に直面した。そして録音された語りを文字化すること自体がすでに選択であり、再現であり、叙述の過程であることに気づいた。

この過程で私たちは、相互の経験を土台にして聴き取り記録〔原文：録取〕を文字起こしするという原則をつくり出していった。この時、証言者に会った聴き手の「記憶」も重要だ。なぜなら、聴き取りを文字に起こすとき、当時の証言者の表情、動作などを浮かび上がらせねばならず、なぜその時それを語ったのか、その時どんな話を避けたのかなど、語りの文脈と回路を理解していなければならなかったからだ。証言者の沈黙も記憶していなければならなかった。このように、レコーダーには録音されないさまざまな記号(signs)を、聴き手は理解し記憶していなければならなかった。忘れる前に記録しなければと考えて、証言者に出会うたびに徹夜しながら録音を文字に起こすチームもあった。また、同じ組であっても相互の理解を確認・共有するために、自らが「聴いた」証言に対して互いに論争しながら文字起こし作業を行った。確かに、聴き取り記録を文字起こしする作業は、単純に聴き手が記憶を忠実に再現すればいいというよりは、たとえばなぜあのとき証言者が沈黙したかについての聴き手の「理解」が求められるレベルのものだ。したがって、この過程ですでに証言者と聴き手の相互主観性がつくられ、表出されると言えよう。デリケートながらも政治性をも担保できる口述の文字化のためには、今後さらに開拓すべき技術的、学問的な問題が残っている。このようにして証言者に出会った私たちも、しだいに「証言者」になっていった。

以上の過程を通じて私たちは、こうして作り出された聴き取り原文が法廷や法学の枠組みでみる証拠資料に限定されず、歴史的資料の意味合いを持つということをはっきりと自覚した。伝わりにくい文字の体系ではあるが、これから永遠に残る聴き取り記録のなかには、個人としての彼女の経験と、歴史的存在としての証言者の事件の観察が複合的に記録されているためだ。それだけでなく、恐るべき事件と激動の時代に埋もれて内面に潜んでいた証言者の意味作用が、口述的表現のなかでよみがえっていた。

二〇〇〇年一月からは、証言集を作成するための準備会をはじめた。準備会には証言チームメンバーのうち九〜一〇名が自発的に参加し、そのまま編集チームへと移行した。この時から私たちは、毎回の会議のたびに詳しく記録をした。この会議録が蓄積されていくにつれ、一種の共同メモリーになって、編集およびさまざまな原則をたてる道しるべ(manual)になった。実は、この序論も会議録のたまものである。私たちは、一方で国内や外国の証言集を集めて読み、他方では各自のチームで作成された聴き取り原文をいっしょに読んで、討論しはじめた。私たちは聴き取り原文の編集と関連する原則、観点、理論をもたないまま、あるいはこれらを前もって選択するのを留保しながら、私たちの感覚(sensibility)を育てようとした。この期間は、再現と編集の感受性を育てた点でかなり生産的な時間だったが、不確かな状態に耐える点では高レベルのエネルギーが必要な期間だった。

韓国の過去半世紀を旅した記憶旅行

私たちは聴き取り原文をいっしょに読みながら、証言者の生涯、経験、記憶、人となりの特性を把握しはじめた。ああ、聴き取り記録は難解な「記憶の地図」だった！　どのように解読するのか、そしてどのように再現すべきか。多くの問いが提起された。具体的には後述するが、聴き取り記録を読み込みながら、私たちは証言者ハルモニのエスプリ(esprit)と出会うようになった。この時、私たちは証言集に載せる証言者を選んだ。証言や証言者の特性とは関係なく、証言者の記憶が比較的残っていて、三回の聴き取りが相対的に無理なく行われた証言はすべて掲載するという基準をたてた。こうした「寛容」な基準にもかかわらず、この証言集に掲載したのは全部で九人の証言だった。前述のように、聴き取り自体を完結するのが難しい方々も多かったためだ。

二〇〇〇年六月から本格的に編集会議に入った。証言者ごとに五〜一〇回にわたる証言編集の初稿が出たが、この編集初稿と聴き取り原文をいっしょに読む過程で編集チームはハルモニに対する理解を共有しはじめ、私たち全員がハルモニに実際会ったかのように感じるようになった。自然にハルモニたちにあだながついたのもそのためだ。タイタニック・ハルモニの金《キム》チャンヨン、黒牛の尹順萬《ユンスンマン》、伝貰《チョンセ》金(契約時に借り手が家主に一定の代金を預ける住宅賃貸制度)で借りた家のため頭が痛い金《キム》華善《ファソン》、お話上手な崔甲順《チェガプスン》、きれいなハルモニの金ボクトン、ムートン・ハルモニの安法順《アンボプスン》など。何度もインタビュー記録を読み返し、幾度も編集の修正を続け、各自が記した聴き取りの参加記(「私たちが見て聴いて理解した〜」として収録〕までもいっしょに書きながら、私たちはまるですべてのハルモニの証言を聴いたかのように、互いの編集に関与・介入できるようになった。いつのまにかハルモニに対する相互の感じ方を信頼できるようになったのだ。

何よりもこうした信頼は、おぼろげで捕まえきれず浮遊していたハルモニに、形を与えようとする時の不安と恐れを克服する力の源泉になってくれた。この過程は、証言者に直接会っていない人が編集に介入しなければならない共同作業の基盤になった点で非常に重要だ。

九月からは仕上げの作業に入り、つづり、記号、注およびカッコの使用のような実務的事項を点検して、証言集に載せる一つひとつの言葉がもつ意味を最終チェックした。この時、編集チームの外部の人々に見本を読んでもらう監読(proofreading)を行った。

こうした一年半にわたる証言活動は、証言者である七〇〜八〇代の女性たちといっしょに韓国の過去半世紀という時間を旅した記憶旅行だと言えよう。それは、女性の記憶がどのように歴史叙述の資料となるのかを、そして女性がどのように歴史の主体になるのかを表そうとした、至難でありながらも興味深い旅行だった。

Ⅱ　証言の再現と聴き取り記録の編集に交差した問題
——開かれた答え——

聴き取り記録の書き起こしを証言者と聴き手の間の空間における作業だというならば、証言集の作成は証言者たちに直接会ったことがない人々が証言者と出会う別の空間をつくることだ。つまり証言集をつくるプロセスは、私たちが聴いた証言者の声が読者に鳴り響くようにする作業だと言えよう。一年余の期間にわたって多くの苦悩と実験の果てに世に出た私たちの証言集には、新しい形式と内容が込められている。今回の成果はあらゆる試行錯誤と熱い相互批評が行き交う過程でつくり出されたものであり、その過程で行き交った多くの問いに対する開かれた答えだと言えよう。したがって、本書で取った再現の方式は一つの見本、または複数の見本(この証言集のなかでも証言者の個性によって編集の柔軟性を与えたので)にすぎない。

そうであるなら、証言を読む私たちの観点はどんなものであり、聴き取り記録を編集してテキストにつくる過程で、私たちはどんな問題に向き合ったのか。終わりのない研究の課題として、以下では数多くの問題について紹介しようと思う。

1　証言者たちとは誰なのか*

この証言集に掲載された証言内容は、「慰安婦」として動員された過程や慰安所での体験に限定していない。個人によって少しずつ違いはあるが、証言者たちは「慰安婦」経験を自らの一生についての語りのなかで語る。ある方は「慰安婦」経験に劣らず六・二五(一九五〇年六月二五日に始まり五三年七月まで続いた朝鮮戦争)の時の恐怖と空腹の経験が重要だと記憶しており、ある方はつい最近詐欺に遭って取られてしまった伝貰金《チョンセ》問題をもっと切実に訴えたりもする。これは、証言者に聴き取りの主導権を与えて、現在の状況を含む人生全体に注意を向けるという聴き取り指針のために、いっそう活性化されたのだろう。そうならば、こうした人生の語りは、「慰安婦としての経験」と無関係なのか。さらには、私たちが聴いた証言によれば、いわゆる「慰安婦」としての経験の語りも似たような問題を示している。ある方は慰安所で経験した「米軍の爆撃」に対して感じた恐怖を強制性交の状況よりも強く覚えていたし、またある方は慰安所がある南洋群島に行く途中に遭遇した難破と生命の危険をはるかに強く語った。

こうした記憶の内容を通して、私たちは「慰安婦」としての経験とは何であり、その被害と傷がどんな時間帯にあるものなのか、そしてそれは別の社会的諸次元とどんな関係があるのかという問題について考えるようになる。「慰安婦」経験とは、たんに軍人を相手とする慰安所生活に限定するのではなく、人間の生の総体的次元を威嚇するものであり、またその影響は持続的でありつつも現在的だという事実、そして家族関係や結婚、貧困、内面的不安など社会、経済、文化的な次元と重なる性質のものであることを証言は語っているのである。こうした観点から、本書は証言を人生全体を包括して紡ぎ出されたものだと理解する。そのため証言者の現在の状態、またそれにいたる過程もまたすべて証言だ。私たちは、読者にこうしたことを感じとってもらう空間をどのようにつくるべきかについて悩んだ。参加記で伝えた場合もあり、テキストのなかで表現した場合もある。このように見れば、証言者たちの記憶と口述のうち「慰安婦としての経験」という通念にふさわしいことを選び出し再現するのは、問題が多いだけでなく危険だ。「慰安婦」の経験が果たして何を意味するのかに対する答えは、何よりも証言者自身が「慰安婦」の経験という事件と自らの生を連関させて解釈して再現する像のなかにある。そして、それをキャッチできる解釈者の視線にかかっている。

そのため私たちは、複合的かつ多面的であり矛盾さえある証言者たちの自己再現に注目する。自身を再現する証言者たちの口述から、定型化された「慰安婦」の姿を見つけ出すのは難しい。日本軍への怨恨は日本軍将校との愛情と共存することもあり、子宮を強制的に摘出された現世の怨恨が息子を産んで生きる後生への願いにつながりもし、独立運動家の娘としてのプライドは別の「慰安婦」たちの生を「汚れた」過去だと卑しむ。韓国社会では、証言者を民主主義の闘士だと簡単に考えて、そうした姿に合わない態度や意識を例外的な個人の道徳的な欠落として見る傾向がある。

しかし、一つの時代を生きるすべての人々がそうであるように、証言者たちはさまざまな支配イデオロギーを内面化しつつも、同時にそのイデオロギーにおのずと抵抗する意識をもつ存在だ。それだけでなく、彼女たちはたんに過去の「慰安婦」にとどまる存在ではなく、不屈の生命力と意志で、生と死の境界をくぐりぬけ、韓国社会の不利な条件を切りぬけて生きてきた、そして生きている存在だ。私たちは、そうした多義的で多声的な声と彼女たちが構成する多層的な主体性を浮かび上がらせることによって、それをみつめる解釈の視線を開放させようとした。

2　記憶の問題

私たちは、証言者たちの自己再現から、ある種の構造的な枠組みを発見して、それを証言の記憶構造と名づけた。これに関連して、いくつかの論点にぶつかった。

第一に、選択的記憶と沈黙の問題だ。証言者たちは、「慰安婦」生活そのものに対する言及を避けたり、まったく覚えていないとも言ったり、強かん状況だけは強調するのに「慰安婦」生活はしていないと主張する場合もあった。このように、語ったり思い出すこと自体を避けるのは、サバイバー個々人が、「慰安婦」の経験を「汚された」貞操だと規定する支配的な理念に踏みつけられてきたことを示している。女性たちは、その記憶を思い出したり口に出すだけでも、自身の「汚されたこと」がよみがえり、それを認めることになると考えるのである。ここで聴き手たちは、時には語らないことにぶつかり、自身の「聴き取り方法」に挫折したりもするし、あるいは「慰安婦としての経験」をもっと聴き出すべきかどうか（あるいはもっと聴き出している自分をみながら）苦悩した。

しかし、前述のように、「慰安婦経験」とは何だったのかを再規定する過程で、私たちはこうした沈黙を、むしろ証言者たちに刻印されているトラウマ的な傷跡の深さを雄弁に物語るものだと理解するようになった。この傷跡は、「慰安婦経験」自体に起因するものであると同時に、その経験がなぜ起こったのか、またそれはあなたの過ちではなかったということをはっきり語ってくれない社会がつくり出したものでもある。六十余年の歳月の間、女性たちは独りでその傷跡に耐えてきた。したがって、私たちはこの沈黙と記憶の抑圧が、証言の不在ではなく、「慰安婦」問題の性格と持続性を物語る「証言」だと考えた。証言のなかで、慰安所の話がなかったり、不十分な場合があるとしたら、証言者がこの沈黙と抑圧の地帯を通過しているためなのだ。

第二に、何をどのように記憶するのかという問題だ。証言者たちは慰安所にいた時の年や地名などをはっきりと記憶できていない場合が多い。どのくらいの期間慰安所にいたのか、何歳で初めて結婚したのかがわからない方もいる。これは個人によって大きく異なる記憶力にもよるし、数十年がすぎた後なので記憶がぼやけたためでもある。しかし私たちは、証言に接しながら、年度や地名などに関連した記憶の共通した特徴を発見するようになり、この問題を別の観点から解釈しなければならないと感じるようになった。

彼女たちは一〇代後半の年齢で、見知らぬ人、見知らぬ土地、なじみのないもの、不慣れな言語に取り囲まれて生活をした。そのため、こうした不確かな記憶は、強制と嘘の情報のなかに連れていかれ、徹底して統制された状況におかれていた者の位置を反映する。すなわち、彼女たちの位置自体が、物事と事件を体系的な言語として記憶するための前提となる知識や条件をもちえなかったのだ。したがって、彼女たちが指揮命令系統や部隊名、移動経路などをほとんど把握しえなかったのは当然だった。こうした点から、証言者たちが文字を知らない女性たちであるため、時間感覚や記憶力が劣っており、客観的で体系的な情報を把握できずにいたと見る通念は、誤りである。

他方、文字を知らない世代の女性たちであるために、証言者たちはむしろ文字文化のそれとはまったく異なる原理で、自身の記憶を保存してきたとみられる。「何年にお生まれになりましたか?」と聞かれれば知らないと答える場合が多いが、証言者たちは自身を己巳(一九二九年。干支の組み合わせによる年の言い方)生まれ、または(干支の)何の年に生まれたと語ったり、節気(たとえば立春・立秋など)と祭祀(日本の法事)の時を基準に、時間を記憶する。学校教育を受けることができず、文字をほとんど知らない方が驚くべき記憶力と描写力で、聴く者を引きつける姿を目の当たりにするなか、私たちは、文字と、文字を通じて得た情報に依存せずに磨いてきた記憶と口述がもつ力に感服した。想像を超えるほど詳しくはっきりと、ある事件や当時の周囲の環境を描き出して、自身の肉体的、情緒的な印象を伝えたりもする。

そのうえ、六十余年前の幼い年で経験したこととその印象がここまで強烈に残っているという事実は、その経験の強度を物語ってくれる。私たちは、ここまで強烈な記憶の内容とそれとは対照的に不確かな記憶をいっしょに掲載することで、「慰安婦」経験の特性を浮かびあがらせようとした。

第三に、記憶の形式的な特性の問題だ。証言者が記憶を口述するとき、時制と年代記は一次的原理として作動しない。つまり、記憶には過去と現在が共存している。たいていの口述は時間的順序に沿って進むが、現在の事件や物事との連鎖作用によって記憶〔の口述の順序〕が乱れる場合が多い（ある方たちは、自分の人生を一目瞭然に年代順に口述したりするが、これは証言経験の繰り返しを通じて口述の形式が「整理」されたためだと見られる）。そのため、ささいに見えることをきっかけに隠されていた記憶がよみがえって、巨大な語りの包みが出てくることもある。たとえば、「あの時写真を撮ったよね」と始まる写真についての語りは、その当時目撃した別の「慰安婦」たちの死を引き出すきっかけになる。私たちは聴き取りで、こうした記憶の特性に注意を傾けて、証言者の記憶を活性化させようとした。したがってインタビュー記録には、このようにかせ糸〔束ね留めた糸〕のように、束ねられていた語りが広がったくだりが多い。

また、三回にわたる口述で、証言が似ている連結リングをもって重複することもあった。ここで私たちは、各証言者の記憶の構造、あるいは自分なりのやり方で記憶を保存している記憶の地図に接するようになった。記憶の地図は、証言者が自身を再現する方法が現れる地平として、インタビュー記録の内容を選択するのに重要な指針になった。また、聴き手が自分にとって意味が不明確な言葉がたくさんあり、それにもかかわらず、それが証言者にとって重要だと考える場合、それをテキストに含めた。

私たちは、このような記憶の時間的な混在と連想作用、記憶の地図をどのように再現すべきかについて、かなり苦心した。加えて、こうした証言者たちの記憶の特性とその意味を、直接証言を聴いていない読者たちに共有できるよう作成しなければならないという課題があった。そのため、私たちの悩みは、この両者の間をどのように調整して妥協すべきかという点で、いっそう厳しくなった。私たちは、証言者が記憶を解きほどいて語りを紡ぎだす特徴をテキストの構成と配置を通じて示すが、ただし読者の立場で混乱するかもしれない部分を省略したり、付け足したりする編集とその他の補助的な装置を通じて問題を統合しようとした。

構成と配置について、私たちはさまざまな試みをした。ある編集版の初稿は、記憶の連結リングを一次的キューにして、過去と現在を完全に行ったり来たりする構成にした。編集は、すべてその証言を直接聴いた人が主導したが、彼女たちは証言者の体験世界に自身を一致させようと努力した状態であるため、編集版が自身と証言者の間に形成された意味空間のなかで依然として留まりがちである。それで、直接証言を聴いていない他の編集チームメンバーは、主に読者の立場で読みながら、自分ではなく読者に向かった証言の再現を編集者に求めて質問と批判を投げかけた。みえない読者との「相互主観性」を想像しながら、そうした空間をつくるのはもう一つの挑戦だった。前述のように、編集メンバーたちは編集過程で証言者たちと慣れ親しんだために、証言者の個性、体験の特性、記憶の構造などについていっしょに討論することで、証言者の像を鮮明化して立体的に鳥瞰した。このように、各編集者の初稿に対する相互批判と討論、討論の結果を反映した修正版を作成しながら、三回から五回程度にいたったとき最終版に近い構成になった。

証言者それぞれの記憶構造を把握して、これを効果的に示すことができるスタイルを探せ。これが、私たちが試みた、記憶再現の原則だ。

3　口述的テキストとしての証言

読者たちが証言テキストを読むとき、まず目に入るのは「無数に開かれているが、閉じられていない引用符（" "）のオンパレード」（各テキストの最後に閉じられる）だろう。この引用符は、証言内容が編集者の言葉と単語で加筆されておらず、証言者の言葉を引用しながら構成されていることを知らせている。前述したように、証言を受け取る活動は、全身と両耳と心を開いて、証言者の言葉と沈黙、そしてしぐさを聴いて記憶する行為だ。私たちの引用符は、証言者が語っているということを、いま現在読者に語っているということを想起させて、読者に彼女の言葉に耳を傾けてもらい、私たちと同じく証言参与者になってもらうことを促す記号だ（本書では略した）。

しかし、こうした記号の表面的な意味は、もっと深い理論的な争点に連なる。証言者の言葉をそのまま引用するという再現の形式について、たくさんの問いが提起された。証言者の言葉をそのまま引用することは、何を意味するのか？　証言者の主体性を表すために、なぜ私たちは証言者の言葉を引用しなければならないのか？　加筆していないとしても、解釈の観点がないわけでもなく、すでに介入しているのに、こうした引用の形式は参与者が介入していないかのように偽装しているのではないか？　証言者の言葉で証言を構成するのは、いわゆる「ありのままの生々しい体験」を示すためではない。だからといって、証言者を見ている参与者の視線を取り除くためでもない。

私たちは、一方で言葉を事実それ自体や真実に還元する経験主義的な方法論に対して、他方でいわゆる「立証された事実」に符合する言葉だけを妥当な証言として採択・加筆する実証主義的方法論に対して、この両者とも距離を置こうとした。私たちが証言者の言葉をそのまま載せる理由は、証言者が自らの言葉を通して自らを再現していることを示すためだ。

したがって、ここに掲載された証言の本文はたんに聴き取り記録をそのまま移したのではなく、聴き手、編集者、編集チームメンバーたちの意図的な選択を経て編集されたものだ。それは、いくつかの粗い理論的な枠組みで証言を裁断するのではなく、証言者固有の精神と記憶に分け入ることによって、その声を体得しながら、同時に証言者の自己再現を見つめる距離を認識する「内的な外部者」としての視線を明瞭につくる過程だった。それゆえ本書の証言テキストは聴き取り記録の収録ではなく、生産された証言だ。また証言の引用符は、証言参与者を通じて集合的に響きわたる証言者の声を意味する。

こうした意味で、この証言集の証言は、口述的テキストだといえる。口述的テキストとは、言葉と口述状況を文字で表現したものをいう。口述状況での言葉は、倒置や省略が多く、間投詞（喜びや悲しみ、驚きなど感情を表現するときに自然にでる言葉）も多い。証言テキストを編集する過程で、読み進んでいくのに深刻な障碍となる間投詞を省略したが、言葉の長短とリズムを可能な限り損なわないようにした。また訛りの発音も、標準化された表現法が定着している場合を除いては発音通りに記し、イントネーションと言葉の長さも記号を付して表現して、身ぶりと表情、また沈黙をカッコのなかに地の文形式で入れた。したがって、この証言集は目で読むだけではよくわからないかもしれない。証言者の言葉一つ一つを、心でなぞるように読み進めることを勧めたい。

しかし、口述を文字記号として完璧に表現することはほとんど不可能だ。証言者はそれぞれ異なる口述スタイルを持っており、ゆっくり話す方がいるかと思えば、早く話す方もいるし、質問に対し非常に短く答える方もいれば、滔々とぶちまける方もいる。同じ証言者でも、言いたくない部分と言いたい部分によって、その語調や早さが変わったりもする。私たちは可能な限り、これを視覚的に表現しようとした。余白の置き方や段落分け、フォントにはそうした意味が込められている。

とりわけ、この証言テキストの特徴は、対話状況に参加していない人に向けて語る口述テキストだというところにある。このことは、作業の間つねに私たちを苦しめた問題だった。証言活動は対話的な状況であり、したがって対話状況では理解できない単語があるときは尋ねることもできるし、簡単な指示代名詞がしめす複合的な状況についても何回かの訪問を通じてわかった内容から類推することもできる。実際、インタビュー原文には、証言を聴いた参加者にしか理解できない話や単語、指示代名詞でいっぱいだ。このような状況的な文脈が入り込んでいる証言者の言葉だけをもって、その文脈の外部にいる読者に証言者の語りを表現するのは簡単なことではない。結局、この問題は、編集者がどのくらい、またどんな原則で意味と文脈を構成するのかに集約される。編集者が本文に介入するのは、証言者に代わって編集者の意見を浮上させることになるという考えから、可能な限り本文への介入は最小限度にしようとしたのであり、現在のテキストにみるように、注やカッコなどの使用でそれを調整した。

意味と文脈の構成において重要な問題は、証言者の言葉をどのように切り、つなげるのかだ。作業を進めるにつれ、私たちは「読者に向けた」意味単位の構成に優先順位をおくようになった。そのため、本書において行や段落を変えたのは、証言者ではなく編集者の意味化戦略によるものだ。

このように、私たちは証言者の記憶スタイルと個性を活かすが、ただし対話状況に参加していない読者と意味を共有できる（と考えられる）編集のやり方を探ろうとした。読者はもう気づいただろう。この証言集に掲載された証言テキストを読むのが容易ではないだろう、と。けれども、目で読みながらも声に耳を傾けるのなら、耳を傾けながらも彼女の語りに心を開くのなら、テキストの文字がいつのまにか生きている声となっていることを発見するだろう。

4　本書の構成

それぞれの証言は、証言者の写真、名前、年表と証言テキスト、そして参加記の順序で構成されている。写真と名前を年表といっしょに配置したのは、証言を読む前に、心の中で一人の個人を想像してみる場を設けるためだ。証言者のなかには、名前を仮名にして載せた方もいるし、名前は仮名でないにしても写真を載せなかった方もいる。これは、元「慰安婦」として自身の名前と写真を公式的な媒体に表すのが、個人にとってどれほど負担なのかを示している。「慰安婦」問題はいまだに現在進行形なのだ。

年表は、証言者が経験した人生の事件のなかで、大きな意味があると思われる事件を選んで作成した。そのため家族関係や、解放〔日本敗戦＝植民地解放〕以降の生き方などの内容がそれぞれ違うだけでなく、そもそも言及したか否かによって量も違う。この年表は、証言を説明しない現在の証言テキストにおいて、証言の文脈を理解する重要な資料となるので、熟読を勧めたい。

証言テキストに関しては、これまで説明した通りだ。各証言の文末に載せた参加記は、聴き手かつ編集者が主に書き、その他の編集メンバーたちがいっしょに検討した。当初、参加記は証言に出ていない証言者の状況や聴き手の体験記録を目的とした。編集が進むにつれ、その証言を見て聴いて理解した参与者の視線をさらけ出して表現する必要性も提起された。もちろん証言を再現する参与者の視線は、証言テキストを作り出す編集方法にすでに投影されている。それでも読者が証言を読みながら、証言者に出会う意味空間をより広く開くために、参加記を書いた。ただし、証言の意味を先取りして色づけしないために、証言の後に載せることにした。この参加記が、証言を再現する編集者と読者をつなぐ空間となれば幸いである。読者の皆さんも、証言テキストの読後に読むのが望ましい。付録には証言チームが用意した〈聴き取り調査の態度〉と〈質問内容〉が収録されており、関心をもつ方々のためにインタビュー記録の例を何個か載せた。最後に、この証言集に収録された証言者たちが連行された場所を示す大まかな地図が掲載されている〔本書では第Ⅱ部冒頭〕。

Ⅲ　サバイバー証言と歴史叙述

沈黙の地帯

証言の記録・編集過程で私たちは、「慰安婦」の「被害」についてどれほど知っているのかという問いを振り払うことができなかった。彼女たちの生涯にわたる「慰安婦にされたこと」とは、どんなことなのだろうか。「慰安婦事件」について、私たちはどれほど、そしてどのように知っているのだろうか。たとえば、「私は悪い女よ」という言葉が貫く複合的意味の地帯、あるいは沈黙の地帯について、私たちはどれほど知っているのだろうか。周知のように、「慰安婦事件」は過去五十余年間知られなかった事件であり、現在でも「慰安婦」制度の考案、命令体系、責任者と執行者、連行場所と時期、動員された女性の数などの基本的な事実関係が充分に明らかになっていない事件だ。日本国家による植民地主義の遺産に対する隠蔽と傍観という理由が大きいが、韓国国家の責任もなくはない。こうした沈黙と傍観を突き抜けて出された声がサバイバーの証言だと言えよう。

しかし、サバイバーの証言にも果たすべき数々の課題が残っている。まず、証言の「客観性」という問題だ。「慰安婦」制度の基礎的事実が明らかではない状態のなかで、これまで証言はこの事件の全貌と性格を明らかにするのに主要な役割を果たしてきたと言えよう。すなわち、これまで証言は、「客観的」状況を知らせる事実提供の意味を強くもってきた。しかしサバイバーの証言は、日本政府からつねに「事実性」について疑われてきたし、韓国社会でも「事実性」が証言を見つめる主な基準になってきたことを否定できない。文字資料に「比べて」、証言は二次資料に該当するという位置づけが、まさにこの点を示している。こうした観点から見るなら、証言はすでに知られた事実の枠組みに位置づけられる内容にすぎず、事実のカテゴリー自体を創り出してこの事件に意味を付与する一次資料の地位をもつのは難しい。

また、「慰安婦」証言に潜んでいる「羞恥」の問題がある。すでに指摘したように、現在でも「慰安婦」経験は、これを思い出すこと自体が彼女たちに羞恥心を持たせる抑圧された領域だ。羞恥は、サバイバーの被害への韓国社会の理解がいまだに不十分であることを、そしてサバイバーたちが被害から抜け出しがたいことを示している。そうだとするなら、彼女たちが「語る」といっても、それがそのまま彼女たちが体験して感じたことを語ったと言えるだろうか。また、このことを理解できる耳が私たちにあるのだろうか。だからこそ、依然としてこの問いには意味がある。「果たして慰安婦体験は私たちに知られているものなのか」、と。

今回の作業で、私たちは証言者の沈黙、言語、身ぶりを含むすべての記号に注目した。そして、記憶の構造と地図を体得するようになった。それは私たちが、証言者が構成しておいた意味回路を通じて、彼女の記憶という列車に乗って、この事件を旅したことを意味する。言い換えれば、証言者の意味回路の外部に立って証言を尋問・判断するのではなく、その回路に乗りこみ、この事件について、謹んで聴き学ぼうとした。また証言作業を、証言者と聴き手が出会う点から、これまで証言者自身のなかでも途切れたり流失したりした記憶の回路を復旧する作業であり、そのさびた回路を後続世代である聴き手、編集者、さらには読者の知識回路とつなげ合わせる作業だと言えよう。このように、証言作業はサバイバーの記憶と意味を中心に、この事件を「知らせる」作業なのだ！

サバイバーのエスプリとは

ここで、私たちがサバイバーの記憶と意味を中心に置いたということは、何を意味するのだろうか。事実性ではないなら、どんな物差しで証言をみたのか。前述したように、私たちは証言者自らの自己再現をテキストにしたのであり、それを証言集の形でふたたび再現するためにサバイバーそれぞれの「エスプリ」を理解しようとした。

魂、個性、特性などと翻訳できるこの位相に対する注目は、私たちがこの証言集で取り組んだ試みの一つだ。まず、証言者たちの生涯を貫くいくつかの大きな体験が、このエスプリを形づくる主要な資源になっていると思われる。それは、証言者によって子ども、空腹、虐待、あるいは生死の境などそれぞれ異なる。こうした体験は、数回の聴き取りでほとんど同じ語彙で表現されるほど、この体験からその他の事件へと話がつながっていく、証言の中心軸になる。一方、エスプリは、もう少し抽象的な個性、遠距離からでも残る印象を意味したりもする。こうした印象は、それぞれの証言者たちの言語の駆使と記憶する方法、情調、雰囲気など、証言口述の総体的効果だと言える。前者がエスプリの主内容というならば、後者はエスプリの様相(mode)だと言えるだろう。私たちはこれを、証言者の個別性でありながら、同時に同時代的集合性を示すものだと理解した。ここには、個々人の個性と歴史的な体験の言語が交差されていると見られるためだ。けれども、一人の人間がもつエスプリが、すべて「知られること」はありえないだろう。こうした意味で、本書に載った証言は、証言者たちの部分的な像にすぎない。

エスプリに対する注目は、私たちがサバイバーの主体性をみつめる視線の水位を、ほんの少し低めたことを意味する。これはまた、従来の理論の構図のなかに囚われていたといえる「慰安婦」問題の概念的な表象を広げようとしたことを意味する。したがって、この証言集は、「慰安婦」問題をめぐって競い合ってきたフェミニズムと民族主義という論争の構図に対して、すこし異なる次元に視線を転回させたといえよう。もちろん、こうした次元がもつ歴史・社会・理論的な含意をどのように積極的に引き出すのかは、今後に残された課題だ。

証言は、前述のように、身体と言葉、彼女たちの記憶と沈黙を含む包括的で総体的な性格をもったものだ。そうであるだけに証言は、非言語的な感覚の次元を含む響きの領域に位置する。このように考えると、証言集は証言という音楽を記録して想像させてくれる譜面といえる。したがって、証言を「聴く」行為は、証言者の体験と記憶を理論的に概念化することとは別個のものでもある。それは、言葉を聴いて記憶することであり、語る者を感じながら、その響きに共鳴することだ。この証言の譜面の読者のなかから、証言者たちの集合的な声が響きわたるようになることを願う。

この証言集は、そうした集合的な響きと魂と記憶言語を歴史叙述の資源にしようとする一つの試みだ。もっと大げさに言うなら、世界体制と韓国史(national history)のなかで、サバルタン(subaltern)であるサバイバー女性を通じて、歴史的知識を復元、生産、拡張しようとする作業だと言えよう。こうした取り組みは、植民地経験を持つ社会の歴史が、誰の基準によって、誰の立場で叙述されてきたのかというポスト・コロニアル(postcolonial)的な省察と同一線上にある。基準と立場に劣らず重要な問題は、このような社会が伝えるべき歴史的記憶が事実上、消滅していくところにある。記憶を担っているサバイバーたちが亡くなっているのは、厳然たる現実だ。これまで韓国では、六十余名の「慰安婦」サバイバーたちの証言が出版された〔二〇〇〇年当時〕。こうした証言の蓄積は、この問題に対する社会的・知的不毛の地にもかかわらず、粘り強く行ってきた努力の結果だ。

こうした努力は、いまや被害者個々人を超えて、「慰安婦たち」に対する集合的な群像画〔原文：群画〕を描けるようにしてくれる。この証言集もそうした努力のたまものであることに、「慰安婦」問題に対して先駆けてきた研究者、証言者、活動家に感謝申し上げる。

記憶自体が痛みであること

また、記憶自体が痛みである、そうした記憶を思い出しながら、自身の名前と姿を明らかにし、証言をしてくださったサバイバーたちの勇気と誠実さに頭を垂れて感謝申し上げる。実際には一〇万とも推測される朝鮮人「慰安婦」の暫定的な統計を勘案するとき、現在のサバイバーたちは九死に一生よりもはるかに低い確率のなかで、辛抱強く生き抜いてきた生命力の化身たちだ。大多数の元「慰安婦」は、連行過程で、慰安所で、第二次世界大戦の戦場で、日本敗戦後に帰還する過程で、朝鮮半島に戻ってからは朝鮮戦争のとき、またそれ以降に亡くなられたと推定される。

そうしたなかで、現在のサバイバーたちは文字通り歴史の「証言者」だ。言い換えれば、サバイバーたちは自身の体験について語っているだけでなく、名もなく亡くなっていった彼女たちを代弁する証言者なのだ。このように亡くなって語りえない者たちの言葉と記憶を代弁するものとして、私たちは証言者の証言を理解した。証言集を編んだ私たちの声が、ハルモニたちの声に溶け込むことを願うように、そして聴き取りの状況から証言者が主導権をもって「語りたいように語らせよ」としたように、証言集は証言者たちのものだ。

この証言集が、証言者たちが代弁する、名もなく逝った朝鮮人「慰安婦」女性たち、植民地の被害者たち、ひいては過去半世紀の歴史の荒波のなかに消えていった無数の朝鮮人女性たちの言葉になることを願っている。彼女たちに、謹んでこの証言集を捧げる。

＊(原注)　すでに気づいた読者もいるだろうが、本書では証言者たちを多様な名称で呼んでいる。サバイバー、証言者、元「慰安婦」などだ。参加記では本人の名前で呼んだり、ハルモニや彼女と呼んだりした。これは編集チームの間で呼称の統一が難しかったためでもあり、各証言者が文脈により多様な方法で意味化されるほうがよいと判断したためでもある。ともかく「ハルモニ」を普遍的な呼称として使用しなかった。

(訳・金　富　子)

第II部

証言——「慰安婦」サバイバーの語り

凡　例

一、第Ⅱ部は、韓国挺身隊問題対策協議会二〇〇〇年日本軍性奴隷戦犯女性国際法廷韓国委員会証言チーム編『記憶で書き直す歴史――強制連行された朝鮮人軍慰安婦たち4』(改訂版、プルピッ、二〇一一年)の日本語訳である。「韓国挺身隊問題対策協議会」(挺対協)の後身である「日本軍性奴隷制問題解決のための正義記憶連帯」(正義連)の要請により、仮名に変更した証言者がいる。

一、原書の以下の編集記号はそのまま訳出した。

「　」　証言者が直接引用した他の人の言葉や独り言

長音(ーまたはーー)　長く強調して発音した言葉

波ダッシュ(～)　文末に使われた強い抑揚

三点リーダー(……)　文末がはっきりしなかったり、しばらく沈黙している状態

太字　日本語などの単語(人名・地名・歌詞など)

段落の余白　違う呼吸で読む必要があると原著者が判断した部分

(　)　動作や表情などを模写したり、テキストの前後の脈絡を想起させる解説

[　]　省略された言葉、意味を明らかにするための原著者による補足

〈　〉　聴き手の言葉

一、日本語に訳出するにあたり、原注が必要でなくなったものは削除した。訳出にあたり、言葉を補った部分と簡単な訳注は〔　〕で表記した。

一、当時の朝鮮では数え年を使用していたため、そのまま訳出した。また、連行された年などは、証言チームが年齢から逆算した推定の年である。

一、以下の家族に関する呼称はハングルの発音をそのままカタカナ表記とした。

「オムマ」「オモニ」　お母さん
「アボジ」　お父さん
「ハルモニ」　おばあさん
「ハラボジ」　おじいさん
「オンニ」　お姉さん

一、一九四八年八月一五日の大韓民国成立以前の出来事で「韓国」「韓国人」と話している部分は、「朝鮮」「朝鮮人」と訳出した。

一、現代なら差別語にあたる言葉も原文に忠実に訳出した。

一、以下の歴史的用語は頻出するので証言内での訳注は省いた。

「解放」「八・一五」　一九四五年八月一五日の日本敗戦により植民地支配から解放されたこと
「六・二五」　一九五〇～五三年までに戦われた朝鮮戦争についての韓国側の呼称

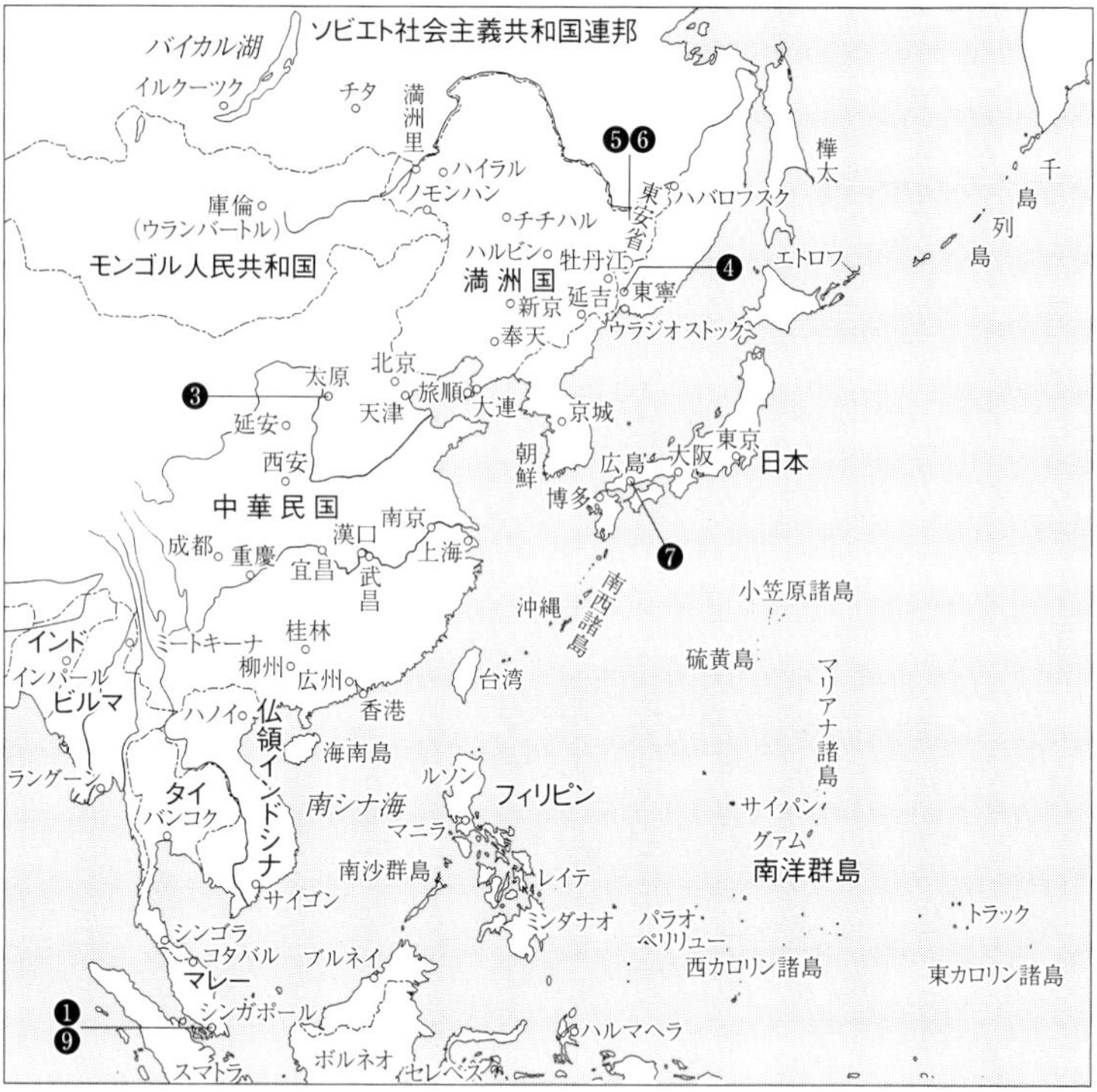

❶金華善　❸韓オクソン　❹金永子　❺崔甲順　❻安允弘　❼尹順萬　❾安法順

注意：1)本書の証言の順番通りに番号をつけた．2)地名がはっきりしない②金チャンヨン(南洋群島)と⑧金ボクトン(「満洲」)は除いた．3)地名は当時の日本側の呼称．

地図：証言者たちが「慰安婦」被害にあった場所

第1章

金《キム》華《ファ》善《ソン》

1926年　平壌《ピョンヤン》生まれ
1941年*(16歳)「慰安婦」として連行されシンガポールに行く
1945〜46年(20〜21歳)　解放後すぐに帰国できず中国山東省，黒龍江省などで生活
1947年(22歳)　帰国後，釜山《プサン》収容所に入所，その後仁川《インチョン》やソウルなどで生活．平壌への帰郷を試みるも失敗
1950年(25歳)　朝鮮戦争で釜山，大邱《テグ》，仁川，済州島《チェジュド》などで避難生活
1966年(41歳)　忠清南道鳥致院《チュンチョンナムドチョチウォン》に定着
1980年頃(55歳)　忠清南道燕岐《ヨンギ》郡に移住
2012年6月13日(87歳)　死去

＊1942年と思われる〔訳注〕

私なんか夫がいるわけじゃなし、誰もいないよ。一六歳から独り身だもの。嫁に行くには男の相手ができなきゃ。男の相手ができない、バカになっちゃったのに、どうやって嫁に行くんだ、いったい誰に。一緒に寝ないでご飯だけ食べさせてくれる男がどこにいるのよ。だから子どももいないし、親戚もいない。私一人だってば、この空の下。だから誰よりも特別にケアしてくれないと。乞食みたいに暮らしても、私ほど可哀想な人はいないよ、いない。私みたいにひとりぼっちの人間はいないよ。

子宮が丈夫で、あそこ〔「慰安所」〕行っても子どもができる人もいるさ。私は子宮が丈夫である暇もない、めちゃくちゃになってしまったのさ。

オモニが、オモニとアボジが夜通し泣いたらしい。うちの子はどこに行ったのかと。いつも泣いてたらしい。泣いて泣いて亡くなっただろうよ。どうするよ、どうしてくれるよ。これどうやったら取り戻せるよ、悪い奴らめ。

＊＊＊

キャラメルと、あれなんだ、ミルク、食べ物をくれてお金もたくさんくれると言うんで行ったよ。当時は食べ物ないだろ。あの当時は食べ物なかった。

畑仕事もぜんぶ奪われて何も残らなかったよ。日本人がぜんぶ供出したよ。配給はもらってたけど、いつも飢えていたよ。おかゆ作って食べた。〔朝鮮の〕北部には粟が多くてね、雑穀が多かった。米はなかったよ、粟のおかゆ、とうもろこしのおかゆ作って食べたよ。

ついていくと、すでにたくさん集められていたよ。女たちだいたい五〇人、駅前に行ってみたら約五〇人くらいいたよ。みんな乙女ばかり連れてきた。

出身はみんなばらばらで、一つの村から一人ずつ、うちの村の人は一人しかいなかった、みんなそうよ。四方から連れてきて駅前にみんな集められていたんだよ。

＊＊＊

あそこ行って釜山《プサン》行って船に乗って、どこかも分からない。汽車に乗って釜山へ。汽車も人が乗るような席じゃないよ。倉庫みたいな、そういう場所に並べて乗せて。まだ子どもだったから笑いながら乗った記憶があるよ。冗談も言いながら、楽しそうに。

到着するまで何も知らないよ。何も教えてくれない、着くまで。笑ってるからって「**バカヤロ**〔ウ〕、**コノヤロ**〔ウ〕」ってえらく怒られた。でもそんな言葉、言ったことも聞いたこともないでしょ。ただ大声で叱られるんだよ。それでもまたきゃっきゃっと笑って冗談も言って、ばかみたいに楽しそうにしてた。

＊＊＊

そうやって、二晩くらいかかったね。釜山まで行くのにずいぶん時間がかかった。そこで寒いからっていうんで、毛布をばーっと、そう、あれ乗ってどれだけ苦労したか。お腹が空いてお腹が空いて。ご飯を握ったものをくれたけど、それ一つずつ食べて、それで着いてみたら、軍艦に乗れという。軍艦に乗った。その時に私が、あそこがどこだ。シンガポールっていったっけ。

あそこ行ってみると、ぜーんぶ鉄網で覆って、軍人がさ、日本の軍人がすごく多いんだけど、豚小屋みたいなところに区切りを作っておいて、一人ずつ入れられて。部屋にみんな入れられる。そこに入ってると、そうするとそこに軍人たちが列を作る。日本軍人たちが立って入って来ると、あれやっては出ていき、出て入ってはまたは入って、また入って。一日にもう、ただ、私は死んだよ。初めの頃はそうやって死んでて、ぐったりしてると、相手が何しているのかも何もわからない。

そうしてるうちにしばらくたって目を開けてみると、もうめちゃくちゃになってる、体が。それからしばらくして検診するって、病気あるかないか診るの。梅毒、淋病。そういうのがよくあるって。その時にサルバルサン注射[1]があるのよ、注射。それ打って、また戻って。そうやって六カ月いると、もう死にそうになってる、私が。逃げて死んだ女の子たち多いのよ。逃げると井戸に投げ込まれるんだ。

夜はだいたい一一時まで。それから寝る、少し寝るよ。でも自由に行動するのよ、あいつら〔軍人〕は。もうね、それをどうやって全部話すよ。とんでもないよ、まったく。休む暇がどこにある。検診する日は休むけど、検診する日は早く行って、戻ると一二時過ぎて一時、二時くらい。

反抗？　たくさんしたよ。どれだけ反抗して、どれだけ犬しばくように叩かれたか。犬をしばくように殴る。「**バカヤロ〔ウ〕**、**コノヤロ〔ウ〕**」。で、殴る。性器が腫れて、それでゴムあるでしょう、ゴム〔コンドーム〕。サックというのよ、サック。それ破けるほどやる奴もいて、そうすると病気になって。

＊＊＊

そうやってすごく苦労して、そこでまた顔の可愛い子たち選んで。私すごく可愛かったのよ、子どもの頃。それで選ばれて、どこに行くのかなと思ったら、モッタンガンっていったよ、今考えてみたらそうだね。そこモッタンガンというとこに行って、また一部屋ずつ当てがって入れられて。軍人たちが果てしなく多い、一日に数十人、もうわからないよ。私の考えでは一日に七〇人？　わからない。あの時は数える暇もなかった。

それでまた可愛い子選んで、第一線に送られる、第一線に。それで私はとにかく送られて、死ぬほど苦労した。それを全部どうやってここで話せるだろうか？

食べ物が何もないのよ。釜一つに全部ぶちこんで豚のエサみたいなのくれるんだけど、お腹がふくれるわけないでしょ？　軍人たちも飢えてるから、私たちにくれるわけがない、私たちに。いつも食べるのが味噌汁、それ。もうひどく腹が減って、ひどく苦労して。

そこはまた水もないの。山に行くと、戦場に行くと水なんかどこにあるのよ。そこで顔も洗えない、体も洗えない。そうすると軍人たちもみんな臭いがぷんぷんしてもう。汚いよ。昼夜小便するところで、食べられたもんじゃないよ、あそこは。

第一線の地域に〔あちこち〕行ったから、村の名前も全部忘れちゃった。行ったことない地域がないくらいだよ。満洲、中国、行ってない場所はない。もうね、第一線の地域に連れて行かれたらついていくしか、どうにもならないよ。そうしないと殺されるんだから。もう泣きわめいてさんざんやるよ。そうすると井戸に放り込んで殺すのよ。あそこにみんな投げるのよ。

私もあそこに二度も連れてかれたけど、あそこに一緒にいた女性たちがどれだけじたばたもがいて、それで私が生き延びたけど。こんなに苦労するために。あの時死ねばよかったのに。

＊　＊　＊

八・一五で解放されても戻ってこられなかった、私は。お金がなくて、旅費がなくて。

票、あれはね、軍人たちがずらっと列に並んで順番に入っていくための票なの。お金をくれる票ではないよ。伝票。伝票。軍人がそれ持って列並んで何番に入って女遊びをするのであって、伝票を売って女たちにお金渡す票ではないよ。

死んだ人も多いし、生き残った人も多いよ、大勢よ。ああやって少女たち連れてきておいて、行く時は自分〔軍人〕たちだけ無線で〔やりとりして〕逃げちゃって。旅費がなきゃ帰れないよ。お金をくれるわけでもなければ、何もくれない。

もう解放されたというから、自分たちだけ電話して何して、誰も残ってない。軍人たちはみんな逃げて。私はどうするよ。お金がなきゃどこにも行けない。それで歩いて歩いて、靴もなくて服もなくて、それで歩いて歩いて山東まできて、それで浜江省〔黒龍江省〕、そこで苦労していたとき、お酒売る日本のおばあちゃんがいてね。アイゴ、そのおばあちゃんが、可愛い子がこんなふうになってどうするって。まったく、あんな苦労はもう二度とごめんだよ。

それから**ショクド**といって、食堂ね、私そこで手伝いしてたら、軍人のなかでも帰れなかった人がいるんだよ、**コジマ**さんって。その人と中国人と親しくなって、それで私に食べ物もくれて、小遣いも少しずつくれて、そうやって何年か過ごしたんだけど、旅費がないから、韓国には旅費がなくて行けない。そうしてるうちに韓国に向かう軍艦に乗せてくれるっていうんだよ、軍艦に。

軍艦に乗せてくれたよ、釜山まで。釜山まで来て、そこで収容所があるの、収容所が。そこでご飯くれたよ。国でやったのか、地元でやったのかわからない。それでずっと一日に二食三食ずつ食べられたよ。

＊＊＊

ずーっと暮らして、誰かがどこどこに行けばお金稼げるって、顔がまともだから、だめにはするなって、それで仁川《インチョン》に行った。そこに下街道《ハガド》ってあるの、下街道。女が体売るところ。そこに行ったんだけど、もう、嫌気がさすじゃないか、嫌気が。

そこで暴れたりすると、また店主が他に送るんだ、他に。私が従わないからまた売られて、また売られて。それでもうさっさと顔見ないところに行きたくて。それからソウルの何公園だっけ？　南山《ナムサン》公園、あそこに行った。あそこでは写真を出すんだよ。顔を見ない。写真撮って出しておくと、案内人、昔の言葉で**ナカイ**[*1]と言ったよ、**ナカイ**がそれを出しておいて、来る人は写真を見て。それで入ってくる。そこでまた私が暴れる。それで全部辞めて逃げた。何度もやるから借金が尋常じゃなく多かったよ半端じゃなくて。そこで私が体が悪くて客をとらないで横になっていると、また店主が怒鳴って他に売り飛ばすんだよ。他に売り飛ばされて、また他に売り飛ばされて。

　それで逃げて山奥に行ったのさ。山奥に行って私が畑仕事もやって、なんだってやったよ、私が。やり方わからないから、草でもなんでも食べて。あれでも飢えはしのげるものだよ。それ何年間やってね。苦労した話はすさまじいよ。全部言えないよ、多すぎて。それでも憶えてることだけ言ってるんだ。

＊　＊　＊

　誰かが言ってたの、シンマクというところがあるんだって。私は知らないよ、行ったことがないから。そこに行けば平壌《ピョンヤン》に連れていってくれるって、それでそこまで行こうと、トラック乗って。ああ、ところが行ってみると、私の運が悪いのか、ソウル駅に連れて行かれたんだよ。何かの行き違いで行けなかったんだよ。

　それでまた行くところがないじゃないか。ああ、それで仁川の体売るところに戻ったよ。また行ったらね、変な服着せられて、濃い化粧をさせられ。またほーんとに苦労して、数千名を、いや数億回も男の相手をさせられたよ、私が。数え切れないよ、数字は。

　そしたらね、誰かが部屋をひとつ貸してあげるから、そこで生活しろって。かわいそうに思ってね、誰かが。

　一緒に暮らそうとはしない。しないよ、こんな女と誰が一緒に暮らしたがるよ。

それで部屋を借りて、〔そういうところからは〕出て暮らし始めたんだけど、また飲み屋を転々としなきゃで。すぐに金稼げる場所がないから。それで飲み屋に行ったらね。私は歌がうまいんだよ、習ったの。飲み屋にいるあいだずっと酒ばかり飲んで。堕落したよ、私は。

こんなふうに生きててどうするよ。それでも命は途絶えない。あの当時、睡眠薬も飲んだよ。それで私、声がこんなになってしまった。きれいだったのに、太くなって……。

そんな苦労ばかりで鳥致院《チョチウォン》に来たんだけど、あるおじいちゃんが下宿をひとつ用意してくれた。下宿しながらひと月に少しずつ米売って、それで食べて。鳥致院で商売したんだけど、何かというと、ハイタイって粉洗剤があるでしょう。今は袋で売ってるけど、当時は村々に洗剤の行商に出たり、わかめ売ったり、商売はなんでもやったよ。やらなかったものがない。

それでも体が悪くなったらおしまいよ。

＊＊＊

病気にならないわけがない。女性はみな性器が大事だから。もうめちゃくちゃだよ、私は。国で少しでも私を助けてくれるなら、障碍者として扱ってくれなきゃいけないのに、してくれないじゃないか。

気管支のぜんそくにかかった時、その時に誰も世話してくれる人もいないし、死ぬしかなかったよ、もう。どうにもならない。病院に行ってもダメだった。近くの聖母病院、大学病院にも全部行った。行って入院もしたけど、行ったらこうだよ、「ハルモニ、これは治る病気だと思いますか。

亡くなるまで抱えていく病気です」。そうやって遠回しに言うけど、それは死ぬ病気だってことだよ。死ぬまで治らない病、治らないよ。

病院行って点滴注射ぶらさげておくと、ポトッポトッって一時間に一滴落ちてくるみたい、そんな気分だった。あれでどうやって治せるよ、たとえ医者でも。アイゴ、一般ので直しておくれと、[2]もう死にそうだと、そんなの打って治るかと言ったら、一〇分もしないうちに新しいの持ってきて、ポトポトポトポトって（点滴が早く落ちてくる様子を真似しながら）一日に三つくれたよ。一日に四五万ウォンずつ。そうやって一日に四五万ウォンずつ払った。

それでお金全部飛んでいったよ。それ返すために這いつくばって働いた。

病院に行っても良い薬もくれないし、本当に苦痛でしかなかった。借金があったって、誰かが払ってくれるわけじゃない。借金のせいでどれだけ苦労したか。たくさん働いたよ。食べるものがなくて、この世の草はなんだって食べた。だから私自身がのびのびしないで、しおれてしまった。

＊　＊　＊

今は目がよく見えない。もうこの先長くはないだろうから。仇を討ってから死ななくてはならない、それだけだよ。いい暮らししようという気持もないし、希望も全部なくなって、誰にも何も言うこともないし。仇を討つんだとそれだけ言う。仇を討つんだと。ほかに私が何言える？　日本の奴らめと言えるか？　言えないさ。あの苦労を言えるわけない。あの苦労を全部話すなんて……あれをどこに話すのさ。

時々はね、日本人の奴らをどうやって引き裂いてやろうか、どうやって殺してやろうか、一人で考える。それも意味ないよ。一人で考えたってしょうがない、そうだろう？　だから、一度日本に行こうとしたんだ、私が。日本に連れて行けと。でも年老いてだめだね、若い時なら分からないがね。一番上にいる悪い奴殺してしまえと。そういう気持になるよ、自ずと。仇を討つと。

謝ったからって、この胸に突き刺さった釘（恨み）が晴れるか、晴れないさ。殴り殺したいよ。今私が。日本の子たちみんな、若い子たちみな連れて行って、あんなふうに。もう打ちのめしてやりたいと思うよ、私が。金もくれず、考えてみたら、嫁にもいけず、ただこんな風に老いてしまったから。

私は、金は必要のない女だよ、正直にいうと。恨みを晴らせないのが悔しいのであって。恨《ハン》が、（胸を指して）ここにもう突き刺さっているのさ。この時代は二億ウォン、三億ウォン、五億ウォン、そのくらいで何とかしようとするけど、私たちみたいな女性はいくらもらったって悔しいさ。生涯嫁にも一度も行けずこうして生きたんだ。お金でぜんぶ補償できるか？　でもあいつらが償う道がないから、それでももらおうとするのに、くれないじゃないか、（声を荒げて）なんでくれないんだ、あそこでも。日本の女性たち、学生たち、みんな立ち上がってあげなきゃだめだと言っても、それでもくれない。

そうやって自分たちの好き勝手しておいて、この間はできなかったとしても、今からでも謝罪金をやるべきだ。残された人生くらい楽に暮らせるようにするべきだ。

＊＊＊

周りの人たちが変な目で見てくるから、とてもいられないよ、心が締めつけられて。悪く言う、あまりに悪く言うから〔慰安婦だったという話は〕今までしなかった。日本の奴らとくっついたとか、日本の奴らに金もらったとか、そうやって悪く言うんだ。売春して生きてきたから、どこがどうなってるとか。

心が傷つくよ、そういうことを聞くと。だから一ウォンでも借金しないで生きようと決心したんだよ。這いつくばって働いたんだから私は。金がなかったら草採って食べた人間だよ。蔑んで見るんだよ、あんな女って。あんな場所であんなことしてきたって。どうしてあんなことになったのかも知らず。だから認識不足だよ、まだ韓国の人たちは。

＊＊＊

今、国も悪いところたくさんあるよ。なぜそうかというと、ああいう人たち〔ほかの「慰安婦」被害者たち〕は今みんないい暮らしして、親戚が多い人たちもたくさんいる。こうやって独り身で取り残されている人には、特別にもっと何かなきゃだめだよ。国のせいでこうなった女だから。あの時に国がなかったから連れてかれたんだ、ただ何もないのに連れてかれないだろ？　国を作れなかったから。大統領、犬の糞みたいなリーダーさえいなかった。だから連れてかれたんだ。だから国も悪いのさ。今仕事するのだってそうだよ。暮らしぶりがいい人に仕事がまわる。公共の就労〔支援〕

だって、暮らしが楽な人や若い人たちが受けて、お金がなくてピーピーしている人は年寄りだっていって、ピーピーしてるって採らないんだよ、まったく(声高に)。そんなんじゃだめだよ、そんなんじゃ。国が全面的に間違ってる。

私がもし学んだならね、私が大統領やるよ。学べなかったからできないんだ。貧乏な人を助けないでどうする。

＊＊＊

もし連れてかれなかったら看護師になってたね。なぜかというと、病気のおばあさんとか、おじいさんとかを見ると私がいたたまれなくて、看護師になったら全部治せると思ったからね。昔の自分が思うにね。だったのに看護師にもなれなくて、こんな「慰安婦」生活をして……。

他人には良いことたくさんしたよ。お金が少しでもあったら、子どもたちの勉強、お金なくて勉強できない子どもたちにあげて。

名前出したくてやったわけではないよ。かわいそうな人に勉強たくさんさせたくて。まあ勉強させるなら全面的に支援するのが筋だけども、ただ学費だけ出したんだよ。名前出さずに。私は他の人みたいにお金が多くていっぺんにあげて、何億ウォンあったら何一〇万ウォンでも出して。そういうのではなくて、あそこの家の子が勉強できるのにお金がないっていうと全部出してあげた。そういう子たちがだいたい七人くらいいる。今はみんなちゃんと暮らしてるよ、昔のことだから。みんな結婚してちゃんと暮らしてる。

私は体売って生きてきたけど、人知れず（深いため息を吐いて）血の涙が出るようなお金をたくさん渡したよ。でも今は一つもない、残りが。

原　注

1　梅毒治療注射で六〇六注射ともいった

2　国の負担で無料で治療を受ける場合には薬の質が落ちるため、有料で構わないので、一般の患者に出す良い薬をくれという意味

訳　注

＊1　仲居のこと、日本由来の言葉で客引きする女性を意味する

私たちが見て聴いて理解した金華善

韓《ハン》雪《ソ》雅《ラ》

私がハルモニを最初に訪ねたのは、一九九九年七月二三日、暑い夏の真昼であった。私たちはハルモニを直接訪ねる前に、まずハルモニを「担当」しているという郡庁の女性福祉係に寄って、その係長としばらく話をした。初めて元「慰安婦」ハルモニの証言を聞くという事実に、ほとんど恐怖心さえ抱いていた私たちは、係長の話のなかに登場する積極的で率直なハルモニの姿を思い浮

かべて少し安堵することができた。「慰安婦」の経験についてでさえ特に躊躇うことなく話してくれるだろうという話を聴きながら、身構えて緊張していた気持を少しほぐすことができた。

ハルモニに直接会ってから、私たちは事前に聞いていたハルモニについての情報が当たっているものもあれば、はずれているものもあることがわかった。私たちが訪ねて行くという話を聞いて、直接門の前まで出て待ってくれていたハルモニの第一印象は、気さくさと温かさそのものであった。どんな話でもすらすらと答えてくれそうな感じに、私たちの心は一層軽くなった。しかし同行した公務員に対するハルモニの態度から感じ取れたのは、「慰安婦」であったという事実が周囲の誰にも知られたくない「極秘」であったということである。ハルモニが「慰安婦」として連れて行かれた事実を知っているのは、政府に申告したためにやむなく接触せざるを得なかった公務員や、太平洋遺族会の関係者くらいであった。そしてハルモニは、それらの人々にだけ「ようやくはばかることなく」「慰安婦」としての経験をほんの少しは明かすことができたのである。

しかし、それらの人々がハルモニの日常生活で占める比重は、さほど大きくないように見えた。むしろハルモニにとってもっとも重要なのは、長い間共にすごしてきた地域の隣人やこれまで生きてきたなかで出会った人々だった。ハルモニが病気の時に心配してくれたり食事を共にできる人々が、独り身のハルモニにとっては誰よりも大切な存在だった。とりわけハルモニは、周囲の人々に情をかけ、痛みと寂しさに深く共感しつつ、互いに尊重・信頼できる人間関係を持ちたがった。ただそれほど近しい関係の人々にさえ、ハルモニは特別な生の過程がつくりあげた自分自身をありのままに見せられなかったため、その関係は常に一定以上に深まることはなかっただろう。まさにその関係の皮相性が、ハルモニを常に不安と焦りのなかで生きさせているように思われた。しかし証言を聴くなかで、それが単に人間関係の性質や心理状態の問題を誘発するのに止まらないことがわかった。

借家の問題と根でつながる「慰安婦」の被害

私たちが証言を聴きはじめた当時、ハルモニは借りていた家に問題が生じ、そのことで頭を悩ませていた。当時ハルモニが借りていた部屋は伝貰《チョンセ》で六〇〇万ウォンだったが、その家主が農協に家を担保で取られ逃亡したため競売にかけられてしまった。ところが、農協の職員と裁判所書記のたくらみで、入居者のうちハルモニだけ競売代金の弁済対象から除外されてしまったのである。さらに呆れたことに、その二人だけでなく、他の入居者たちもハルモニに適切な措置を取るよう情報を公開せず秘密にし、普段からハルモニが情をかけ助けていた隣人たちですら、ハルモニの事情を傍観したり、知らんぷりをしたのであった。私たちが最初にハルモニに会った当時は、ハルモニが、これらの人々のうち現在の状況に直接的な責任があると考えた農協職員を相手に訴訟を起こしている最中だった。

ハルモニは、こうした全ての出来事が、自らが独り身の貧しい老女であるために、周囲の人々に甘く見られて起きたのだと信じていた。その過程で、日頃から情をかけて、誰よりも自分の味方になってくれると信じていた隣人たちの態度から、苦々しい裏切りさえ味わわなくてはならなかった。そしてハルモニは、こうして身寄りもなく貧しく暮らしたこと、人々と親密な関係すら結べなかった根本的原因が、まさに「慰安婦」として連れて行かれ、人生がすっかりねじれてしまったからだと理解していた。当時ハルモニが直面していた家の問題は、一見すると「慰安婦」の経験それ自体とは時間的に隔たりがあり、したがって直接的な関連がなさそうに見えるが、結局のところハルモニの現在の生活のなかで生じる問題の根っこは、過去の経験と決して無関係ではない。この点は証言にもそのまま反映されており、「慰安婦」としての過去と現在の生活上の諸問題が絶えず交差した。証言を聴いた当時、ハルモニは三週間後に訴訟を控えている状況であったため、ほとんどすべての神経や関心が訴訟に集中していた。こうした状況は証言内容に大きな影響を与えており、話のなかの質問や話題のきっかけが家の問題や訴訟問題につながることが多かった。

つまるところ、この問題はハルモニの証言の語りの構造において、もっとも核心的な軸をなしていた。しかしながら、このような重要な軸となる家の問題を、編集を通して再現すること、そしてハルモニが置かれた状況を効果的に伝えるのは、あまりに難しいことだった。最初に私たちは、出来事の経緯すらきちんと理解することができず、何度も聴き返さなくてはならなかった。おそらく法的な事件を理解するための形式論理的な側面が、ハルモニの語り方とはまったく合わなかったからであろう。それと同時に法的訴訟という具体的な状況説明と特定個人に対する呼称が前後の脈絡なく登場するなど、証言の編集を通じてハルモニの状況を再現するのはどうしても困難であると判断した。そのため、結局家の問題が証言のなかで大きな比重を占めるにもかかわらず、やむを得ず編集過程で省略するほかなかった。したがって私たちは、このあとがきを通じて、この問題を文脈に沿って説明し、それがハルモニの「慰安婦」としての経験とそれ以後の生の展開過程で、いかなる意味を持つのかを考えようとしたわけである。

被害者から強い主体へ

ハルモニの証言でもう一つ重要なものとして登場するのは、元「慰安婦」のハルモニたちの間の「違い」の問題である。特に結婚をしたかどうか、また子どもがいるかどうかなどの家族関係は、ハルモニが他のハルモニたちと自らの立場を差別化する重要な基準だった。自らの生をありのままに理解してもらえない他人との関係からくる寂しさと、その寂しさを克服できるほどの親密な家族を持てなかったという欠損感情が相まって、ハルモニの孤独の深さは計り知れないものがあった。だからこそハルモニは、絶えず他人への情緒的かつ物質的な資源を惜しまないのかもしれない。しかし証言を聴きながら、またハルモニが生きていく姿を見ながら、これは単純に彼女の孤独と寂しさを紛らわすためだけではないと感じた。ハルモニの施しは、社会的弱者の立場をあまりにも切実に経験してきたために、自ずと「持たざる人々」の痛みを感じざるをえなかったハルモニの生の過程からくるものであるという事実を思い知った。ハルモニは持たざる人々に対して常に何かを分け与えようとした。食事をまともにとれない近所の老人たちの食事をつくったり、学校に通えない子どもたちの学費を賄ったりする時、ハルモニが感じることのできる根源的な豊かさは、たとえそれが苦々しい裏切りとして返ってくるとしても、ハルモニの生の欠損を埋め、より完成した次元へと向かう旅路の強力な力だった。

こうした意味でハルモニは、決して究極の弱者あるいは被害者にとどまる存在ではないと考えた。

ハルモニは生の旅路でたくさんの石につまずいて倒れ、大きな傷跡を負ったが、結局ふたたび立ち上がって今ここまで生き残ることができた。自らがあまりに苦しかったために、他人の傷を簡単に見過ごすことができなかった。こうしたハルモニの姿、ハルモニの語りに接するなかで、私たちはハルモニを「いかなる状況でも自らの人生、そして自我の境界を守ろうとした人、しかし同時に他の社会的マイノリティと共存するためにその境界を崩すことを躊躇せず、より大きな自我をつくりあげていく女性」として捉えるようになった。

被害者の姿として出会ったハルモニは、いつのまにか生を担う強い主体として堂々と姿をさらけ出すようになった。こうして証言は、すでに私たちにとって単に過去の被害を暴露したり記録する意味を越えていた。歴史の痛みを経験し、それに共感し、共に憤るという出会いの過程は、証言するハルモニも証言を聴く私たちもみな、もう一つの歴史的経験を編み出す主体として生まれ変わる可能性を切り開いた。これからも私たちとハルモニたちとの出会いが続かなくてはならない理由がここにある。

・証言を聴き録音内容を文字に起こす作業は、文《ムン》クミョン（梨花女子大学校女性学科修士課程修了・当時）とともに行った。

（訳・趙 慶 喜）

第2章

金《キム》チャンヨン（仮名）

1925年　釜山《プサン》生まれ

年度未詳　義理の父親に子守として売られる

1940年頃（16歳）「慰安婦」として再び売られる．日本の下関から南洋群島に連行される

1945～47年（21～23歳）　朝鮮が解放された後晋州《チンジュ》に戻る．平安南道《ピョンヤンナムド》江西郡《カンソ》の叔母の家で結婚

1948年頃（24歳）　釜山に南下

1949年頃（25歳）　離婚．6カ月後に長男を出産

1952年頃（28歳）　息子を前夫が連れていく

1957年（33歳）　再婚

1958年（34歳）　離婚．長女を出産

1997年（73歳）　日本軍「慰安婦」被害者として韓国政府に登録

2000年（76歳）　釜山の機張《キジャン》で一人暮らし

2003年1月27日（79歳）　死去

〔胸に〕しまっておくことじゃないね。私はあんな目に遭ってから心臓がよくないんだ。私の青春を全部ささげたのに。こっちにきて旦那とも一度も楽しく暮らすこともできなくて、こうして虐げられてきたから。あれがひとつの因縁となって踏みにじられ続けて。まともに人生を生きられなかったこと、そのことが今でも腹が立つんだよ、ほかでもない。あのとき溺れて、あのときは若かったからまだ少しましだった。でも年をとると湧き上がってくるんだよ、怒りが。若いときは、あの瞬間は腹が立ってもちょっとしたら忘れてしまう。さあ、聴きたいことがあれば聴いてみなさい。

＊＊＊

日本に行った動機？　私が一六の時。

今、私の戸籍の年齢は七二〜三になってるけど、本当の年齢は七五だよ。昔は法がなくなったから戸籍〔をつくるの〕もすごく遅くてね。〔それで〕日本に行こうとしたら旅行証を出せというから。日本に行こうと〔したら〕倭奴《ウェノム》〔日本人〕がそういったんですよ。

私が、本当のアボジじゃないですよ。うちの村に劇団がやってきたんですよ。歌劇だったけれど、そこに義理のアボジが三円をもらって〔子守として〕売ったんですよ。売られたから行かないといけない、どうしろというんですか？　昔の三円は大きいよ。そうやってその家に売られていって。妓生のユン・グミョンといってね。全羅道《チョルラド》の裡里《イリ》というところ、そこにいたんだけど、その家で私を売ったんだよ。もう[人を]買うために探し回ってたようだよ？　そこに[ユン・グミョンが]私をまた売った。売ったのは、日本人が探し回ってたからね。朝鮮人もいますよ。募集してる抱え主がいましたよ。日本に行く抱え主がいましたよ。その人が行くんだけど、行ってから釜山の蓮池洞《ヨンジドン》その沿岸に行って募集すると言って一～二カ月そこにいましたよ。

そこに行ったら募集が全部、予約がいっぱいになってほかに行ったよ。日本に行ったけど、日本の下関。私が行ったのは**セトサ**というところで、そこにほら劇場があったよ。歌劇の舞台がありましたよ。劇場のそこで人をぜーんぶ、女たちを集めてご飯をくれるんだけど、茶碗にご飯をよそって量って、一さじずつくれる。味噌汁に。そんなものでも本当においしかったよ、何もくれないから。

＊＊＊

そうしているうちに、だいたい、ひと月して船が来ると、南洋に行く船が毎日来るんじゃなくて、周期があったみたいだったよ。そうしてやって来るとひと月かふた月ほどいましたよ。乗ったけどね、五万五〇トンある船が、そのときは大きな船があまりなかったですよ。その中の船にボートで運んでいくんだけど、梯子をこうして上がっていくんだけどデッカーイよ。中に入るとぜーんぶ縄でこうして結んで水が入ると浮かぶ、枕みたいなもの、それを担いでないといけない、寝るときも背負ってないといけない、ご飯を食べるときも担いで食べなくちゃいけない。**ギョライ**。倭奴のことばで潜水艦のことを**ギョライ**と言います。**ギョライ**に当たったら、そのときはどうやって飛び降りなくちゃいけないとか、どうしたらいいかとか、そうしたら**ヨシバ**に出ないといけない。[1] 情報が来るのか、船が進んでそれがあるようなら止まる。止まってそのまま一晩泊まる。

そんな風にして逃げていったのにダメになってしまったよ、台湾と沖縄の間［で］。船長と機関長がみんなを助けて、救ったら、あっちに行って大きな態度できるのに、自分らがたくさんの人を死なせたから行けなくて、甲［板］に上がって「**テンノウヘイカ　バンザイ**」といって自分から進んで死んでいったよ。あーっちの下に水があって船が少しずつ沈んでいくから水がそばまでやってくる、船に。だからこれを身体に巻き付けて、魚をそのまま乾燥させたものを日本の奴らが汁に入れてたものを、これくらい、これくらい（指の大きさくらい）に切って、それをもって脇に抱えて。水に入ったらそれでも食べろとね。

私は体調が悪かったから後ろの方に残ってましたよ。そうしたら倭奴が長い刀を抜いて「**オリナサイ、オリナサイ**」。降りろと。私は死ぬとしても船の中で死ぬ、降りないというと、降りろと刀でつつくから降りないわけにいかなかった。

そうして降りていると船が裂けて火花が燃えてくる。そこでは空と水がぴたっとくっついている。朝、海に入ったら、夕方の五時や六時になって海軍の船が入ってくると、**セントウキ**は、倭奴のことばで小さな飛行機ね、ミルガムみたいなもの、私たちのことばではミルガムだけど、日本語では**ミカン**。**ミカン**のようなものを軽飛行機にこれくらい載せて海面にばあっと投げてくれる。それでも拾って食べて生き延びろというわけね。

木という木の一つもない、島という島の一つもない、ただただ太平洋の海。水がまーっ黒。

とにかく身体はぜんぶ水の中に沈んで顔だけ突き出して。アリンコみたい。私たちが大きく腕を振って助けてと叫ぶと飛行機からは元気出せ、救出するために海軍の船が来るから元気出せと、飛行機で言っていたの。倭奴たちと旗で連絡をとるみたい。そうして日が沈んでだいたい七時くらいになると船がピカピカの、ステンレスみたいな船が向こうのほうにぼんやりみえる。あの船が私たちを助けに来るから、心の準備をしておくようにといって、飛行機何台かが飛んで来た。ボートを下ろして人を乗せようとしたら、みんな水にふやけて服も全部濡れてしまったから、乗せようとしてもどんなに重いことか。気力のない人、男三〜四人で引っ張り上げて、また上げて。そうやって海軍の船に乗り込んだら、寝台が一つずつ置かれていて、服を全部脱いでパンツ一丁になって、全部流れてなくなってしまって。そうして海軍の船、それに乗って日本に行きましたよ。

日本に着いたら竹の皮で作った**ゾウリ**がある。足の指が二本の履物だよ。それをみんなでもらって、**ビョウインボク**があるじゃない、病院服。それを、大きいも小さいもみんな一緒。着てみるとここ（膝の下）まで来る、私は。背が小さいから。それを着て「どこに行くの？」と聞くと運動場に運動しに行きましたよ。海で溺れた人たちだから。

その翌日、海軍参謀長、私たちは故郷に帰るといったら「故郷に戻してやるからこうした噂は絶対に流すな」といいましたよ。自分たちで何か話し合っていて、この人は金を払って買ってきた、そういう人がいるからと抱え主が口を挟む。戻すなら金を返して戻さなくちゃいけないけど、そうはしたくないから。

だからまた、インドの国〔南洋群島のこと〕に行かなくちゃいけないというんだよ。みんな入れというけど船がひと月後に来るから。ひと月近くかかったと思う。〔前は〕船が大きかったからうんともすんともいわなかったけれど、この〔船〕はちょっとしたら揺れるから、すぐに船酔いしたけどそのまま向かいましたよ。

＊＊＊

あそこは熱帯地域だからいつも下の方では紅葉になって、上ではしょっちゅう新芽がでるから、あそこにいると一二月なのか正月なのか三月なのかわからない。季節がわからない。あそこでは春がなくて冬がなくていつも暑いからわからなかったですよ。

インドの方ですよ。南洋群島。島の名前が**ホンマチ**ということころがあって、**ホンマチ**はここでいうところの市内だね。名前がここでいう機張郡機張面のようなものはなくて、朝鮮人が暮らす**マチ**は**ホントウ**というところがある。**マチ**というと村のことだけど、村がある、朝鮮人が暮らす村が。市内というところは南洋の市内だよ、島が多いから。

インドの国、最近はインドも生活がよくなってるけど、あのときは家もない。木のようなものをあちこち縛ってその上にバナナの葉っぱを乗せて雨漏りさえしなければいいさ。下には丸太の木を切って置いて。

クロンボ《ママ》たちが話す言葉を私はあそこでじっと聞いたけど、「オオイ！　マンカイヤ？」というとそれは、お前、どこに行くのかという意味ね。そうすると、言われた人が「オオイ！　ジュンジユマンガイヤ」と言い返す。あっちに行くという意味だよ。

ク《マ》ロンボ《マ》は服も着ないで**フンドシ**だけ穿いて、女はヘンテコなバナナのあれ〔葉っぱ〕でスカートを作ってまとっていたよ。歯だけ真っ白でク《マ》ロンボ《マ》といってもあんなク《マ》ロンボ《マ》はいないよ。怖いよ。初めて行ったときインド人は人間を捕まえて食べたといっていたよ。最近はそんなことはないようだけど……。

＊＊＊

あそこには組合、組合学校[2]がありましたよ。お前はあの部屋に行け、お前はその部屋に行けと分類するんです。私たちのところでいうと、北京館と呼ばれるような料理屋〔食事と性売買が提供される場所を指す〕があるじゃない。そういうところを決めるんだけど、私が行ったところは一〇人くらいが行ったよ、そ〔こ〕に行くとしばらくしてから客をとり始めたよ。客をとるなかには私より若い子もいたよ。泣いてわめいて大変だったけど、家でもない**ハコ**みたいなところ、一間、二間に全部押し込んで軍人たちがね、ひっきりなしに、海軍たちをとる。その抱え主は沖縄の人だったよ。海軍は一時間ずつ、長い夜は一晩中やって。だから泣いてわめいて客をとらなかったら、そうしたら、ご飯もくれないし、しょうがないからとるしかなかったよ。

それで私が夜も昼も泣いているから、ケウォルという姉さんが「泣くな。泣くとご飯ももらえないし、あんただけ損だよ。自分からいって客をとってくることを考えな」

こう言われるから私は、「姉さん、私はどうしてもできない、できないよ」と言ってたら。

〔部屋に〕入ってきた軍人は女が泣いたり嘆いたりするのをみると、やる気を失う。その最中に男が乱暴なことをしても女は我慢して、我慢したあげくに苛立つじゃないか。すると両方の頬っぺたを軍人がぶって、抱え主がまた文句をいうのさ。客への態度が悪いとか、客が来なくなるとか。

私は湿疹、股に湿疹[3]ができて、おりもののせいで湿疹ができてめちゃくちゃだよ。膿がダラダラと流れてきて痒くて言葉にもならない。

そこ〔病院〕？　私はそ〔こ〕には行かなかったよ。病気が、湿疹があるから。あそこは客をとる人だけが行ったよ。だからあそこはちょっとでも病気があるとダメなんだよ。婦人病の検査をする。客をとる人が梅毒になってないか、性病があるかないか、そういうことをするみたい。倭奴の軍人たちにうつると思ってさ。そういうことは徹頭徹尾やるんだよ。婦人病にかかったらその人はもう全部治るまで客をとれないよ。なんの薬かわからない。錠剤があったよ。注射は産婦人科に行ってから、行く日があるよ。その日は客をとらずに検査を受ける。ゴムみたいなものを被せるのがあったよ。白いもの、風船みたいなもの、先っちょがこうして丸くなってるもの、そういうのを軍人たちが持って入ってくる。日曜日に一番たくさん入ってくる。海兵隊はベレー帽じゃなかったかい？　あそこでは帽子のつばがついてるもの。ここの海軍士官学校の帽子みたいなものを被った海軍たち、古参なら階級がある人は何かの日に来てそうでなければ週末に来てたね。でも私はここがめちゃくちゃになってしまって、毎日泣いてばかりいたから、客をとれなかったよ。とれないでいるからご飯も、客をとる人は三食出たけど、私みたいな人は一食しか食べられなかったよ。

＊　＊　＊

ホンマチというところにいたときはご飯を、配給をね、初めて行ったとき、ご飯は皿によそっておかずはなしだよ。味噌汁もそう。少しだけのご飯を茶碗一杯分だけ食べて、あのときはお腹が減って本当に死にそうだったよ。あそこにはとにかく人が多かったから。女たちが大邱《テグ》、晋州《チンジュ》、釜山《プサン》各地からぜんぶ来たよ。人がたくさんいるからおいしく食べることもできなくて、水だけでお腹を膨らませていた。それだけだったのに昼ご飯をくれるかって？　夕ご飯のときに茶碗一杯だけだよ。あそこに金を出すんだよ。金は一〇〇〇ウォンをくれたとしたら自分らの帳簿には二〇〇〇ウォンと書いておく。それで借金を全部負わせておいては、後で客をとるときにはそこから削っていくのさ。一万ウォンをもらって使ったならば、二万ウォンと書いておく。[*1] お前には借金がこんなにたくさんあるからいつまでに返さなくちゃいけない、こんなふうに、そうやって捕まえておく。

　苦労を言葉にすることなんてできない。朝鮮人がいる**ホントウ**という**マチ**に行くと木に実っている**パパイヤ**というのがある。ここでいう大根みたいなものだよ。それを水に漬けて塩を少し入れて発酵させて小麦粉をまぶして蒸して食べたよ。

　そんな生活を一年半くらいしていると**キンノシ**〔勤労奉仕のことと思われる〕というのがありますよ。倭奴のことばでは**キンノシ**で、私たちのことばで、仕事があれば働けというのを何と言いますか？　ただ飯食うことはしなかったからね。[4] その賦役に行って、それをしていると**キンノシ**に出ろと言われスコップ仕事させられて。掘るものがあれば掘り出して、水だけ掘って。それでも水は流れてきますよ。あそこに行くと蛇みたいなものや死んだものが全部流れてきて、それでもそれを飲まないと死んでしまうから、その水のようなものを飲んで〔暮らしたのが〕一年半にはなったと思いますよ。

＊＊＊

そうしているうちにアメリカと戦争することになってね。あのときは大東亜戦争《ママ》だからアメリカ人が土地を奪おうとした。アメリカ人。「**セントウキ　ヨウキ　オガタ　ヘンタ　オガタ　ヘンタ**」[*2]というと、大きな爆弾を載せてくるという意味。空が暗い。チューン、チュチュッ、チューンとね。夜には爆弾に火が点いて落ちてくるし、昼間にはそのまま落ちてくるよ。

「〔道を〕歩いていて自分の頭のてっぺんの上にまっすぐに落ちてくるように見えても、自分に落ちてはこなくて、向こうの方から落としてくるようだったら、自分に落ちてくるから逃げろ」というんだよ。

「どこかに逃げて丸まって耳をふさいで伏せろ」とね。

用を足したくて外に出てみると、死んだ人間をぜんぶ重ねておいたのに、それを運んでね、死体を木にぶら下げておくんだよ、足なら足だけ、腕なら腕のままね。爆弾が飛んで来たらみんな死んでしまうもんじゃないですか？

〔こうして〕戦争がはじまると外に出て行ってね、そのときは自由なんだよ〔第二次世界大戦末期の無秩序な状態を指している〕。抱え主もみんな逃げて避難してね。

山へ、山へと避難してたらお腹が空いてね、砂糖をつくる、私たちのことばで言ったらススケッキ、サタンスス、朝鮮語ではサタンススというでしょ。あっちのことばでは**サトウキビ**というよ。

それを焼いて砂糖をつくるんだけどね。そこには持ち主がいない。戦争だから主人なんてありゃしないよ。他人のもの、自分のものの区別なんてない。バナナだろうが、パイナップルだろうが持ち主なんてあったもんじゃない。ここに柳が立っているように全部の畑にバナナの木が立っているんだよ。もぎってから一晩置いておくと黄色くなるよ。そうしたらそれを食べるしね、そしてパイナップルもそうして皮をむいて食べるしね。そうやって何日か過ごせても人が多いからいつまでもあると思うかい？　あるわけがない。サツマイモ畑にいくとカタツムリがいる。そのカタツムリは赤っぽくてこれくらいはあったよ。そういうのを取ってきては石で叩いて割って水で洗って、サツマイモの茎の汚れてるものでも、汚れてないものでもぜんぶ釜に入れてね、カタツムリも切って入れて、それを茹でて一人一皿ずつ食べるんだよ。

朝鮮人でも軍属の偉い人がいたよ。その人が教えてくれたよ、もし貨物車に乗れと言ってきても絶対に乗るなとね。あれを中に入れて爆弾で爆破させるから乗るなという。あいつらがしたことを考えると身震いがするよ。誰も乗らなかったよ、教えてくれたからね。その人が朝鮮人だから教えてくれてね、**ホントウ**にいる人は乗らなかったよ。他の場所の人たちは乗ったかもしれないけれど。私たちは解放されたことも知らなかったよ。倭奴たちが解放されたことを教えてくれなかったからね。

後で朝鮮人から「解放されたのを知っているか？」と聞かれたけど私たちは知らないと。クソ野郎、犬畜生どもが解放されたことも教えてくれなかったからとね。

こんなことだと知っていたらあの「犬畜生どもを」覚えておくけど、あのときは私もまだ幼かったし、そういうことを覚えておく余裕がなかったよ。

「ここにいる人たちはみんな出ていかなくちゃいけない」、そして「朝鮮は聞くところではひどいらしい」というんだよ。

あんな状況で残った人もいたよ。山に行って隠れた人もいたしね。でも、「良くても悪くても朝鮮に戻らなければ食べることだってできない。ここに残って、クロンボ《ママ》が食べるものがあるといって私たちにくれるとでも思うのか。私たちは帰らなくちゃいけない」と言ってね。

それでアメリカの船で戻ってきたよ。アメリカの船で帰って来るのに半月もかかったよ。

やっと釜山に戻ってきて釜山から晋州に向かったよ。

＊＊＊

晋州に行ったらオムマとアボジは二人とも亡くなっていて、叔母が自分のところに一度おいでと手紙が来ていたよ。一度寄りなさいとね。ピヤン〔平壌のことと思われる〕(平安南道)江西《カンソ》郡のカンビヨン里というところに、そこにいるからおいでというのでピヤンに行って二年ほどいたよ。そうしてそこで夫の姉にあたる人が夫の話をしてきてね。その人は医科大学を出ていて冬休みだから私に見合いしろというんだよ。最近はそうでもないけど、昔は背が低くてこざっぱりした人で、髪をこれくらい伸ばしていて裏表がないのがよくってね。二一歳〔で結婚したよ〕。

子どもができてから八カ月目に川を、海州《ヘジュ》江を一二月の一日に渡ったけれどね、ここよりも以北〔朝鮮半島の北側のこと〕はずっと寒いんだよ。〔海州江で〕薄氷が張っていてね、お腹の子どもと一緒に渡るのに、電信やら、船やらぜんぶが切れてね。[5] 結局はその子も、川を渡ろうとあれだけの苦労をしたからダメになってしまってね。ほぼ八カ月だけど完全に大丈夫なはずないでしょう？　来てから結局、堕ろしましたよ。[6]

ピヤンに上がるときにはまだ三八度線が引かれるかどうかだったのに、帰ってみると三八度線が完全に引かれていた。住民登録証もなかったし、ここ南にはなかったしね、何の証明もなかったよ。証明があったよ、以北には。どこに行くにもそれがあると通過できて、それがないと通過できない。〔旦那が〕海州からここに来ようとして住民証を置いてきたら捕まって、「今、女房のお腹がこんなに膨らんでるのに、死んでもかまわないと置いてきぼりにしてお前ひとりで行くのか」「どうして自分だけ生きようとして妻を見殺しにするのか？」そうして捕まりましたよ。

捕まってからこれっくらいの何かの哨所みたいな場所にいましたよ。身体検査されてね、あのときは以北の人たち、ソ連人がみな管理していましたね。

それでね、旦那がお金を少し持って出たんですが、全部取られて、全部取られたからそこで夜を明かしてね。

以北に戻されても誰もいないし、お腹の子どもも産まなければならないし。〔南に〕行けば両親もいるからね、ここには居場所もないから、事情を汲んでほしいと軍人に頼み込んだよ。

そうしたら軍人が「私たちも涙のある人間だけど、おばさんがおじさんと一緒に行ってもし捕まって、こちらが見逃して行かせたとなってしまったら、そのときは私もあんたも生きてはいられないから、あんたを行かせてあげるけど、もし捕まっても見逃してもらったとは言わないでくれよ」。

〔そうして〕捕まらずに渡ってきたよ。

＊　＊　＊

こちらに来てから〔釜山で〕半年ほど暮らしてたらね、同郷の人たちが来て私が倭奴のところに行ってきたことが知られてね。その人はわざと噂を流したんじゃなくて、南海《ナメ》の故郷の陳《チン》氏という人だけどね。その人は私が〔日本に〕行くとき向かい側の村で所帯を持って暮らしていた人でね。自分が〔話〕したくてしたわけじゃなくて、昔、誰々が苦労した、あの人もこの人も苦労した。戻ってきたときに誰々が戻ってきたという話になったときに名前が出たんだよ。大きな噂になるとも知らずに……。

旦那という人は口に出せないほどに罵ったよ。みだらな女といい、淫売といい、だからそこから出てきたんじゃないか。

自分でもわからなかったよ、別れるときは。息子をそこで身ごもって〔家を〕出た後につわりが始まってね。それで馬山《マサン》で人の家で女中をしてね。ほかの人が三〇〇〇ウォンもらってるのに、私は三〇〇ウォンしかもらえなかったけど、臨月になってお腹がどんどん大きくなるからもう仕事ができないようにされてね。その家から出て本当に、道ばたの乞食のように生きたよ。子どもをやっとの思いで進永《チニョン》のモントングリというところだけど、その近くで産んでね。自分の手で池に行っておしめを洗って、この子をやっとの思いでなんとか食べさせながら育てたよ。育てたら子どもの父親がそのことを知ってね、自分には子どもがいないせいもあって奪っていったんだよ。

四つの時に父親が連れて行ってから、二二歳のときに息子が噂で母親がよそにいることを知って訪ねてきたことがあったたよ。自分の叔母とここに訪ねてきたよ。私が大きくなるまで育てられなかったし、息子も私の下で大きくなったわけじゃないから、情がないんだね。情がないから私が正しいことを言っても反発する。商船に乗るといって乗り込んで行っては、少しお金を稼いできたと思ったら茶房《タバン》の女たちに＊3全部つぎ込んでしまってね。

私のところに来て金をくれとせがむから、「私はお前みたいな息子を産んだ覚えはない。二度と来るな」と言ったら、そのまま外国に行ったよ。そうして行ったきり全然連絡がないよ。

＊　＊　＊

子どもを奪われてからみんなが「こうして生きててどうする？　子どももいないのに？　子どもを産まないとだめじゃないか？　いいところがあれば〔嫁に〕行け」ってね。それで参奉〔朝鮮王朝時代の下級官吏の職名〕の息子のところに行ったよ。

その時が一三三歳のときに会ったよ、三三歳で一緒になって一年くらいしてすぐに子どもができたよ。

紹介でね、そこは〔二番目の夫のこと〕一人やもめだよ。

旦那はとにかく優しかったね。あの当時は家柄をみたよ。いい家柄を望んでね、以前だったらそんなところに行けるかい？　ありえないよ。私が慰安婦だったことを知らずにね、自分のことをね、昔だったら、背が大きいのは何の取り柄にもならないといってね、それくらい私のことを好きだと言ってくれたよ。

私との婚姻届をしようとしたけど、前にいた女、連れていた女が戸籍から抜かなかったんだね。最近だと自然になんとかなるようだけど、昔は人が死んでも戸籍から抜かないでいたから新しく婚姻届ができない。

後から婚姻届を出そうとしたけどね、噂が流れてしまってね、その噂を聞いた向こうの家族に反対された。そのときこの子を身ごもっていたけど家を出たよ。でもね、あまりにも寂しくてどんなことがあっても育てなくちゃ〔と思ったよ〕。

＊＊＊

うちの娘は？　知ってるさ。娘には私が話したよ、娘だから。話したらいっぱい泣いたよ。今年話してあげたんだよ。話をしようかどうしようか迷ったけどね、今年私から話したよ。

じっと考えてみると、倭奴どもにこうしてやられたことを今思うと、悔しくてそれで面〔村の事務所〕に訪ねて行ったんだよ。そこに行って福祉係のイ・スニというのがいてね。その人を呼んだのさ。

「ハルモニ、どうしました？」

「私、あまりにも悔しくて、こんなことがあったんだけどどう思う？」と聞いたら、

「ハルモニ、もっと早く話してくれたらよかったのに。今からでも大丈夫だと思いますが、ハルモニ、話してくれるのが遅かったですね」と言うんだよ。

それで私がその人に話をしたら、その人が市役所の人を連れてきてくれたよ。話しなさいと、だから全部話したよ。海におぼれたことまで、劇場みたいなところでたくさんの人たちとご飯食べたことまで、海におぼれたことも全部話したよ。

それでこの話が政府まで上がったみたいだよ。私が〔政府から〕お金をもらい始めてからいくらも経たないよ。昨年〔実際に政府に登録したのは一九九七年〕に、昨年の四月からだね。一年とちょっと経ったよ。私は今ひと月五〇万ウォンずつもらってるよ。もらってるけどね、〔支給額が〕薬代にもならないよ。それくらいにもならない、恩恵であってもね。薬もいいもの、診察ももうちょっと細かく診てもらうとなると十分とはいえない。いい薬を飲もうとすると金を払わないといけないんだよ。

＊＊＊

私は息子を息子としてちゃんとまともに育てることもできずに、旦那ともちゃんと一緒に暮らすこともできずに。この世で踏みにじられて生きてきたことを考えると、腹が立って、腹が立って死にそうですよ。今でもぶるぶる震えて、あの言葉が思い出されると胸が苦しくなって。昔、旦那があんなふうに私を追い出して、あの村に行くとまだ噂が残っているから人々が私を避けますよ。

そう、あれだけたくさんのことをどうやって、どうやって私が許せるというんだい？　補償[*4]というのが三五〇〇万ウォンでそれをもらってるけど、私たちは何億をもらっても青春は補償されませんよ。生きてもいけないですよ。

原　注

1　魚雷が爆発したら甲板に出なくてはならないという意味だと思われる
2　管理事務所のように「慰安婦」たちを割り振る場所と思われる
3　性病
4　ただで食事をご馳走になることはせずに、食べた分はしっかり働いたという意味
5　電話と船などの交通・通信手段がすべて切れた状態
6　流産なのか堕胎なのか区別が難しいが内容的には流産だと思われる

訳　注

＊1　抱え主が、女性たちが実際に受け取った額の倍の金額をあげたかのように帳簿に記録し、客をとった分をその借金から削っていくが、返済しないといけない金額を常に膨らませて全額を返済できないようにしていたという意味
＊2　敵の戦闘機が来たという警戒警報の音だと思われる。「戦闘機、予機、大型編隊、大型編隊」
＊3　いわゆる「チケット茶房」。風俗店の一種で、表向きは喫茶店だが、店員の女性に性売買をさせる店のこと
＊4　政府に登録した後に支給される一時定着金のこと

私たちが見て聴いて理解した金チャンヨン

金《キム》ヨニ

金チャンヨンを初めて訪ねたのは、一九九九年八月二〇日だった。八月初旬頃から市役所の職員

と何度か電話で話したが、台風上陸でひどく雨が降ったので訪問が延期された。その過程で市役所の職員とハルモニに何度も連絡しなくてはならなかったが、ハルモニは、私たちの連絡に面倒そうな反応を見せた。そして訛りの混じった語調から、ハルモニがとても気難しくて、ハルモニに会いに遠い釜山まで行っても徒労に終わるかもしれないという不安な思いを抱かざるをえなかった。

最初の訪問には市役所の職員が同行した。やっとのことで訪ねた市役所ではハルモニの身上の記録を提供してくれ、ハルモニの家に向かう車中でもハルモニについて話を聞かせてくれたので、私たちはハルモニのことをある程度知って行くことになった。市役所の職員が提供した資料によれば、ハルモニの状態がどうなのか、毎月、訪問と面談を通して記録をしているようだった。彼女はハルモニがとても気難しい方で、一日でも政府の補助金の支給が滞ったり、新聞に「慰安婦」についての記事が出るとすぐに、市役所に何があったのかと電話してくるという。

ハルモニは市役所から少し離れた住宅街のアパートで独り暮らしをしていた。家に入るとまず部屋がとてもきれいであることに驚いた。ボランティアが来て掃除したりいろいろと家事を手伝ってくれるとはいえ、ハルモニ自身がきれい好きのようだった。ところが広い部屋にしては妙に家具が少なかった。新しい家に引っ越してきてまだ整理が終わっていない感じではあったが、ハルモニは「この家に私の物はとくにないですよ。全部、あっちの日迎《イリョン》で民泊をしている娘の物です」と言った。ハルモニは所有している物は何もなく、政府の生活支援金だけで生活しているのでとても苦しいと付け加えた。

「タイタニックのハルモニ」

インタビューを始めると雰囲気がガラッと変わった。私たちを警戒していたわけではなく、私たちの期待以上に積極的に話し始めたのだ。市役所の職員が「ハルモニ、どのようにして「慰安婦」として行ったのか、それから話して下さい」というと、「自分が話したいように話しますよ」というほどだった。

ハルモニの描写の仕方は、とてもすばらしかった。南洋群島に行く途中、船が魚雷に当たって難破したときの様子を描写するときなどがそうだ。まるで映画の中の一場面が頭に浮かぶようだった。ハルモニはA四サイズ一〜二枚ほどを超える分量を、質問もなしにずっと話し続けられるほど言葉遣いが優れていた。しかしそれは、彼女の姿を見て聴いた者たちには理解可能なことだったが、そうした経験のない者たちが文章だけで理解するには難しい部分もあった。この編集の鍵はどのように話を分けて整理し、理解を容易なものにするかということだった。

編集を一緒にした者たちの間で彼女は「タイタニックのハルモニ」で知られていた。映画『タイタニック』を彷彿とさせる経験と、その経験を私たちに聞かせるときの描写の仕方と記憶力のすごさ！　それは他方で彼女の人生のなかで「あの経験」というものがどれほど胸の奥底に深く刻まれているのかを示してくれることでもあった。現在までも「周りの人々が私を忌まわしく思い罵ると思うと、人と付き合うのが難しくて躊躇してしまう」という言葉が、その状況を最もよくあらわしているように思う。こんなにも細部まで、胸いっぱいにつまらせた記憶を外に表すこともできずに生きてきたのだから、どんなに苦しかっただろうか。

金チャンヨンの話の中で最も際立った部分は、水に関わる死の恐怖、つまり難破した経験と妊娠した状況で海州江を渡ったときのことについてだった。彼女が南洋群島に行く過程は、死ぬかもしれないほどに窮迫した状況だったにもかかわらず、彼女の描写は笑いを誘うものだった。半面、妊娠した身体で川を渡る様子は、南洋群島の島に行く過程とはずいぶん違った。薄氷をかき分けて川を渡ったため、妊娠した子は流産するしかなかったと、あきらめたように話す。これは、難破には生きることの意味が、海州江を渡った経験には流産という死の意味がより強かったためのようだ。

この二つのエピソードにあらわれる死への恐怖の裏面には、死ではなく、むしろ生きなくてはならないとか、生きようとする欲望が込められているかもしれない。彼女には食べ物への記憶がとりわけ多かった。日本での生活で茶碗一杯しかくれないご飯を食べていつもお腹が空いていたとか、船が難破して必死な状況でも、空からミカンが降ってきたり、干した魚を食べろと投げてくれたことを覚えている。

どれほどたくさんの人々に傷つけられてきたのか

金チャンヨンは三四歳以降の自身の生き様についてはまったく説明しなかった。夫とは別れたけれど、二人の間に生まれた娘を育てて現在も行き来していること、「慰安婦」だったことを娘に明かしたいきさつの中でのみ、ハルモニの現在の生活を語るに過ぎなかった。まるで三四歳で人生の終止符を打ったかのように、その後に生きてきた過程については何も話すことはなかった。

最初の訪問を終えてまた来ると伝えると、ハルモニはなぜしょっちゅう来るのかといい、訪ねた際には早く話を切り上げて帰ってほしいという様子だった。また家の前で私たちを見送りながら話すときは、周りに私たちの話し声が聞こえないように注意を払った。そうしながらも食事をしていきなさいとか、夏には涼みに来なさいという話もしてくれた。

　金チャンヨンハルモニに、証言集にインタビューの内容が編集されて載るという話を伝え、その許可を得るために電話をしたら、彼女はすぐさま、自身の名前と住所が載ると近所の人々に知られるのが怖いと言った。そのため仮名で載せることにした。周囲の目に触れられないようにしたり、初めて会う人を警戒するなど、そのような彼女の不安を通して、これまで彼女がどれほどたくさんの人々に傷つけられてきたかを、ぼんやりと想像するしかなかった。彼女が自らの声で、自身の姿を現し、自身の生き様を話せる日はいつだろうか……。この証言が彼女にとって、自らの人生を否定的なものではないと感じさせ、人生の中心は外部と調和しながら生きていく自分自身であることを知る契機になれたらいいと願う。

・証言を聴き録音内容を文字に起こす作業は、李《イ》ヘヨン（江陵原州《カンヌンウォンジュ》大学校史学科講師・当時）とともに行った。

（訳・金 美 恵）

第3章

韓《ハン》オクソン

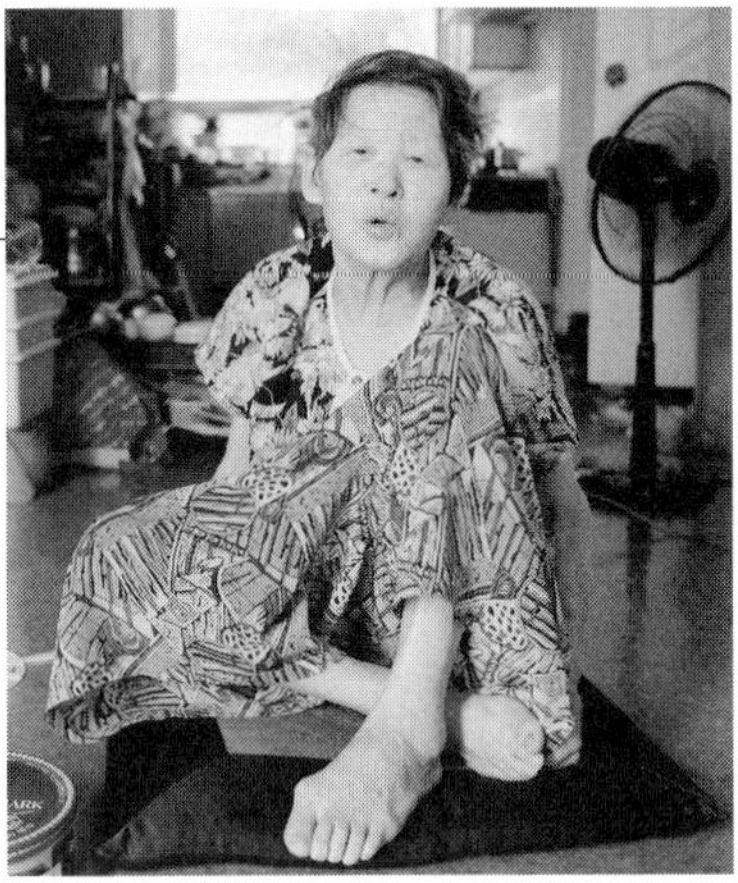

1919年11月13日　忠清南道鳥致院《チュンチョンナムドチョチウォン》生まれ
1926年(8歳)　仁川《インチョン》に引っ越す
1937年(19歳)　ソウル職業紹介所で働く
1938年4月(20歳)　「慰安婦」として連行される．中国吉林省を経由して太原からオスイジンへ移動
1941年(23歳)　ハガショイ*軍医と出会う
1942年(24歳)　ハガショイとの間に最初の娘アキヤ出産
1943年(25歳)　ハガショイとの間に2人目の娘スンジャ(絢子)出産
1945年(27歳)　解放直前にハガショイ軍医が戦死したと推定される
1946年4月(28歳)　2人目の娘と韓国に戻る
1946～47年(28～29歳)　閔《ミン》氏との間の1人目の子どもを出産，3カ月で死亡
1951年(33歳)　1・4後退時，閔氏との間の2人目の子どもが死亡
1983年(65歳)　閔氏死亡
2000年(82歳)　富平《プピョン》にある次女の家で闘病
2009年1月20日(91歳)　死去

*ハガという名字の少尉のことであると思われるが，証言者が「ハガショイ」と愛称のように呼んでいるため，「ハガショイ」とカタカナで訳出した〔訳注〕

でも、私は腎不全って言われて驚いたよ。いったい私が腎不全にかかる理由なんてないのに。今日この日までご飯もちゃんと食べているし、体がむくんだりしたこともないし、子どもを何人も産んだのにむくんだこともないんですよ。それなのにそれも腎不全っていう診断がついたって言われてね。入院しろって言うから入院して、それで帰れなかったの、家に。それで、えっと、病院でおとなしくしてたら、ある人が無料患者だったの。それで私も看護師に尋ねたの。

「どうしてあの人は無料患者なの？」ってそう聞いたら、ほら、なに、

実は私はこれこれこういう人間なんだけど、恥ずかしいけど自分のお金を出して、ひと月に五〇万ウォンもかかるの。だからただ私も苦しい生活をしてきたけど、どんな子どもたちが、しかも娘じゃなくて嫁がひと月に五〇万ウォンも出してくれるなんていい人がどこにいる？　将来あなたたち〔聴き手に向かって〕も姑の世話をして暮らすかどうかわかんないけど、誰が喜んでやってくれるのかって話だよ。だからそんなことも考えて、あんまりにも、ほんとに、あれだけれど〔こういうことをいうのは〕恥ずかしい話だけどそんな事情を話したの。看護師に。そうしたらそんなことはこの病院ではまだないって〔前例がないって〕。

慰安婦に行った人が無料患者になるっていうことが、ここにはまだないって。

私は昔、別の所に住んでる時に中央病院で無料患者として、わざわざ病院から迎えに来て診察して、電気アンカもサービスでひとつくれて、それから無料で一年以上通ったんだけど、ここではだ

めなのかって聞いたら、慰安婦はまだないって〔前例がないって〕言うわけ。

そうかと、どうしたらそうしたら無料でやってくれるかって聞いたら、私が事情が実は苦しいと。なに、私が産んだ息子もそんなに特別じゃないけど、どこの嫁が姑の病院代としてひと月に五〇万ウォンずつ出すだなんてこと、誰がしてくれるのかって、ここで入院することになったからここで入院をしたわけだから、そう言ったら、そうか、と。事情を話したら。

そしたらおばあさんが一人で暮らしていることにして手続きをしてくださいって言ってきたの。だから手続きをして。

＊＊＊

ソウルの永登浦《ヨンドゥンポ》に引っ越してソウルの南大門《ナンデムン》市場の中に、ふぅ。新倉洞《シンチャンドン》に小さな中学校がありました。そこに入学して少し通ったんだけど、オモニが亡くなったせいで。その日本の店〔タカサ商店のこと〕で働いてたんだけど、そこの主人に騙されて、私が売られちゃったの、なんていうかね。売られたんだろうよ、明らかにね。
職業紹介所に行ったら**タカサショウテン**というところを紹介してくれて、行ったんです〔そこで働くことになったんです〕。それでそこで何カ月かいたんだけど、その次の年の四月一七日の日がオモニの法事だったんですよ。それでそれに出るために〔家に〕帰ってきて〔もう一度タカサ商店に〕戻ったら、ある知らないお客さんが来ていました。年を取った男性が。それで挨拶しなさいと言われて挨拶したら、「お金を稼ぎたいなら一緒に行こう、お金稼げるいいところがあるから行こう」って言うから、その男に騙されて行ったわけですよ。

ある宿に行って、見てみると女が七人いたんだけど、その女たちは、なんていうか、もう、ほんとにその、朗らかなの。誰がそんなことを知ってると思う？　それで、こんなもんかと思ってたんだけど、その女の子たちは売られてきたわけですよ。そのことは知らなかったわけだけど。

そのことは後でわかったの。なに、六〇〇ウォンを渡しただとか、八〇〇ウォンを渡したとか、なに、一〇〇〇ウォン未満だったよ。ほとんど。その時のお金で六〇〇ウォン、八〇〇ウォンって言ったら大きいお金だったでしょ。そうだったんだけど、なに、田舎で暮らしていけなくて売られてきたっていう子もいたし、なに、うん。自分のオモニとアボジが売ってしまったっていう子もいたし。自分で、本当に、恋愛して堕落して来たっていう子もいたり、そんな感じだった。だいたいみんなそう。ただ、みんなそんな感じ。

だから満では一八〔歳〕だったから、一九〔歳〕だったかな。たぶん行ったときは、その、中国に行ったときは。

ある日汽車に乗って、もう、出発するんだけど、宣川《ソンチョン》だったかどこだったかに寄ったの。少し寄ってからその次に、また、汽車に乗ったんだけど新義州《シニジュ》を通って奉天を通って吉林省に行ったわけ、直接。そう吉林省に行ったら、幕をいっぱい張って、家もない原っぱに、ひとつの方角はただ高い山で、原っぱにただ幕を張っておいて、ただ、一部屋ずつ女の子たちに、ただ、ひとつずつ、くれて、ただ、その、たらいを持って出たり入ったり、出たり入ったりして、もう、ただ、すごかった。でもその時はまだ私に強制はできなかったんです。

察しはついたよ。でも強要はできなくて、私が、なに、かたくなに拒んだから、だって、ゆったら、本当に売られて行ったんなら分かんないけど、お金を稼ぎたいかって言われてついて来ただけなのに。誰が何を、うん、慰安婦だって、それも知らないで、だからそのままいて。

私は何にも知らないでついて来たんだから、言うことを聞かなかったから、ただもう「**キサマヤロー**」って罵倒されたり、こぶしで殴られたりもして、なだめすかされたりもして、それでも私が言うことを聞かなかったんですよ。そうしていたらそこには何日もいなかったと思いますよ。前線だって言っていたから。どれくらいいたのかは覚えていないんだけど、もう歳が八一だから思い出せないけど、汽車に乗せられてまたどこかに行ったんです。それでついて行ったんだけど、〔山西省の〕太原だったと思います。

強制的に日本の奴らとくっつけてやろうって言ってたんだけど、私が〔男を〕とらないと無理でしょう。だから倉庫に押し込められて、なんで押し込められるの、なんで鞭で打たれないといけないの。私がお金を稼ごうとしたんだってどれだけ言っても、お金をもらったからって何になる、鞭でなんで打たれるの。〔日本の奴らを〕とったよ、もう。何のために鞭で打たれるの。ただ監禁して飢えさせるわけ。飢えさせる。飢えたら、ただ、呼んで、また、ただとるかとらないかって聞かれて、また打たれて、また、ただ、そうだったよ。うん。そうやって日々を送ったんだよ、もう。

＊＊＊

太原を出る終わり頃になって、私が仕方なく。鞭で打たれるのも悔しいし。あまりにも遠い、三千里の果てで、本当に万里の果てまで来てしまって、訴える人もいないし、だから、ただしかたなく受け入れたんだよ、もう。

太原にいたときは、なに、無理やり、本当に、しかたなく、本当に、なに、私が、そんなところに行ったわけで、何人、身体はあの、その、奪われたわけだから、鞭に打たれながらも受け入れたけど、何人だったかっていうことは、数字は、数えてないよ。

そしたらそこでは、そこでは、年は越さなかった。そこではたぶん三～四カ月だったかな。あんまり昔のことだから忘れたよ。それも。

そうしたら（泣き声をあげながら）そうしたら、またしばらくしてそこから汽車に乗ってずっと行ったんだよ。行ったらオスイジンという村に行って、また到着しました。それでそこに到着したんだけど、そこも行ってやっぱり部屋を一つもらったのか、部屋ごとに、ただ、女たち全員、全員に一部屋ずつくれて。私も本当に、部屋を一つもらったからどうしようもなくて、そこでは本当にどうせ身体は、捨てた身体だしそれでただ軍人の相手をして、（泣きながら）他の女たちはなに、ただもう、いそいそとただもう、火が付いたように出入りして、騒々しくしてても、私はどうにかして、ただ身を入れないで、あれをしないように、すごく努力もしましたよ。でも、それが思い通りにはならないから。

それでそこで幾らかまたいたら、オレイガンというところにまた行きました。韓国語では黒龍江[*1]かな？　オスイジンでは身体検査（性病検査）をしたかな？　しなかったかな？　あんまり昔のことだからそれも忘れちゃったけど。オレイガンでは確かに身体検査をしました、私は。そうして身体検査をするんだけど、これが野戦病院ですよ。そこに連れて行かれて身体検査をするんだけど、ハガショイという軍医官が将校です。軍医官が検査をして、なぜかわからないけど、私がちょっと身体がきれいな女だって、処女が慰安所に来てこうなったっていうことを、どうやってか、そういうことをわかったみたいですよ。何日か後に夜にやってきました。やってきて私を訪ねるんですよ。それで出て行って見ると、そのハガ軍人が、軍医将校が訪ねてきたんです。それで呼ぶんです。それでもう、身体は捨てた身体だからどうしようもなく、ただ本当に相手をして送り出したら。その人が本当に、軍医将校だからすごくたくさん私が得をしたんですよ。その時から私はただ無理をして、本当に努力してお金を稼ごうとはしなくなりました。

（とても小さな声で）誰か来ました？　静かに。うちの婿がちょっと帰って来たかな？

身体検査はカモ、カモのくちばしみたいなやつで。こうやってこうやってその病室でこうやってベッドにこうやって横になったら幕を前に張って、あっちから医者がカモみたいなやつを下に入れてこうやって握ると、こうやって開いたりこうやって閉じたりする。こうやって開いて中を見て。患者は病気をもってる患者は一週間、毎日通って治療を受けろって、それで、ただそこでカモみたいなやつで開いてみてあれなんだ、なんだ、**クレドールセッケ**っていうのがあったの、**クレドールセッケ**。**クレドールセッケン**〔クレゾール石鹸のことと思われる〕。水を入れると、わーっと泡が、わーっと出る。それで洗ってくれるの。毎日毎日治療に来いって言って。

週末だからといってたくさん来るわけじゃないよ。その、休みの日はどうしてもちょっと多くて。その人たちもなんだかんだ日曜日だと休むでしょ、遊んだりもするし。ほとんどみんな前線に、一番危ない前線に出ているでしょ、本部には何人もいなかった。うん、でも内務班に何人かいて、なに、兵長、軍曹、なんかの将校。大隊長とか、分隊本部だか連隊長だとか、そんな人たちはオスイジンにいたときだけ見たよ、宴会するとかって。オレイガンでは連隊本部じゃなくて大隊本部だったから。大隊本部に一個小隊が、騎(兵)隊部隊があっちのほうの医務室の奥の方に一つあって。私たちはあっちの村の**アオケ**部隊のすぐ上の方にいて、そうだった。**アオケ**部隊には部隊長はたまに私に面会に来てたけど、うちの夫[**ハガ**軍医]が頻繁に出入りするようになってからは私の心では、私の心の中にいる人だけとったわけ。店の主が要求してもしなくても、なんだっていうの、うちの子のお父さんがそれでもいるから、私も突っぱねて。

オレイガンで。(沈黙)分からない。たくさんもらうときはたぶん六〜七枚ずつ、一〇枚ちょっとずつもらったと思うよ。

少しだけとるときは、あるときは一日に二人っていうときもあったり、三人のときもあるし。それと外出のときはまったくいない日もあるし。私はしかたなく、ほんとに、オレイガンでは軍医官と知り合ったから、初めはしかたなくただ来る人みんなとったんだけど、[私が]軍医官と知り合ってからは、本当に私の好き勝手とったよ、私は。

オレイガンから、だから、どこに行ったかっていうとオボジェンイというところに移りました。それでそこで後に探して[**ハガ**が]来いっていうから行って。部屋を一つ借りてくれました。あ、最初は部屋は借りられなくて、知り合いの食堂。片側で食堂をして、もう片側で女たち、身体を売る女たちがいるところです。そこで主人に話をして、その端っこに部屋を借りてくれたんですよ。それでその部屋にいてその**ハガ**軍人さんだけが通ってきて……。

＊　＊　＊

私に子どもがいたんですよ。今の子じゃなくて、一人は（泣き出しそうな顔で）日本に行きました。二人とも育てられなくて、養女に出したんですよ。

それで上の子ができたんだけど、オボイジン《ママ》にいた時に上の子ができて産んだんだけど……。

＊　＊　＊

あるときハヒョンという所に行って、ある食堂にまた言っておいたみたいですよ。それでついて行ってみると、ハヒョン大衆食堂なんだけど二人のおじいさんしかいなかったんですよ。それでそこでお茶を出しながら日々を暮らしたんだけど。お腹がだんだん大きくなるから、その年老いたおじいさんが「うちは女給を置けない状況だ。だからうちがいいところを教えてあげるからそこに行け」って言って、そこから少し離れたところだったけど、すごく離れてはいなかったんですよ。

そこで出産することになったんだけど、そのときはどこかの前線に出張に行ってたんですよ。子どもの父親［**ハガ**軍医］は。

それで産むことになったんだけど、店の主人の妻が、家の前は小さな雑貨屋さんだったんですよ。

その店に行って、ちり紙とか子どもが生まれたら広げるものを買ってきたみたいでしたよ。

そしたらその店の奥さんに「うちの誰それが子どもを産もうとしてるんだけど、どうしたらいいか」と、わからないから、子どもを産んだことがなくて、聞いたみたいですよ。その人がついてきました。それで何て言ったかっていうと「あらまあ、すぐに産まれるとでも思ったの。数日はしんどい思いをしないとだめよ」って言うんです。お腹は張ってずっと痛いし、ただ便所に何度行っても出ない子は出てこないし、二回便所に行っても出ないし。便所がすご―く深かったんですよ。それでそこでもしかして産まれちゃって落っこちちゃうんじゃないかって怖くて、部屋に戻ってきて泣いていたら、ただ何かがざばっと出てきたんですよ。羊水が出てきたみたいでした。それでその人がその話をして、部屋から出ようとしたんだけど、羊水が破れたんだか。ああ、その人の名前はヒョン……ヒョンオクって言ったけか。

「ああ、だれそれオムマ、私なんか破れた」て言ったら、

「ええー、それじゃあ子どもが出てこようとしてるんですね」って。

それでなんか布団を掛けておいたものを、私の手でただぐるぐる巻いて足元に置いてそこに行って四つん這いになった。そうしたら店の主人の妻が、ただ、買って来た、ただ、なんていうの、その、その黄ばんだ、こんな小麦粉の袋みたいなやつ。それとちり紙とみんな広げてくれて、そうなんだけど、あ、ここに敷いたんだけど、子どもはあっち(手で示しながら)にすとんと落ちたの、もう(笑)。

それで産んで連れていたら、またいくらか後にその子がもうあれをしようとしてたんだけど、一

〇〇日もたたないうちに妹ができた。一〇〇日でもないかな、だから正月に産んでその次の年の三月に産んだんですよ、年子で。

それで産んだんだけど、その家は運城に引っ越しをすることになったんですよ。運城のヒサゴという食堂を買ってきたみたいです。それでヒサゴ食堂とその家の主人とは知り合いだったんですよ。だからヒサゴ食堂でまた下の子を、今の娘を産むことになったんです。その家でもまたただ本当に子どもがいないから上の子を欲しがるんですよ。それで本当にうちの夫は前線に行っていて、その子の父親は。夫だなんて恥ずかしい呼び方だね。それで前線に行ってるから子どもを産むときは見てないんですよ。最初の子もそれでそういうふうに産んで、二人目の子のときは家が部隊から遠かったから会えなかったんだけど。

三歳にもならなかったときだね。子どもができたからしかたなく産むことになったわけだけど。だからただそうだった、自分のところの事情を話して。「連れて暮らすのは大変だろうから、上の子は私たちの養女としてくれたほうがいいんじゃないか」って。その家に子どもがいなかったから私もあげたんだよ、子どもがいたらくれって言わなかったでしょうけどね。そこの家の主人はそのとき、四七歳だったし、女は三七歳だか、そんなんだった。でも子どもを一人も産めなかったみたいで。

何度も子どもを産むことになったんだけど、何度もただ主人が上の子を自分のとこの養女にくれって、何度も言うから、返事もできないでいたんだけど、なんだかんだそのまま本当に何年も過ぎたから、はぁ。二人とも連れてその家にいるのもなんだったたし、ただ、どうしようもなくて、ただ承諾しました。

ハガアキヤって名前をつけてた。自分の父親の名前から付けたんだけど、主人の家で変えちゃったよ。

下の子の日本の名前は……（少し考える）

ああ、なんて付けたんだっけ。今……日本の名前、ああ、あれだ、絢子。

韓国の名前だと純粋の「純」の字〔を使うこと〕が多いです。でもこの子のジュンの字は少ないんですよ。糸偏に殉職するのジュン（絢）の字。上の子の名前は店の主人が付け直して。この子の名前はただ私が付けたみたい。たぶん。私の考えで、ただ。

バンファと付けました。分からないように。今は誰も知らないから、日本人の子どもだってことを知らないよ、誰も。

＊＊＊

子どものことを思い出すと、ああ。（すごく小さい声で）再婚をしなかったらともかく。なぁに、再婚をしてもう何十年も経つのに、いまさら**ハガ**のことを思い出してどうするの。死んだんでしょ。ああ。「どこどこの部隊が全滅した。どこそこの部隊が全滅した」っていうので、泣くのも、私が、もう、どれだけ、もう、どれだけ泣いて。〔**ハガ**の〕故郷[1]にも訪ねていけない理由が、それで訪ねていけなかったよ、なに、別の理由があって行かなかったわけではないよ。

（とても小さな声で）外に誰かがいるみたい。部屋に入った？　ドアを開ける音が聞こえた気がしたから、静かに。

＊＊＊

私より六つ上だったよ、そのとき、初めて会った時に、たぶんそうだったと思う。オレイガンで会ったから二〇歳になった年かな？　二一歳になった、いやいや、オスイジンで二〇歳で、オレイガンでは二一歳だったかな。オレイガンに二二歳で行ったっけ。二一歳で行ったっけ？　二一歳の時に、えっと、終わりの方に行ったのかな。寒い時に行ったよ、たぶん。寒い時に行ったと思う。

いや、なんだ、かっこよくもなかったし、かっこわるくもなかった。でも背が低い。すごく背が低かったから馬も一番大きい馬に乗っていたの、前線に行くときは。でも前線に、ほら、あそこ、南洋群島に行ったときにはそこでは最前線では病院が一番先に行くんですって。ここにいるときは、あの、ほら、このオレイガンにいるときは一番後ろで馬に乗ってついて行ったんだけど。そこは全部木の原っぱで、うん、原っぱの道には全部野戦病院が先頭に立つっていうんで、だから一番危険だって。そんなことを何度も聞いていたの、私も。

なに、昼でも夜でも座ったらただなに、ほら酒飲んで遊んで話もして、そう。私はお酒は飲まなかったの。でもただ背が低いからただ私を横に寝かせて、ただ、私が酒に酔ったら少し泣いた。故郷のことを思い出すから、泣くなってなだめてくれて、ただ、うん、いつでも私が、そのときはそばかすが多かったの、〈戦争が終わって〉家に帰ったらそばかすも取ってくれるって私に言ったの。「**ヨシヨシ**」って言いながら「ねんねん」「**ヨシヨシ**」。こうやってあやしながら「**ヨシヨシ**」って言いながらなぐさめてくれて。

お酒を飲めなかったのに、いつも昼でも夜でも家に遊びに来るとお酒を買ってきて、それで、ここにあのスーパーみたいなものが軍隊の所にあったんですよ、そこで買ってきてお酒を一緒に飲んで。目玉焼きみたいなものも全部自分で作ってくれて。日本から送って来たスルメ、昔はスルメを、日本から送って来たスルメを焼いてこうやって割くと、すごーく柔らかいの。缶詰に全部入れておいて何日も何日も食べても取り出したらふかーっふかってしてる。それで焼いて入れておくの。そうしたらそれを焼いて割いて食べろってくれて、目玉焼きも自分で作ってきて食べて、食べろってくれて。卵も売ってるの。中国人たちのところに買いに行って食べたり。

それから、なに、豚みたいなのを絞めても、中国の人たちが絞めると贈り物として、カルビとか、一セットずつくれたりした。中国の人たちもそこの病院に通ってたんだね。診察に通ったりしてたから。それでもらったりする、〔店の〕主人が。〔そこで〕貸間を借りていたから。

ああ、その部屋にいたときもただ部屋がこんなふうに前に入って庭があって、中国の人たちはみんなそう、庭があって、その家にはもっと建物が大きくて、後ろにもっとこうやって空間があった。空間。そこはカーテンを開いただけでまぁノミがただもうこつんこつんこつんって身体にただ黒くとびかかってくる。そうだったよ。そうしたらただもう〈腕をしごきながら〉こうやってただしごいて。しごいたらただ落ちてしまったり、カーテンを閉めてしまったら、ただそれをした。薬を持ってきてくれて塗ったり、昼も夜もそうだった。

外出？　そこには外出するような所なんてないよ。オレイガンはどこにも外出する所がない。ただ一週間に一回ずつその医務室に行って検査を受けること。それから、時々宴会に出ろって言われたら大隊本部の事務室、その部隊の中で、そこに呼ばれて行って遊んでくるだけ。それ以外はもう、うちの子の父親を知ってからは、そうやって宴会に行くと隊長たちがからかってきたり、いつもそうだったから。ああ、私にまた隊長が、またあんましてって言うからあんまをしてあげたり、そうしたら、「すごくうらやましい」っていいながら「**ハガショイ**」ってからかうの、こうやって「**ハガショイ、ハガショイ**」って言いながら「**コレワワカワトキワ**〔俺の若い時は〕」「若かったときは自分もそんなことがあった」って言いながら「**カシゴイネ、ハガノダカ**」っていいながら賢いって、私に。そんなふうにからかったりしたよ。ああ、宴会もたくさん呼ばれて行ったね。

　宴会に行ったら、だからってなに、どちらにしろ、ことは始まっちゃったし、恥ずかしくてもどうしようもないでしょ？　でもなに、歌を歌えって言われたら歌ったり、ねえ。

シナノヨルヨ　ナノサキ　タンワヤ　カンユレテ　ヨカン　ユレテ　ヨカン　ユレテ〔渡辺はま子『支那の夜』〕。また日本の長唄を一回。**ノザキリマイリワ　ヤカタウネネマイロ　トチオモイテモカナ　ジャンカリイギ　ナイガサニャ　ジョジョウガドマル**〔東海林太郎『野崎小唄』〕。あっちに行ってもこっちに行っても、**ヒガサ**、日傘にちょうちょがとまった、そんな歌だよ。**ノジャキマイリヌン　ノジャキ　ノジャキ　ノジャキマイリワ　ヤカタ**。夜には船、船に乗って遊ぶんだっていう意味。ああ、『支那の夜』が私の一八番だったのに。**ユレテ、ウウム〜〜、アアア〜〜〜ヤルジャナ**

イイイイ〜

みんな忘れちゃった。いつか覚えて、探して、探して、覚えないと、あれは。

それから、なに、日本に行ったときに、休暇で行ったときに二回とも生地を送ってくれたの。なに、ともかく糸巻きまでいろいろな色の糸を巻いて、ただここに、ただ指ぬきに指を入れられないくらい、これくらいの指ぬきを二回とも全部作ってきてくれて、私の手で本当に日本の女たちに、ヒサゴ、前に食堂の主人があっちの陸軍病院の前に引っ越して暮らしていたの、その時食堂では働かないで、それでその家に行って針仕事を習って日本の服も自分で作って着て。私に「こんなふうに、本当に見様見真似がうまいね」っていうふうに言われたりもしたよ。

＊＊＊

そうしたら二人目の子を産んで一年も経たなかったんだけど、南洋群島に行くことになったたって便りが届いたんですよ、子どもの父親から。それで南洋群島に行くことになったっていう便りが届いたんだけど、ついて行くわけにもいかないし。しかも南洋群島は、なに、女は絶対に連れて行けなかったみたいですよ。そうしたら、

「着いたら連絡するよ、落ち着いたら連絡する。後から付いて来い」って、そう言って行ったんです。

「出発する日に時間があれば運城に寄るよ、時間がなかったら寄らないで発つから」って、そう言って発って行きました。それで子どもをおぶって行ってみようと思っておぶったんだけど、子ど

もの世話をする中国の女を雇っていたんだけど、その女が、「タイタイタイカンカンカン」って言うんです。

「どうしたの」って言って、子どもを見たら、子どもがひきつけを起こしていました。あのとき子どもが。ひきつけを起こしたから、連れて、病院にとんで行って注射を打ってもらって治して帰ってきたんだけど、それでもうその子の父親が発つ姿も見られずに。到着して落ち着いたら連絡するって言ってたんですよ。それで発つ姿も見られずに、子どもがひきつけを起こしたせいで、ただ、家にそのまま戻ってきたんですけど。

解放になる前に〔南洋群島に〕向かっている途中に手紙が来たんですよ。ハガキが。杭州だったか香港だったか、どこかからか便りがきました。まだ向かっている途中だって。

ハガキが二回来たんだけど、なに、だいぶ後になってから、ただ、そっちで全滅したって、部隊に連絡が来て、そのもう、前線だから全滅することもあるでしょう。それで、ただもう、吸えないタバコを二本ぐらい吸ってみて。だけど、もう、咳ばっかり出ても、友だちが、もう、友だちが、ただ、泣いてないでタバコでも吸ってみろって、吸ってみろってそれでも。タバコも吸ってみたし、いろいろなことをやってみても心が落ち着かなかった。

そんなこんなで、ただ泣きながら時間を過ごして……。

＊＊＊

そんなふうにしていたら、なんだかんだ一〇年が経ってしまいました。ほとんど、たとえば二八歳の時に戻ってきたから一〇年でしょ。解放になったから。

解放になったからって行く場所がある？　だからそのままそこにいたんだけど。その時は出て行けないようにしたんですよ。解放になっても。その次の年の四月に帰ってきました、私は。解放になってその次の年の四月に、陰暦の四月に。新暦では忘れちゃいました。よくわかりませんね。その四月っていうのも覚えておくのが難しかったけど、四月は私の父親の誕生日だったんですよ。そうだね、途中で一年過ごしてから四月に帰ってきたんです。

そう、一年くらいたってから「韓国人は帰れ」って〔言われて〕そうやって帰ってきたんですよ。それで出発してきたんですけれども、そこがどこだったかなぁ、私達が船に乗ったところがどこだったか忘れちゃったね。船に乗ったんだけど、一〇〇〇人から一人足りない船〔とても大きな船だったという意味〕でした。でもそこで写真を一枚も持って行かせないようにしたんです。全部取られちゃいました。写真みたいなものを持ってる人は全部焼いてしまってから帰れって、そう言うんですよ。それで収容所を出た時に、なに、裸一貫でしょ、なに。服の一枚も持ってこられなくて、なに、裸一貫、ただ娘と私と、ただ。

＊　＊　＊

〔中国から帰ってきて〕どれぐらいたった頃だか、私が家が貧しいから、お母さんもお父さんも貧しくて見てるのがあれで、本当に一〇年ぶりに帰ってきたのに、何も持たずに身体ひとつで、乞食みたいに帰ってきて乞食みたいに食べさせてもらうのも、あれで、だから妹の家に行ったんです、私が。妹の家では、妹の夫が昭和精工というところに勤めていたんですけど、そこで合宿所の仕事を〔紹介して〕くれました。それで合宿所に勤めて過ごしたんですけど。

かまどの前がすごく深かったんです。そこで頭を洗っていたんだけど、通りすがりに日本語で「**マデキマスヨ**〔また来ますよ〕」って言ったんです。それで、いつも来る人だったから、なに、しょっちゅう来るっていうことかと思って、「**ドウゾ**」っていったんです。そしたらお酒に酔っていて、頭の先まで酔っていて、私はドアも全部閉めていたんだけど。寝始めたころだったんだけど、ドアを閉めて寝ていたのに、どうやってか、ただ、無理矢理ただ開けて入ってきて、名前も名字も知りません、なんの理由もなく、強かんされるみたいに、私が強かんされたんだよ、今の夫から。

そうだね、今、私の夫になった人は閔《ミン》氏です。

ただ、本当に、一度奪われた体だから、うん、どうしようもなくて、ただ、理由もなく、奪われた体でいたんだけれども。その日は夜、〔私のところで〕寝て行ったんですが、すぐに子どもができたみたい。それで子どもを産んで、こんな体でも、二人産みました。でも二人とも死んでしまった。そんなふうに産んで、そのさっき言ったように一〇〇日たたないうちにはしかにかかってしまいました。そうだったね、はしかにかかって、なに、どうにかして埋めることもできなくて、それで私が一人で部隊[2]から持ってきた木でお棺を作って、子どもを埋めようとしていたら。すごく手が震えて胸が張り裂けそうで、できなくて、ただ、同じ家に間借りして住んでいる男が、金《キム》氏っていう、その人とウチの人と一緒に部隊に勤めている人〔閔氏は米軍部隊に勤めていた〕が、二人が付いてきてお棺を、そう、作ってその子を連れていって、土手に持っていって埋めました。

そうして、どれくらいだか、四カ月もたたないうちに、二人目の子どもができたんだか。家に叔父と兄が来たんです。やって来て「ある村の医者が男やもめだからお見合いに行こう」ってやって来たんです。でも、お腹に子どもがいるのに、どうやってお見合いができますか。また、それで仕方なく、部隊に通っている時だったから、私が部隊に行って将校に会って話をして、金鶏蠟《クムゲラブ》を一〇個もらって、金鶏蠟を飲みました。金鶏蠟という、昔は風邪をひいた時にとても苦くって、強い薬がありました。それを飲むと子どもが流れるんですよ、それを飲んで子どもを流そうと、恥ずかしさもあったし、近所に恥ずかしかったですし、だから、ただ、お腹に帯を巻いて、ぐるぐるに巻いて生活していたので、近所では誰も妊娠していることを知りませんでした。そうして子どもの父親を探して、おろすつもりだって言ったら、もう、ののしるんですよ。

「そんな言い分がどこにある」って。「朝鮮の女として、子どもの父親がいないっていうんだったらわかるが、オレが厳然と生きているのに、なんでおろすのか」って。「少し待て」って。「オレがいなかったら昼夜もなく暮らすつもりか」って言うんですよ。それでしかたなくそのままでいたんですけど、前の部隊が撤退したんです。それで部隊(の仕事)を辞めて、仕事がなかった時に産んだんです。

霜月(陰暦の一一月)に避難で逃げていて死んだ。一・四後退[*2]した時に。でもその時もお乳がなくて凍え死んだんです。

＊　＊　＊

私は子どもをおぶって、老人［姑］は足の病気になって、やっとのことで、ただ、あんよを学ぶみたいに学んで、つえをついて無理矢理［避難するために］出て行ったんだけど、これはまぁ庭に爆弾が落ちて、ワーワーなっていたからしかたなく避難をしたのだけど、夫が先に行って、始興《シフン》まで行ったところで太陽が沈んでしまったんです。そんなふうに行ったんだけど途中で私が小川の水が流れているところに行って、うちの息子［閔氏の最初の夫人が産んだ子ども］に言って米を洗わせて始興駅でご飯を作って食べたんですけど、永登浦の方で爆弾がわーって落ちてきたけどそっちの方から汽車が、客車が入ってきたんです。それで、子ども［閔氏との二人目の子ども］をおぶってついて行ってみると、米軍の将校が一人いたの。それでアメリカの言葉を半分、日本の言葉で口まかせにしゃべったら、「カモン」、来いって。「ヘイ、カモン」、来いって。そしたら、その軍人がオムツの包みを、この大きなものを背負って入っていくから、この軍人がこれはなんだって足で蹴って、オムツの包みを捨てちゃったの。体だけ乗せてくれたの。でもオムツがないとオムツを替えてあげられないでしょ。それで結局平沢《ピョンテク》で大丈夫だったけどね、牛乳瓶で牛乳を混ぜて飲ませて、軍人たちがいるところに行って温めて飲ませて、無鉄砲に商売人にお願いして水をもらって温めて、温めて飲ませてそうしていたんだけど。小豆のお粥の商売だか、そんなお婆さんたちに、お湯を少しもらって温めて飲ませて、飲ませてそうしていたんだけど。牛乳瓶が割れてしまった後は、ビール瓶をもらってそこに哺乳瓶の吸い口のようなものをつけて飲ませて。その子はしっかりと元気にしていたのに平沢に行ったら、ただ、凍え死んでしまった。

それでしかたなく［死んだ子どもを］膝に乗せてこうやって横たえていたんだけど、明るくなったら汽車が出発するの。それで「よかった、これで生きられるな」って。私の故郷は鳥致院《チョチウォン》なんです、忠清南道《チュンチョンナムド》。そこに母方の親戚がいるから。そこに行って、埋めていこうって、その子［亡くなった子ども］をこうやって置いていたんだけど、［私が］うとうとしたのか、どうだったかわからないけど、びっくりして、こうやって見てみると死んだ子どもを落としてしまったみたい。それで、下から、この汽車の道に引っかかって、荷物を積んでいる人がわっと見上げながら文句を言いました。それで、下から、ただ真っ暗な夜中にしがみつきながら降りて行って、それをまた、ただ、ぐるぐるまいて、わきに挟んで、もう一つの手で汽車にしがみついていたんだけど、夜が明けたら出発したの。

それで夜が明けたら出発したんだけど、その時になって、朝になったから正気に戻ったんだよ。

「子どもを捨てたら罰が当たるぞ！」って、老人が言ったんです。うちの姑が。

それで「正気じゃないからそういうことを言うんだな」って思って、我慢していたんだけど、チヨンドンまで行った。まぁ、冬だから、どこ［の土］に掘るものがある？　［土を］掘れる？　それで、ただ、死んだ子をそこに、あっちのほうのはなれたところに、そのまま畑に置いていきました。そのせいなのか、子ども、古びた畑を過ぎて、なに、捨てたらもう産めないとか、なんとかいうけど。そのせいなのか、それ以上はもう産めなかったよ。ああ〜。

＊　＊　＊

まあ、避難のときも本当にたくさん苦労しました。避難しているときに、朝鮮戦争で避難をしている時は、夫はいたけど老人たちがもうろくしていたから本当にものすごく苦労して、練炭を作って焚くときも本当にたくさん苦労して、お腹もすごく空いていたし、はからずも、本当に、本当に理由もなく体を奪われた罪のせいで子どもができて、しかたなく一緒に暮らしたけど、ああ、三〇〜四〇年暮らしても本当にたくさん苦労して。

うん、避難しているときにそんなふうにして家に戻って、また暮らしていたんですが、その下に、あれ何だっけ、畑に、今、その、なに？　朝鮮カボチャに、初めにできる真っ青なやつがあるじゃない。それがこれぐらいだけ、一束、古びたものが原っぱに転がっていたの。行って見てみると、なに、血、軍人たちが死んで血が全部に付いていた。それをひとかごずつ、入れて、ただ、何食か蒸して食べるから、後には〔全部なくなってしまって〕、今度は足がどんどん進む。どこでも、どんどん進めるようになって。そんなものをただ、何日か、ただそうしていた〔全部食べてしまった〕。また別の日は、また、麦ご飯に夫と姑は麦ごはんで、私はおからを炊いて食べた。おからを炊いて私と娘はおからを。私は舅姑たちの世話をしている時にご飯を本当にたくさん食べられないで、私は好き嫌いはないんだけど、ご飯を食べられないで。家族にみんなよそってあげてしまうと、ただしゃもじで、ただこうやってこそげてあったら食べるけど、食べるものがないの。それでおからを炊いて入れて娘と私はおからを食べて。

＊　＊　＊

うちの娘が本当に体が弱かったんですよ。そう、しょっちゅう病気をしました。水を飲んだだけでも吐いたりしたの。でもそれが何でかっていうと、恥ずかしい話なんだけど、うちの夫があまりにも浮気をして、隣の家の女と浮気をしてまた、その女にすごく親切にしていたから、うちの娘がただ悔しくて薬を飲んだの。薬を飲んだ。それで押し入れに行って遺書を書いて。体調を崩して寝ていた子がいなくなったから、どこに行ったかと思って探してみたら、村にはいないし、友達の家にもいない、うちの夫が恋愛していた女のところに行って、うちのスンジャがどこかに行ってしまっていないって言ったら、その女と私と二人で探したんだけど、押し入れに行って扉を外してこうやって立てておいて敷布団を引いて横になって、遺書を敷布団の下に書いておいて薬を飲んだわけよ。それで健康を害したみたい。たぶん。

あーあ、私が本当にどうしたら理由もなく身体を奪われた罪でただ、夫というものをもらって暮らしたんだけど、夫も……行く先々で子どもを、一度どこかに行って来たら、子ども。私が知っているだけでも子ども七人だよ、七人。私とその次にもらった女と、途中でもらった女と、そんなふうにして七人。

避難してあんな辛い思いをしたのに。そこに行って暮らしていたから、そこに行ってもやっぱりまた夫が、ああ、私たちが行く前に浮気をしていたのか、義理の妹だっていってひとりくっついてきていたんです。霜月に避難したんだけど、行ってみたらその女の部屋を貸してあげるためにまわって、大邱《テグ》で大邱高等女学生がいる家を貸してもらったみたいですよ。大邱高等女学校の卒業生ですが、その女を、どうやってか、また、いろいろ言って付き合ったの。それでその女に子どもまでできたりして。

これ、今、録音していますか？　あー、こんな話を、なんで録音したの？　恥ずかしいねー。さっきの、その、中国に行っていたことだけにしておけばいいのに。

＊　＊　＊

ああ、苦労した話なんて、なに、本にしたら何冊出しても足りませんよ。毎日毎晩話をしても足らないだろうね、ぜんぶ慰安婦で行った罪なのかな、なおさらだよ。

それも夫は知っていたよ。なんで知ったのかっていうと、そのオボイジンに行って食堂の部屋を借りていた時にその家に出入りしている間に出会った、韓国軍［日本軍属だと思われる韓国人］。ところが、その人が永登浦に来てうちの夫と知り合ったみたい。［うちの夫の］いた部隊で、ああ、［一緒に］いたって。それで私の話をして［中国で］その部屋を借りていたから、遊廓で働いていたって思っていて。その男は私が別に部屋を借りていたっていうのは知らなくて、その食堂に出ていたことは知らなくて、そこにいたっていう話をしたみたい。それで［うちの夫は］ウヤムヤだけれども知っていた。慰安婦として行っていたことをはっきりわかっていたわけではなく、中国に行ってこんなふうに長く行って戻ってきたということは知ってた。知っていたよ。

でも子どもたちには、完全に、ただ、秘密にしていたから、全然知らなくて。ここに来たときも。本当にそんな罪で、私が夫と子どもたちと暮らしながらも、大口ひとつ叩けないで。万が一、万が一、子どもたちに知られたら、どうしよう、どうしようって、心配もたくさんして。今は腹を据えたよ。もう八〇歳も過ぎたんだから、何を、誰が何を知ったところで、うん、知ったからって何だっていうの、本当に、捕まえてでもいくつもりか、なに、殺したりする気か、殺されてもしかたないだろうし。捕まってもどうしようもないだろうし。あの時は、なに、「どうにだって、ただ生きてさえいれば、うん、どこにいっても私の故郷に帰れるでしょ」って、そうやって考えてたんだけど。なんだかんだして一〇年の月日が流れたんだよ。

＊＊＊

ただ、そんなふうに何日もそうやって暮らして、朝鮮戦争の一・四後退の時に避難することになって行ったんだけど、昨日全部話をしたでしょ、この間……。

でも、［避難に］出ていた家族が戻ってきた、家に残っていないで早く一緒に避難しようって。それで私は臨月だったから行かないと、そんなの死ぬなら死んで、生きるなら生きるだろうって。姑があんまりにも……嫁入りの暮らしが怖くて、ただ死のうと、私は飛行機が来たら、ただ、ついて回ったんだよ。

それで私が「ああ、もう、あいつら飛行機の爆弾手は目が悪いのか」ってそんなことを言ったりもして。そんなことを言いながら、ただ、こっちに来たらこっちの板塀にいってくっついて眺めたり、あっちに来たらあっちの板塀に行って眺めて見て。そうしたら［子どもをよこして］早く行こうって、お母さん早く出てこなきゃって、ああ、一つの家で死ぬなら死んで、生きるなら生きないとって、なんで出てこないのかって、早く来いって。

朝鮮戦争の間に私が一人で歩き回っていた時に死体もたくさん見て、土手を越えて商売をしていたから、ただ死体もたくさん見て。そうしていたら朝鮮戦争の避難から戻ってきてから私が商売を始めたの。将校が流してくれる毛布をもって、土手を越えて農村に行って、野菜に取り換えてもらって食べようと回っていたんです。そうだったんだけど、夫がある日一緒についてきました。ついてきてあっちの土手の下の方の田んぼに、田んぼの真ん中に座って。私は村に入って売り歩いて、ある家に入ったら、とても、ただ、ご飯を、ただ、温かいご飯を、田舎だから昼に温かいご飯を食べるでしょ。温かいご飯を一杯ときゅうりのキムチ、これくらい大きく切ったキムチと一緒に、お膳いっぱい出してくれて、食べろって。うん、こんなに苦労して歩き回って、どれだけしんどいかと言いながら、出してくれた。私は食べながら、田んぼの真ん中に夫を座らせておいたから気に掛かって、食べられないで包んで持っていこうとしたら。

「え、なんで包んで持っていくの?」って言うの。

「ええ、うちの主人があそこにいるので、喉に詰まって食べられません」って。

「まぁ、心配しないで全部食べなさい。全部食べなさい」って。「また包んであげればいいことだから」って言ったの。出してくれたご飯を全部食べて、きゅうりのキムチを一皿とご飯を一杯また包んでもらって持って行ってあげたら、夫もまぁ本当にお腹が空いていたのか、とてもよく食べた。

それで何年かをそんな暮らしをして（沈黙）話が行ったり来たりしたね。（笑いながら）あまりにも昔の話だから。

＊＊＊

いやいや、朝、娘が忙しかったのか、ご飯の用意ができずに出ていったから。それで昨日の夕食に、昨日ご飯作っておいたものを、これ。歯がこんなふうだから病院では、なに、肉も食べなきゃいけないし、なに、あれも食べなきゃいけないし、これも食べられない、あれも食べられないって言ってもいろいろくれるのに。説明も一週間に一回ずつしていたんだけど、食べられない。歯……歯が。歯に挟まったりしたら痛くて。外して食べると嚙めないから。

それも、全部、血を入れ替えてしまうって、私も知っていたらやらなかったよ。

私は今八〇〔年〕も生きたから死んだらそれで終わりでしょ。

なんでこんなことをして苦労しているのか分からない。本当に辛いよ。本当に。

原　注

1　長崎県佐世保市だと記憶している

2　米軍部隊に通って洗濯物を受け取って洗濯をする仕事をしていた

訳　注

＊1　連行された経路を考えてみた場合、これは黒龍江のことではないと思われる

＊2　朝鮮戦争時、中国が参戦した後の一九五〇年一一月末から翌年の一月に韓国軍と国連軍がソウル以南まで退却したことを指す

私たちが見て聴いて理解した韓オクソン

羅《ナ》珍女《ジンニョ》

私たちが初めて彼女と出会ったのは〔二〇〇〇年当時〕彼女の娘の家だった。その家は彼女が政府から受け取った補助金を全て使って〔娘夫婦を〕借金の山から救い出してあげた場所だ。娘と婿が建てたその二階建ての家の下の階は、貸し店舗になっており「犬肉スープのお店」という店で、二階は娘の家で、闘病中の彼女が暮らしている場所でもある。その二階建ての家の玄関ドアの前で彼女は顔が地面についてしまうほど曲がった腰を持ち上げ、ありったけの力を振り絞っているような姿で顔をぐっと上げて私たちを見つめていた。小さな体格の彼女の、その力を込めて上を見ている目尻には、約束の時間に遅れたことについての心配と、電話で声だけ聞いた会ったこともない人との初めての対面に対する若干の緊張感さえこもっていて、居間には刹那の静寂がたちこめていた。

まるでその静寂を破るように、彼女はお茶を用意したりコーヒーを入れようと忙しく動き回っていた。私たちもそのような彼女の動きに加わろうと、彼女の空間に入って行った。洗わなければならない食器がたくさん積み上げられているシンク台と小さな冷蔵庫、そしてガスコンロが全てである、居間とつながっている台所に〔入っていった〕。

実は、私たちの到着時間が遅れたので、彼女は待っている間に準備をしていて、実際にはコーヒー用のお湯をもう一度沸かせばいいだけであった。彼女が自分の体を支えることさえ疲れてしまうような体で私たちを迎える準備をしていたということを、それとなく見せていた。私たちが持ってきた果物は彼女が準備した果物の横に並べて置かれ、小さな茶台をぎっしりと埋め尽くした。その小さな茶台を彼女が闘病している部屋に運ぶのは、もちろん私たちに任された仕事であった。

彼女は自分が住んでいる部屋のドアを力を込めて開け、私たちを自身の実際の闘病空間に導いた。暗い部屋の中から一瞬ぱっと感じる彼女の香りと病苦の匂い……。

広いとはいえない彼女の空間は、彼女が患って娘の家に越してきて通院治療を受けることになったときに娘と婿がくれた、実は、その家で最も広い部屋であった。以前は孫と一緒に使っていたが今は自分だけの部屋になった部屋。その部屋が広いと感じられないのは、そこは様々ながらくたが集まっている場所だったからだ。部屋の片隅にうず高く、しかし整然と積んである服や布団。すぐに目を凝らしてタンスがあるかどうか確認してみたら、壁一面に、びっしりと詰まった大きな衣装ダンスと布団ダンスが威風堂々と立っていた。また、その横の空間にうず高く積まれているカーテンと飾り棚の台。窓側を見てみると、やはりきちんときれいにかかっているカーテン。そのカーテンの下の部分を遮る収納箱の上にも様々なものがぎっしりと埋まっており、その間をこじ開けるかのようにハルモニのもう一つの友だちである古くて小さなテレビが一台置いてあった。そして、衣装ダンスの反対側にある化粧台。娘がこの部屋を使っていたときにはかなりきちんと置いてあっただろう化粧品はまるでなく、各種の薬の瓶、彼女の眼鏡、電話だけがその空間を占有していた。

ここで彼女の実際の生活空間は、いつも敷かれているだろう電気毛布と、何層にも重なっている布団であった。一週間に四回、病院に行く時を除いてはいつも横になっているというその場所。そして、その整理整頓された他のものたちの間をかき乱すかのように置いてある彼女の薬の袋。あのぎっしりと詰まった空間のなかで、彼女は布団を一枚、まくりあげ、自分の場所にぐったりと座った。そして目を向け笑って見せて、座りなさいと私たちを座らせた。

ついに彼女の布団の空間の前に果物とコーヒーがうず高く積まれた茶台、その横に置いてある小さなテープレコーダー、そして私たちがかき分けて入って、彼女と向かい合って座った。じとじとと降る雨の音とともに。

• 証言を聴き録音内容を文字に起こす作業は、李善炯《イソニョン》とともに行った。

（訳・古橋　綾）

第4章

金《キム》 永子《ヨンジャ》

1923年冬　全羅北道全州《チョルラブクトチョンジュ》生まれ．二女三男の長女
1938年（16歳）　永登浦《ヨンドゥンポ》木綿工場に就業．2カ月後に故郷の全州へ戻る
〃　「慰安婦」として連行され，満洲東寧へ
年度未詳　この間に子どもを産むも，死亡
1946年春（24歳）　故郷の全州へ戻る
1947年頃（25歳）　ソウルへ上京
1950年（28歳）　彌阿里《ミアリ》，東豆川《トンドゥチョン》*等で商売をする
年度未詳　母，死亡
1960年頃（38歳）　忠清北道永同《チュンチョンブクトヨンドン》で暮らす．農業をしながら生活
1984年（62歳）　同居していた男性が死亡
2000年（78歳）　永同で孫と生活
2005年4月20日（83歳）　死去

*彌阿里はソウルにある性売買集結地，東豆川は京畿道北部にある米軍兵士相手に性売買が行われる基地村がある地域〔訳注〕

あなたたち〔聴き手のこと〕を見ると、そうやって式場で挙げるのを見ると、やたらと涙が出るんだ。私もやりたかったから。そんなのを見るとうらやましくて、できなかったから。それで、ここで〔結婚式を〕挙げてくれると言ったのにしてくれなくて、この家に来て苦労もいっぱいして、山に通って木を切っておばあさんとおじいさん〔同居していた男性の両親〕に火を起こしてあげて、それで私は体を壊したよ。

今も生娘のままこうやって過ごしているんだ。それで、いろんな病気にかかって。

（涙を浮かべながら）私は生娘だよ。生娘のまま年老いて、嫁に行けなかったことが恨めしくて、後悔してるから、そう思うんだよ。

＊＊＊

その時は三八か九〔歳〕だったかな。そう、結婚させてくれるってさ。紹介してくれる人がいて。男の人を紹介してくれて。議政府《ウィジョンブ》で一人で暮らしていないで嫁に行けというから、結婚したくてここ（永同《ヨンドン》）に来たんだ。なのに結婚できなくて。

本妻の子どもが六〔人〕いたからね。それで、その子たちを育てて、ここに来て二八〜九年になったよ[1]。だから、もう男も死んで、みんな死んで、私一人でいるんだ。

ここには騙されて来たんだ、トラック一台に載せて[2]ここに来たんだよ。あぁ、もう話すこともないよ。ここは電気もなかったんだ。ランプに明かりを灯して暮らしたんだ。とにかく田舎だったから。そう、今も後悔して、今となっちゃ年をとったから後悔して、今となっちゃね。

みんなこう言ったんだよ。「アイゴー、あんな子が来て畑を耕して暮らすんだって？」その時は、来た時は可愛かったから、だから。「アイゴー、あんな可愛い子が来て暮らしていけるのか？」と。「私の宿命だから」といって、はらわたが煮えくり返る思いで暮らしてきたよ。

なぜだかわからないけど男の子〔現在一緒に暮らしている孫〕を、この子のアボジ〔前妻の次男〕がいた頃に、オムマは〔男の子が〕二歳になったときに置いて出て行ってしまったんだ。この子のハラボジもみんないたんだけどね、その時は。だからどうするのさ、誰が育てるんだい？　それで、ハラボジも死んで、この子のアボジも死んで、オムマはどこに行ったのか消息もわからないし。〔この子には〕叔父とかもみんないるよ、この上の階に住んでる。〔私は〕そこに行けと言うけど〔この子は〕行かないんだよ。

両親がいないのはかわいそうだからと思って大切に育てたから、私がこうやって一人でいたら、学校から帰ってきて、叔父の家があっちにあるのに、畑もいっぱい耕しているから。あっちに行って手伝ってあげたらいいだろうに。私はもう足が痛くて手伝ってあげられないからね。この家に来て苦労もいーっぱいして、涙もいっぱい流して辛かったよ。

だからこの子に「私は死んでしまったらそれで終わりだから、お前には叔父しかいないだろう。あっちで手伝ってあげなさい」〔と言った〕。でも絶対に行かないんだ。それで何と言ったかわかるかい？

「ハルモニの誕生日に〔叔父たちが〕何かをしてくれたことがあった？　何のために行くんだい、僕が。行かないよ。ハルモニが長生きしてよ。僕が稼ぐようになったら誕生日にお餅を用意したりしてあげるし、全部やってあげるから」

二歳の頃から育てたからね。今、一六歳になったよ、今。

＊　＊　＊

全州《チョンジュ》にいて、一六歳になった時に工場に、選ばれて働きに出ていたよ。どこかというと、永登浦《ヨンドゥンポ》の木綿工場に行ったんだ。工場に行って、私が〔環境が〕悪いところに入ってしまったから、喉から血が出て、病気になってしまって病院に。工場の中に病院があってね、診察してもらって。塀をこんなふうに越えて倒れた人もいるし、骨折した人もいて、いろんな人がいたよ。工場から逃げようとして。だから外へまた出られないようにするんだよ、巡査たちが。一人ずつ門の前で見張っているんだ。立っている巡査もみんな日本人だった。そんな苦労もしたし、苦労という苦労はみんなしたよ。

ある時、募集をする人〔自分を木綿工場に連れてきた人〕を見つけたんだ、朝鮮人。その女性にしがみついて、私は家に帰らないといけないと泣きながら訴えたんだよ。

〔病気になったから〕家に戻っていて、アボジが、その頃は何というかまだ幼かったし、自分で自慢するわけじゃないけど顔も可愛くて、それである日、巡査が来てアボジをひどく殴ったんだ、差し出せと。隠れたよ、私は。行かなくてもいいように。〔巡査は私を〕差し出せって〔アボジの〕鼻の中にヤカンの水を入れて、差し出せって。

若い娘を、村中まわって日本の軍人たちが、巡査たちが調べて、そうやって行くことになったんだ。金を送ってやると言いながら連れて行ったんだよ。お金だって、何がお金だよ。

そうして、故郷で、アボジもう私は行くよって。そう、行ってから数日も経たずにアボジが亡くなったというじゃないか、病院に入院して、ひどく殴られたから。アボジの死に目にも会いに行けなくて。そこに行ったから会いに行けなかったんだよ。連れて行かれたから。

私だけじゃないんだよ、昔は。その時は幼くてもみんな嫁に行かせてしまったんだ。私たちはそんなことも知らなくてただ連れて行かれるがまま、それでそんなふうにたくさん苦労したよ。

全州からもたくさん行って、木浦《モクポ》やそんなところからもたくさん行ったし、全羅道《チョルラド》の人は昔は貧しい人が多かったでしょ。他人の家で奉公して、体はボロボロになって。

その時は知らなかったんだよ。お金を稼がせてあげるから行けって言われて。そう、何も知らずに、何も知らないから連れてこられたんだよ。

＊　＊　＊

満洲に東寧というところがあるんだよ。ロシアのところだよ、ちょうど。ここがロシアの土地で、少し行けばロシアの土地で、こっちは中国の満洲で。

一般の人の家を使ったんだよ。家を手に入れてひと部屋に一人ずつ入れて。客をとるんだよ、遊廓式に。

知らなかったよ、そんなことは知らなかったんだけど、連れていかれて軍人たちの相手をしろって、嫌だと言ったらその時はひどく殴られたよ、言うことを聞かないって。

日本の女たちはいて、中国の女はいなかったね。日本の女たちはそんなに多くもなかった。だいたい一〇人くらいだったり、五人いた時もあったね。

日本の女たちは酒を売って、その日本軍人たちに酒を飲ませて、アレする人もいたし、いろんな女がいた。

でも、可愛い女の子だけ選ばれていって、あいつら〔管理人〕は何人とったか、何人とったか全部記録していたよ。可愛い娘がいたらその子のところにいって、あんまり可愛くなかったら客があまりつかなかったりするんだ。

票みたいなのをもらうんじゃなくて、その日本の女〔管理人〕が何人、何人って記録をしていただけだったよ。私はお金を見たこともなかったよ。ご飯をもらえばそれを食べて……。

働くところは別にあったよ。軍隊に行って縫い物をして、手袋を繕ったり、いろんなことをしたよ。今もそうやって働く人がいるじゃないか、軍手〔を作って〕。〔手で縫い物をするのを真似ながら〕こうやって繕いなさいって教えてもらったよ。こうやって糸をこっちにこうやって、横にこうやって、そうやって繕いなさいって。やり方を知らないんだから、教えてくれるんだから聞かないと。みんなでひとグループは繕い物をして、別のグループは客をとれっていわれて、こんなふうにしたよ。

＊＊＊

病院に行って日本の医者に注射も打たれたよ。週に一回ずつ病院に治療を受けに通った。本当にいろんな注射を打たれたよ、病気にかかるんじゃないかって。**バイドク**〔梅毒〕。淋病とかだよ。それで病院で診察して全部きれいにして帰って来るんだ。

検診は一週間に一回ずつ、いつだって一週間に一回なんだ。それで、あのー、イカの丸々としたのあるじゃない。イカの足にあるやつだよ、足に〔イカの足の吸盤を指すと思われる〕。それ、それが**バイドク**だよ。イカの丸々とした、そういう病気があるんだって。男からうつされたら。私も一度それをうつされたんだよ。もう大変だったよ。歩くこともできなくて。ここに香を焚いてみたり、いろんな薬を試してみたりして……。

今もたまに下が痛むんだ。病院に行って注射を打ってもらったこともあるよ。まぁ恥ずかしくて私がお嬢さんたち〔聴き手のこと〕にこんな話を。話せないよ、本当に。

でも、私は位の高い人たちの相手だけをしたよ。その人と私が、本当に位の高い人と過ごして。その時は幼かったし、まぁあれだったんだよ。（右腕の刺青を見せながら）名前もあるよ、ここに〔彫って〕ある。

日本語で**ミタカ**って。

他の男をとれないようにって。それでこの人があれをやって。日本時代〔日本の植民地支配の時期〕から解放されて、会いに来て、〔私に〕結婚して日本に行こうって言ったんだ。それで何とかして私は山に避難して、山の中にこうやって隠れていたんだけど飛行機がわっと落ちてきて、そんなこんなでその人は死んでしまって。私だけ生き延びたんだよ（ため息）。

一緒に、日本まで行こうと思っていたんだよ。それから結婚もすることにしていたんだよ……。だから、なに、私には山に行って隠れていろと言って、自分は銃を持って見回っていて。〔山から〕下りてくる時〔**ミタカ**は〕死んだんだよ。

＊＊＊

幼い子どもが一人いたんだよ。少し大きくなったあとに他人にあげたよ、私では育てられないから。

あげた後に亡くなったっていう便りが来たよ。

思い出してもしかたないよ。今は満洲であそこにいるから、あそこに埋めてきたからね。アイゴー、もう悔しくもないよ。私が運がないから、日本人のせいでこうやって苦労した。すべて忘れてしまったよ、頭の中から消してしまったよ。もう何年もたっているでしょ、アイゴー。もう考えたりしないよ、今は。みんな忘れちゃったよ。

〔お腹の手術痕を見せながら〕私、ここも手術したんだ、日本時代にね。日本人で**クチ**先生っていう人がいたんだよ、日本の医者。彼が手術をしてくれた。

手術して〔子どもを〕産んだから、その次からはもう子どもを産めなくなったよ。[3]

＊＊＊

避難しろと言うんだ。山に行って、大勢で、私一人では怖くていられないから、大勢で行って山に居たんだ。[4] 私は生き延びたから、山の中で蚊に刺されて、とてもお腹も空いて、本当に泣いて泣いて、たくさん泣いたよ。もう故郷にも戻れず両親に会うこともないんだと思って。中国人たちが、お前らは日本のやつらと一緒に片棒を担いだんだと言って、たくさんの人を殺したんだよ。ロシアの。〔当時の満洲〕東寧っていうところがあってね。ロシアにあるんだけど、完全に端っこだよ、ロシアの。そこから出てきて、山の中に隠れながら、その辺りがとても田舎だったんだ。そこから出てきて牡丹《モクタン》に行ったんだ。牡丹から歩いて〔朝鮮の〕清津《チョンジン》に行って、そこでどうにか生き延びようと清津から出て、ムリョンっていうところがあるんだ。そこから汽車は南には行けなかった。歩いて来たんだから足はこんなにむくんで、お腹は減るし、そしたら川があったんだ、満洲の南のところに。そこから川を渡って〔来ようとするんだけど〕若い男にどこに行くんだと聞かれたんだ。

故郷に行きたいって。

ロシアの人々が銃を撃って、〔私たちが〕出て行けないようにした。そして、その人が渡る時、〔首を指して〕水がここまで達して、自分の手を摑めと言うんだ、泳ぎもうまい。それでなんとか泳いで南の方に、こうやって山の方へとこうやって渡って〔きたんだ〕。

腹は減るし、水でしのいで、そうやって南の方へと越えてきたんだ。その人〔若い男〕が金を出せと言いながら、笑ったんだよ。渡らせてあげるからって、山の中から、川があって、そっちに渡るのに、今度は男がお金を出せと言うんだ、若い人が。

それで、「おじさん、結婚してますか?」そう聞くと、結婚してるっていうから。それで人の家に、空き家に入って服を何着か拾ってきたんだ、新しいやつを。チマチョゴリ、昔のチョゴリ。

おじさん、私はいろいろあって、こうして満洲で、本当に、日本のやつらに捕まえられてこうなってしまって、それで逃げて来たんだけど、おじさんは結婚してるんですか？　このチマチョゴリ新しいもので、まだ着ていないから、これをお嫁さんにあげてって。すると、それを渡すと喜んだんだ。お金はなかったんだからどうするの、お金がなかったら渡ってこれなかったんだよ。

それで、それをあげて渡ってきたから、こっちに、国にこうやって戻ってきたんだけど、ご飯か、餅とかを売っているお店があったから、それを買って食べたいんだけど、どこにそんな金があるってんだい？　なかったんだ。本当、いろんな苦労をしたんだ。渡ってきたら、いろいろな食べ物を売っていて、いろんなものがあったよ。お腹は減るし、金はないし、死んでしまうかと思ったよ。そしたら、一人の男が、「おばさん、どこに行くんですか？」って。

「私の故郷は全州なんだけど、そこに行こうと思っています」。オモニに一度でも会ってから死にたいと思って。「おじさん、私に食べ物を買ってくれませんか？」と言うと、アイゴー、そうかと、そのおじさんが食べ物を買ってくれたんだよ。それを食べてそこから汽車に乗って、清涼里《チョンリャンリ》で降りて、ソウルまで歩いてきたんだ。履物もなくて裸足で。いろんな苦労をしたよ。

〔涙を浮かべながら〕そうしたら〔ある〕おじさんがどこから来たのかと聞いてきたよ。

「アイゴー、お嬢さん、履物もないんだね」。「履物もないです」。裸足で来たから〔足は〕こんなにも腫れて、足は痛いし、歩くと。清涼里で汽車を降りたんだ、夜に。

そうしてそこで降りて、どこに行くのかと〔聞くから〕、それでいろいろあって故郷に戻るんだと〔答えたんだよ〕。そうしたらあるおじいさんが呼ぶんだよ、私を。お嬢さん、こっちにおいでって。

「はい？」って。怖くて人が近くに寄って来るのも嫌で、だから何でそんなこと聞くのかと尋ねたら、どこに行くのかと聞くから。故郷に行くんだって、ソウル駅前から車に乗って、汽車に乗って行くって。

そのおじいさんが故郷に行くって言ったら、履物を一足くれたんだ。それを履いて帰りなさいと。その時は着る服なんてあったと思う？　擦り切れたものを着ていて。だから服も一着くれて、スカートも一枚くれて。

そして「お腹空いていただろ？」と言うんだ。それで、

「お腹が空いていてもどうすることもできませんよ、故郷に戻ってから食べます」

私がそう言うと、そうせずに私の家に来なさいって。それで、連れて行って食事を用意してくれた。ほーんと、涙は流れるんだけど、お腹は空いているんだけど、涙が出て来て、ご飯が喉を通らないんだよ。そうしてもう故郷に帰るというと、ここから歩いて行ったら大変だって。〔ソウルの〕鍾路《チョンノ》五街でコムシン〔ゴムでつくられた履物〕一足くれたのを履いて駅前に行ったら、避難してきた人々は教会に来なさいって言われたんだ。だからそこに行っておにぎりを一つもらって、「アイゴー、もう一つ下さい」って頼んだよ。だけど一つしかくれなかった。

今はお金も少し稼いだから、恩を返したいんだけど、どこにいるのかわからないんだ。鍾路五街で助けてもらったんだけど、もう探せない。

＊＊＊

それで汽車に乗って全州に行って、オモニが住んでいた所に訪ねて行ったんだ。〔でも〕どこかに引っ越していたら見つからないよ、どこにいるのか。けれど、ちょうど故郷にいて。最初出た時と同じ家にそのままいたんだ。全州にスドッコルという場所があってね。

〔そこに〕行ったらオモニが一人でいて、弟は朝鮮戦争の時に捕まえられて軍隊に行ってしまって〔家には〕いなくて、もう一人は金浦《キンポ》飛行空軍に行っていて〔いなかった〕。妹が一人いるんだけど、嫁に行って。オモニがそこに行ってみようって言ったよ。嫁に行って息子を産んで暮らしていてね。

〔妹の家に〕〔行くと〕「アイゴー、オンニが戻った！」とうれしそうに言うんだ。

「そうだよ、生きて帰ってきたよ。どうにか神様が助けてくれて生きて帰ってこられたよ」

そうして、妹がご飯を用意して。それで、〔妹は〕息子二人を産んで病気にかかって死んだのさ。兄弟は私と弟と二人しか残っていない。

オモニはまた商売をして、市場で魚屋をしていて、それでオモニと一緒にいようとしたんだけど、心が痛んで耐えられなかった。だからソウルに行って……。

避難はしなかった。彌阿里《ミアリ》にいて、辺りの、田舎辺りにこもっていると、北のやつらが出てこいって、鉄道が通るところを掃除しろって。朝鮮戦争が起きて大変な思いで生き延びて、またこうやって生き延びた。そうして、あのソウルで彌阿里に行ってこうやって暮らして、一人こう暮らして米の商売もやってみて、服を東大門市場に行って安いのを買ってそれを米と豆と交換して食べて、そんな苦労もして、もう何も言うこともないよ。

＊＊＊

ソウルであるバーで小間使いでも女中でもするからって、バーに行って働いて、お金も稼いだから服も新しいものに着替えて。それで遊んだんだ、もう。踊りに通って、社交ダンスも踊ったり、本当にいろんなことをしたよ。朝鮮の踊りも踊って、あの、チャンゴも叩いて、いろんなことをしたよ。そしたら友人が議政府に行こうって、金を稼ぎに行こうって。アメリカ［米軍部隊］に女たち、踊る女たちを連れて行って金をもらって、トラックに乗ってお金を稼ぎに行くのさ。それで夜には、ソウルで部屋を借りてそこに住んでいたから送ってくれて。それで、その部隊の中でいっぱい物を買って、踊りも踊ってお金も稼いだんだ。いろんな遊びをやったよ。それでお金もちょっと稼いだよ。一人でいるし、実家にも送らないで、服もあつらえたり。

議政府に部屋を借りて、オモニがたまに来たりして。だけど、年老いて今は亡くなったよ。［臨終の時は］行けなかった。亡くなったから来なさいと言われて行ったんだ。

＊＊＊

そう、みんな死んで、弟一人しかいない。だから弟がここに何回か来て、私がお金をもっていると思って金をくれっていうんだ。

「あんた、私のどこに金があるんだい？　お前が私をこうやって苦労させるなら、せめて電話でもして元気にやってるかって〔聞かないといけないでしょ〕。悲しいこともたくさん経験して、涙も流して、子どももいないし、私がこんなにも苦労しているのに、お金だけくれというのか？」

その後から連絡はぱったりと途絶えてしまった。（とても激しい声で）そうして酒に酔っ払って、チクショウ、このクソアマがって悪口を言うんだ。

「わかった。一人しかいない姉にそんなふうに悪口を言っていい気分か」って。そうしたら近所の人たちがみんな言うじゃないか。アイゴー、お姉さんが一人ああやってかわいそうなのに、あんな悪口を言うかと、弟はひどいねって。

全州に私よりも大きな家を建てていい暮らしをしているのさ。「お前、お金、一〇〇万ウォン持っていったの、全部持ってこい。私も使わないと」って。そういうとないって言う。「そうか、まぁいい。せいぜい達者で」。三〇〇〔万〕ウォンを持って行ったんだよ。でも返してくれとも言わないよ、もう関わらずに、いっそ忘れたほうがましだよ、私一人でいる方がましだね。

私が、本当にあの子〔孫〕が女の子だったら、本当に、ちゃんと嫁にでも出して、私が死んだらこの家もあげてしまいたいんだけど、男の子だからもう愛着もなくなってきて。

故郷はしばらく経つけど行きたくないよ、もう。誰がいる？　一人しかいない弟があんな感じだから、気分が……。

＊＊＊

配給をもらって食べて、ソウルからお金を送ってくれる[5]のを、少しもらってそれで暮らして。この土地代として一年に稲を一俵出して、場所を借りて建てたんだよ、この家は。だからもう〔庭に唐辛子が倒れないように〕棒を夕方にさして、そうやってでも食べて行こうとするのに。この子〔孫〕の交通費の足しにしてあげようと思って。私は必要ないから。それで交通費の足しにでもしてあげて、履物でも買って服も買って、勉強は教えてくれるから国が。小遣い、髪も切らなきゃならないし、小遣いのために。

「ハルモニ、髪切るから〔お金をください〕」

「あんた、私のどこに金があるんだい？　お前が私をどうにかしておくれよ」

〔庭の菜園に植えた野菜を指して〕少し植えて、作業は祝日に少しして、棒を少しさしてくれと言っても、まぁ、友だちと遊びに行きたいし、いろいろしたいしって。今日もそうさ、学校から早く帰ってきて家の庭の雑草を抜こうって言ったら、どこに行っちまったんだい？　友だちに会いに行って遊んでばかりで。

今はそういう時代だってみんな言うんだ。大人たちも。今はしばらく悩ませる〔時期だ〕から焦らずにいろってみんな言うんだ。だから、私も別に叱ったりしないようにしているよ、今は。

＊＊＊

私は足が痛いのに、清州《チョンジュ》のKBCがやって来て写真も撮って、[6] あっちの家にいる時に撮って、他のハルモニが、養老院も一人いるんだって。もう一人の別のハルモニはあそこの寺に通ってる。それも全部でたよ、もう。全部録画しておいた。

〔近所の人たちは〕なんとなくわかってるよ。こうやって苦労してきたことを。あの日本時代に捕まえられていったこと、そんなことはみんな知ってるよ。面〔村〕でみんな調査して、みんな書いておいてあれするから、自然に知られるよ。行きたくて行ったわけでもないし、強制的に連れてかれたんだけど、近所の人たちはみんな知ってる。

今、この近所にいるある女性は、前にあっちの家にいた時は、毎日来てコーヒーも飲んでいったのに、家を建ててからは来ないいんだ。誰かが耳打ちしたんだよ。身体を売って家を建てたんだって、汚いって、来ないのさ。そういう人もいるんだよ、今。「強制的に連れていかれたんでしょ、〔あの人が〕自分の足で行ったって言うのかい？」って、こう言う人もいるし。

＊＊＊

沃川《オクチョン》に一度行ったんだけど、あの〔忠清北道〕龍山《ヨンサン》のハルモニ一人が子どももいるんだけど、子どもが面倒を見てくれないんだよ。だから、あの会館〔老人会館〕でご飯も食べて生活してるからかわいそうだって、誰がそんな〔かわいそうな〕人の面倒をみるんだい、おばあさんを。一人で暮らすのが気の毒で、〔その龍山のハルモニが〕私に、オンニ、オンニって言うから気の毒で、何人かで沃川に行ったんだ。ちょうど病院がその上にあって、すぐその下にすごくきれいに作ってあったよ、部屋を。ハルモニの部屋がこれくらいだよ。化粧台一つ、洋服タンス一つ、こういうのを一つずつ置いて〔沃川にある養老院のことのようである〕。そこに行った。私に言うんだよ、一人でいるならここにいでって、今、〔入居する〕おばあさんたちをまさに募集しているところだって。

アイゴー、私は行けないね。だって孫も一人育てなきゃならないし、家も国から〔もらったし〕。家を売って来ればいいんだって。ここ〔永同〕の人たちとも、そこに行けば自由に会えないし、お金も自由に使えないから、ここであの子〔孫〕でも育てながら、あと、ハルモニが死んだら国からお金もいっぱい出て火葬とかもみんなやってくれるから、ここに残れって離さないんだ、今。

それで私が心を落ち着けて、そうだな、時間をつぶそうと一〇ウォンずつかけて花札をして。昨日も、二五〇ウォンくらいすったかな？　すったり、ある時は勝ったり、ある時は負けたりしてさ。

近所の子どもたち、小さいのが「ハルモニ、ハルモニ」ってついてきて、やたら子どもたちが。だからあのお菓子も買ってきたんだよ、あの子たちにあげようと思って。それを楽しみに私が今こうやって過ごしているんだ。（突然立ち上がって台所に行って）アイゴー、スイカを買ってきたの？　私ももらってばかりの人じゃないんだよ。今カルビを焼いて食べようと思って、〔あなたたちが〕来たらご飯でも食べさせようと思ってカルビを仕込んでおいたよ。

ご飯を食べて行きなさい。アイゴー、泊まっていったらどれだけいいか。

原　注

1　永同で暮らして三八～九年ほど経っているようである
2　家具及び家財道具を一つのトラックに載せてきたことを意味する
3　帝王切開で子どもを産んだことが推定される。この手術をした後、不妊になったようだ
4　日本の敗戦後の無秩序な状況を描写している
5　政府から補助金が出ており、ハルモニは生活保護対象者のようである

6　清州のＫＢＳが撮影した忠清北道地域在住日本軍「慰安婦」三名を扱ったドキュメンタリーのこと

私たちが見て聴いて理解した金永子

崔《チェ》 奇《キ》 子《ジャ》

一九九九年六月、暑くなり始めの少し暑い日、金永子ハルモニの証言を聴くために、永同行きの列車に乗った。本やテレビ・映画でだけ見聞きしてきた軍「慰安婦」に直接会うということは、どんな歴史的経験を持つ人に会うよりも緊張することであった。列車の中で何度もレコーダーを触って、テープと電池を確認し、目にも入ってこない既存の証言集の本のページを幾度もめくった。

金永子ハルモニの家は、駅を降りて山と川が重なる国道を車に乗って、しばらく入っていったところにあって、息詰まったソウルでは感じることのできなかった自然の余裕と暖かさが、初めての出会いの緊張を癒してくれるのに大きく役立った。自然はひょっとすると、私が内面化してきた軍「慰安婦」、(レコーダーに録音しなければならない)過去に「そこにいた」ハルモニ像を捨てて、耳と心で感じ、今ここで生きているハルモニに出会うということを暗示していたのかもしれない。

現在、ハルモニは一年に米一俵ずつ国に返すという条件で、昨年土地を得て建てた一階建ての家で孫と二人で暮らす。孫とは血が繋がっておらず、永同に来て同居していた男性の本妻が産んだ次男の息子である。現在中学生である孫は、思春期の真っただ中でハルモニを悩ませるが、ハルモニは設備の整った養老院やナヌムの家に誘われても孫のために行かない。そして、私たちに孫がもらった賞状を見せながらすぐに自慢した。ハルモニは私たちに会うとき、いつも嫁がせてあげるという言葉に騙されて山奥の永同まで来たが、まともに結婚式も挙げられず、舅、姑と本妻が産んだ子どもたちの世話ばかりして暮らしてきたことが一番悔しいと、なぜ私が永同に家を建てたのかわからないと嘆く。しかし、ハルモニが亡くなったら孫は近所に住む叔父の家に行かなければならないのだが、孫が叔父の家にいまだ親しみを持たないため、少しでも叔父の近くにいて親しみを持つよう、ハルモニは絶対に永同を離れないということを私たちは感じることができた。ハルモニにとって孫は、「唯一の家族」を超えた残りの人生の「意味」と考えられているようである。

カミングアウトと不可視の心の傷

私が持っていた軍「慰安婦」像に波紋を与えたのは、ハルモニの家の居間に飾られた額縁である。ハルモニの家の居間には大きな額縁が二つ掲げられている。一つはハルモニの遺影に使われる写真で、もう一つは近所の人々と一緒に撮った写真である。その額縁の下にこう書かれている。

「近所の人々がいるからハルモニは寂しくありません」

個人化して独立した生活がある程度維持されている都市とは異なる田舎の静かな村で、自分自身が軍「慰安婦」であったという事実をカミングアウトして暮らすということを、どのように解釈できるだろうか。大部分の軍「慰安婦」たちは様々な理由を抱え政府に申告はしたが、そのような経験は特に知られたくないと考えているのは明らかである。なぜなら、その経験は彼女たちがこの地(=韓国)で「女性」として堂々と生きることをできなくさせる、いやそれ以上の辛いものであるためだ。しかし、金永子ハルモニは自らの経験を隠さず、むしろそれを通じて多くの人間関係を形成していた。

ハルモニを毎日病院に連れていくタクシー運転手のおじさんは、自分の母親よりもハルモニの面倒を見ている。そして、私たちが行く毎に、その間ハルモニにあったこと、いつどこの病気をしたという話、ボイラーが故障してとても苦労したという話、ひいては孫が心配をかけたという話までしてくれる。そして、いつも「あの人は、本当に情も深いのに、若い時にあまりにも苦労をして……それだからあんなに身体の調子が悪いんだ」といつも語る。

二度目に永同に行った時には、ハルモニが通う病院に一緒に行く途中で、病院の前にある市場に行った。市場では多くの人々がハルモニを知っていて、「ハルモニ、この娘さんたちは誰ですか?」と聞いてきた。毎回、ハルモニは「私の孫娘だよ」と言い、するとまた市場の人々は、「アイゴーいいね！　休みだから孫娘たちが遊びに来たんだね！」と言って相槌を打ってくれた。ハルモニが軍「慰安婦」であったという事実は、地域の放送を通じて報道され、永同市内の多くの人々がハルモニの過去をよく知っているようであった。

ハルモニが軍「慰安婦」であるということを隠さなかったことで、永同にいる隣人たちもハルモニの親切な隣人であることを拒まなかったし、何の縁故もない永同でハルモニが寂しく生活しないように助けてあげていた。大部分の軍「慰安婦」たちが徹底して自分の過去を隠したり、逆に自分の過去を個人の過去と思わずに闘争したりするのとはあまりにも異なる人間関係を、金永子ハルモニは作り上げていた。

しかし、ハルモニは自分の経験を決して簡単に打ち明けない。軍「慰安婦」の経験をただ右腕に刻まれた「ミタカ」という刺青と、お腹の手術の痕を見せるだけで話を終わらせてしまう。おそらく目で見て確認できる二つの傷が自身の過去を見せる集約体であると私たちに言いたいようであったし、自らもそれ以上の過去を思い出したくもなく、言いたくもないようであった。このことは編集されたテキストからも如実に感じられるだろう。軍「慰安婦」の経験に関する証言は一～二行の文章で途切れ、私たちの質問を避けて違う答えをしていることがわかる。その反面、解放後七～八カ月間を九死に一生で生き延びて韓国に帰ってきたという話は、とても積極的に口述している。そのため、ハルモニが軍「慰安婦」であったということをカミングアウトしたとしても、それが決して自らの記憶のすべてをカミングアウトしたということではないということがわかる。

可視的な二つの傷と不可視の数え切れない心の傷！　今回の証言の聴き取りをすることを通じて、ハルモニの数え切れない心の傷も含めて、共に苦しみ、共に治癒しようとしたにもかかわらず、私たちはいまだにここに留まっている。それはハルモニがいつもおっしゃっていたように、「嫁にも行っていない若い娘たち」である私たちのアイデンティティが、ハルモニとの同質感を形成しがたくしたという点もあるが、それよりもハルモニ自らが内面化している「恥ずかしさ」のせいではなかろうかと考える。

このテキストは二〇〇〇年一〇月を生きている金永子ハルモニの証言である。しかし、ハルモニは決して二〇〇〇年一〇月に留まっているのではない。いまだに打ち明けることのできない、深いところに隠した記憶のすべてをカミングアウトすることによって「恥ずかしい被害者」ではない、歴史の堂々たる主体であることを話せる日が必ずやってくるだろう。その日までハルモニと私たちの出会いは続いていくだろう。

• 証言を聴き録音内容を文字に起こす作業は、蘇鉉淑《ソヒョンスク》(漢陽《ハニャン》大学校史学科博士課程修了・当時)とともに行った。

(訳・李　玲　実)

第5章

崔《チェ》甲《ガプ》順《スン》

1919年旧暦1月23日　全羅南道《チョルラナムド》求禮《クレ》生まれ．四男二女の長女

1933年（15歳）　自宅から「慰安婦」として連行される．中国〔満洲〕東安省へ

1945年（27歳）　解放とともに商売を始め南下する

1948年（30歳）　故郷の求禮に戻り農作業をしながら暮らす

1950年（32歳）　養子をとる

1960年（42歳）　許《ホ》氏と結婚

1960年後半　ソウルで家政婦として働く．夫がソウルに移住

1989年（71歳）　夫が死亡

2000年（82歳）　城北洞《ソンブクドン》で養子と共に生活

2015年12月5日（97歳）　死去

私があんなふうにこの世で生きたと思うと眠れなくて、昼間でもこうして横になっていると、「誰か来るかな？　来ないかな？」来る人が誰もいなくてこうしていると、だんだん眠くなってひと眠りしてしまって、夕方になっても眠れなくて、あのことが思い出されるよ。

自分のオモニから命拾いしたことが思い出されるし、あの日本人にされたこと。満洲から逃げてきて豆腐の商売して、まあ、そりゃあ売ったり買ったりしながらね、金を稼ごうとして豆満江《トゥマンガン》で溺れて死にそうになったこと、ぜんぶ思い出されて次の朝までぜんぜん眠れないですよ。

＊＊＊

ひもじくてねー、ひもじくてねー、白いご飯なんて一度も食べたことがなくて、まったくね、人んちの畑仕事しながら生きましたよ。

畑仕事してもぜんぶ納めるからいつも貧しかったよ。そうやって暮らしていて、私が一一歳になったくらいに巡査が私のアボジを捕まえに来たよ。そうやって捕まえて報国隊に送ろうとした*1のをオモニがかくまった。アボジが行ってしまったら家族がみな飢え死にするからね。

私があのとき、［アボジが］また捕まったとき、一六になっていたんだけど、一六歳のときも今も背丈は同じだよ。［オモニが］「この娘でも連れて行きなさい」といったら、「よし」といっては、頭のてっぺんからつま先までじろじろ見て、ああ、こうやって顔をじっと眺めては、へへへへと笑いながら連れて行こうとする。

「ついてくるか?」っていうんだよ。美味しい白いご飯に服もいいやつをあげるといってね。〔私は幼い時から〕父さんの服だけー、古い服だけー、ボロボロになったやつにあて布をして着ていたよ。一六歳になってもそんなものばかりで、チマ一枚まともに着たことがないね。私ら正月〔祭日〕がくると友だちは〔自分らのアボジが〕コムシン〔ゴムでつくられた履物〕を買ってくれて履いて、私は木靴を履いてね。草鞋をコムシンみたいに染めて、萱草で染めて、正月になるとそういう履物だけ履いて、〔成り行きで〕親しい友だちの履物を一度履いてみると、オムマにひどく殴られてね、そんなにしてでもコムシンが履きたくてね、履きたかったちょうどその時に、〔その人が〕「自分についてくればコムシンも買ってあげるし、白飯も食いたいだけ食えるから」って、とにかく行こうってね。

〔それで私は〕「たらふく白いご飯が食べられるなら行きます。白いご飯ください」ってそれで日本人の奴らについていきましたよ。

＊　＊　＊

いちばん最初は潭陽《タミャン》邑内に行って潭陽邑内で一晩泊まってね、自分の家では粥だけー、粥だけー食べてたのに、行ったら白いご飯をくれてね、白いご飯に服もいいやつ買ってくれて、それまでコムシン一足だって履いたこともないまま大きくなったのに、コムシンも買ってくれて、服もいいもの買ってくれて、頭も変なふうに（手でおかっぱ頭の長さを指して）バッサリ切ってしまってね、そうやって私に、日本人がもっと食えもっと食えってね、だから白いご飯を食べるから、顔がぽっちゃりして、明るい表情だったみたいだよ、可愛いところはないのにね。

　それでどれくらい行ったかな、ああ潭陽邑内からまた全羅道光州《チョルラドクァンジュ》に行くといって、車に乗ったこともないのに、車に乗っていくというから、嬉しくてチョロチョロとくっついていったよ。全羅道光州に行って一晩寝てからは、娘たちが一六とか一七歳の、そういう子たちを一日に三人も捕まえてきて、ある日は五人も捕まえてきてね、光州で五泊もしたよ。そうやってしょっちゅう娘たちを連れてきては、今度は光州から全州《チョンジュ》まで行ったよ。

　全州がどこにあるかも知らないけど、全州までついていったら、大体三〇人くらいになってたね。女たち、私らが。私がそのなかで一番幼くてね。その全州で何日間か泊まったら、娘たちが三〇人になるから食事の支度をする人、また事務をする人、そんな人たちね、また火をおこす人、そういう人たちまで入れて四〇人になったよ。みんなで四三人だったかな？　全州に行ったら日本人が替わってね、私らを連れて行った日本人じゃない奴に替わってね、違う奴に［私らを］引き継がせて、日本人たちがそうしようと言ってソウルに行ったよ。

　ソウルに行ってまた四〇人くらいになる人のご飯を［作るのに］、朝の九時頃になってようやく茶碗一杯分だけくれてね、夕方の四時に茶碗一杯分だけくれるけど、昼ご飯がないときは腹が減っておかしくなりそうだったよ。［そうして］ソウルから満洲まで行く許可をもらうのに、すぐにくれなくてね、一〇日もいたんですよ。その間、腹が減って死にそうだった。

　他の子たちは外でみんな眉毛を変なふうに描いてね、いつもササッとああやったり、こうやったり、出かけては帰ってきて「ああ、お腹一杯、お腹一杯」って言ってるんだよ。ああ、私はどうしたらいいかわからなくて、ご飯が来るのを待ってたら、ご飯が来てるのに外に出かけて帰ってきた子たちはお腹いっぱいだと言ってご飯も食べない。それをぜんぶ私が食べてもお腹は膨れないけどね。ほほ(大きく笑って)。それでその日、考えたのさ、「自分がお腹一杯ご飯を食べるには働かなくっちゃ」ってね、それで茶碗をたくさん抱えて「私が持っていく、私が持っていく」って運んでってね。台所で洗い物したよ。あ、そしたら、そうやって洗い物をしてあげていたら「もっと飯食いたいか?」というから「もっと食べたい」って返事してね、ご飯を茶碗一杯分だけよそって食べて、その分をまた洗い物して、大体一〇日ほど経つと顔の面がふっくらしてくるんだよ。

洗い物をすると服がびしょびしょに濡れてしまうんですよ。うん、今ならそうは[し]ないけどね。日本人が二人いたけど、そのうちの一人がその格好はなんだって、頬っぺた引っぱたいて、服がダメになるじゃないかって言ってね、胃袋ばかり大きくなりやがって、飯の味をしめたからあんな仕事だけしようとするってね、そうするともう一人が「やめと[け]」、小さい子どもだから食わないと大きくなれない」って、なんであんなに叩くんだ、口で言えばわかる、口で言えってなって、二人でケンカを始めるんだよ。

＊　＊　＊

そうやって大体一〇日くらいになって、［満洲で］許可が出たからまたどこかに行くんだけど、一晩中、車に乗って、日が暮れるまで乗って、夜までずっーと乗って牡丹江というところ[に行ったよ]。

そこでは大体三カ所くらい逃げ回ったよ。どこどこに攻めてくるっていうと、私らを車に乗せて連れて行っては、〔「慰安所」を〕すぐに作ってね、すると軍人たちがワーッと〔入ってくる〕。満洲もね、初めて行ったときは東安省に行って、そこでも追われてね、あーそこ、どこだっけな？　とにかく中国領とロシア領だけど、でもそこには山もないんですよ。ああいうところは原っぱだよ、ちょっとどこか盛り上がってるところがあれば、そこが山ですよ。そっちの峠を越えたらもうソ連領ですよ。

いちばん最初、牡丹江に行って、原っぱにこうやってテントのように〔手でテントを張る格好をして〕張って、下には**タタミ**みたいのをこうやって敷いてね。寒くても毛布があるから、毛布を敷いて、毛布を掛けてね、そしたら寒いのなんて忘れるよ。

ここに、あの、鉢のような鍋もかけておいて、お湯をグラグラと沸かしておいてね、もう、あれするときは**ヘイタイ**たちがね、こ〔こ〕に〔腕を指して〕フェルトみたいな布で星の形をこさえたものを縫いつけてあるやつら〔階級章のことを指していると思われる〕、**ヘイタイ**たち、ここでいう一等兵みたいな奴らを、朝の九時からとったよ。軍人たちが朝の九時から開けると、女たちの部屋の前にズラーっとね、一番前に立っている奴はこの下くらい〔脛のほうを指して〕まで巻いてるものがあるよ、〔ふくらはぎの〕中間に軍人たちが巻いてるもの〔ゲートルのことを指していると思われる〕、それをほどいて立っててね、ここ〔ズボンのジッパーの方を指して〕ここだけを下ろしてね、昔、軍人たちはここに布〔ふんどし〕を巻いていたよ。それで扉の前にズラーっと並んではサッサとやって、「**ハヤク、ハヤク、ハヤク**」、サッサとやって出てこいってね。そうするとすぐにしてからそいつは出て行くよ。ふぅー（溜息）客をぜんぶとるまで。また六時になると晩ご飯をちょっとだけ三〇分の間に食べますよ。まだたくさん**ナラビ**してるからね。それであれを一回やっていくと、日本の奴ら、引っ掛けたもの、外套みたいな引っ掛けたものを、それだけ着ててね、いっつも着たり脱いだりしてたよ、それればかり着てては、あいつらが出ていくと、水を探して洗ってね。それでまぁ、ある人は病気になるよ。［それで］一週間ごとに検査する。下半身の検査する。検査した日は休むよ。そのときは［軍事］訓練させられる。砂袋を木にこうやって（足首を指して）（足首を使って結ぶ動作をしながら）しっかり結んでは、これくらーい運んでは、ここからあそーこまで走って、その槍、昔は槍［で］やー！と突いたり、そんなこともしたよ……。

あ、女たちだけ三〇人超えますよ。だからこうやって（廊下が真ん中にあって部屋が向かい合ってる様子を手で描いて見せる）ずらっと並べて、こっちにも部屋、あっちにも部屋、そうやって**ナラビ**になっててね、毎日、雪が降ろうが、雨が降ろうが、一日も休む暇がなかったよ。

＊＊＊

入口の前で金を取る奴がいたよ。私らを食べさせて、着せて、そして私らを連れてきた奴ね。［そいつが私らに］私らを連れてきたところまでの代金、交通費いくらとか。あ、あのときの相場で一両、二両と計算して二〇〇〇ウォン、（今の価値では）二〇万ウォンの金に相当するね。[1]［それで］女たち一人、一人にその額を稼いで返せと、そうしろという。

そうやって入口の前で金を五〇銭ずつね、サッサ、サッサとしていくと、五〇銭ずつあげて入れてもらったら、〔部屋に〕入ってくるよ、私らのところに。そうすると、変な人は突っ込んだまま、二回やる人もいるよ。抜かない。抜いたら私らが洗いに出て行ってしまって、ほかの人がすぐ入ってくるから。そんなんだからもう本当に死にそうだよ（溜息を大きくついて）アイゴ……。

ある人はサッサと済ませて、片づけて、出ていって、もうまた〔違う人が〕入ってくる間に、そいつが出ていく間に〔私は後ろに〕回って熱いお湯を釜一杯沸かしておくのさ。温かいお湯で消毒して、ざっと下を洗うよ、乾いた手ぬぐいを一枚ずつ部屋ごとくれるんだけどね、あいつらが。それでその乾いた手ぬぐいでサッと拭いて入って〔足を〕開いて横になると、そこでまたやって。そいつが出ていくとまた行って洗って、来たらやって、はぁ（溜息をつき）……。

夕方ずっと好き勝手に、夕方の間中ずっとうつ伏せになれ、仰向けになれ、ひざまずいてみろ、尻の穴にも〔するし〕、また（溜息をついて）はぁ、死ぬよ、死ぬ、くたばっちまう……。

またね、偉い奴らが来るとね、夕方に一〇〇〇ウォンずつ出して、一〇〇〇ウォンでもって一晩中泊まっていきますよ。夜の九時、一〇時になって〔「慰安所」に〕来て一〇〇〇ウォンだけ出して、翌朝に帰りますよ。でもこの人たちは帰り際にかわいそうだといって五〇〇ウォンくれていく、かわいそうだとね。食いたいもん食えと。あの頃、私はね、化粧もしなかったですよ。化粧のしかたも知らないしね、今でもね。こんなの（眉毛を描く真似をしながら）買ってみろと、かわいそうだと五〇〇ウォン札くれるけどね、私はそんなの使い方も知らないから、もらった金を「一昨日の晩に寝て行った人がこうやって五〇〇ウォンくれましたよ」と〔金を取る人間に〕納めてね……。

このー悪い奴らが、棒みたいなもので（腕の太さくらいあるという動作をして）やると痛くてね、痛いといって泣きながら、「アイゴー、痛い、痛い、痛いよー、アイゴー！」と喚くともっとひどい扱いをしておいては、やらないでいくんだよ。

　やらなかったくせに、やれなかったから金を返せといってもらっていく。すると、抱え主の奴らは客がまだたくさんいるから呼び出せなくて、ご飯食べにいったときに、ご飯を食べさせてくれない。［私の］名前を書いておいて、「なんで返金させるようなことをした？　お前みたいなのは死んでも何もくれてやらんからな。男たちが嫌いだといってそんなことするなら死んでしまえ」と、くたばれといってひどく足で蹴って、まぶたがちぎれて、ふっー（息を吸いながら）、髪の毛を引っ張って地面にたたきつけて、今でもあのときを思い出すと頭がずきずきしてきますよ。（溜息をついて）アイゴ、歯もそのときに全部抜けて、殴られたから、そう、日本の奴らにね。何してもぶん殴る、泣くと泣いたと殴られ、だから泣くこともできない、そのまま何日間もご飯も食べられなかったですよ、腫れあがってしまって。歯が痛いよ、痛い、後からね。私、歯が一つもないですよ。三〇歳前後に全部なくなってしまいましたよ。今では歯を入れることもできないですよ。歯医者が言うには抜けてから時間が経ちすぎたからだめだそうですよ。

　検査がある日、その三〇人の娘たちのなかで［私が］シーツを一枚ずつ洗ってあげるけどね。このシーツを布団に敷いて、日が暮れるまでやるとたくさん水[*2]が染み込んで濡れるから、夜、偉い奴らが来るとその同じものを敷こうとしない、だから他のものに替えておいて、それを洗わなくちゃいけない。

　だから三〇人のそれを、シーツを全部集めて洗濯用の苛性ソーダで、あのときは洗剤があったから。中国人の店に行って、店主に向かって、そこの店主を社長さんと呼ぶよ、私らはすぐにわかるからね。洗剤を買おうとすると、何に使うのかときかれるから、これ一つ洗うのに五〇銭くれるから、私が全部洗って稼いで、自分の借金分稼いで返すんだと言うよ。するとアイゴ、「**カワイイデスネ、カワイイデスネ**」といいながら洗剤を一袋売ってくれますよ。そしたらそれをある程度溶かしてね、それによく揉んで煮洗いして、それからきれいなお湯でよく煮洗いしてね、その日のうちにやっておかないと翌日に〔彼女たちが〕客をとれないんですよ。私がすぐに洗ってあげると、一つ洗って清潔にして、ご飯食べ残したやつをよく煮てこねて、布切れに包んで揉んで、それをつくっておいて、糊付けもちょっとして、両足でよく踏んでパリッと干してあげると、五〇銭くらいもらえる。そうすると金が結構できますよ。この〔シーツ〕一枚に金を五〇銭ずつもらうからね。三〇枚ならいくらになる？　三〇枚洗ってあげるよ。

〔そしたら〕ある女たちは意地悪してくれない奴もいるし、金がないといってくれない奴もいたり、後からくれる女もいてね。こうやってね、集めた金を全然使わずに、こうやって稼いだのを抱え主に全部納めるとね、はぁ、ありがたいと、お前は心がまっすぐだからこうして病気にもならずによくやってくれて、そこがいいよと優しくしてくれて……。

病気になる人もいますよ。まぁ、毎日突っ込まれるからさ、病気になる。〔それで〕一週間ごとにまた検査を受ける。下半身の検査をね。私、あのとき「**ヨシマル**」と呼ばれていたけど、〔検査を受けてから〕全部、名前を書くよ、〔玄関のところに〕病気がある人は赤い字で印をつけられて、もう何も病気がない人は黒い字で名前を〔書いておく〕、ところが（自身を指して）こういう人は運よく生まれたのか、一度も病気にならずにね、ほかの女たちは耐えるに耐えられなくて病院に連れて行かれて、変に曲がってしまった人もいるし、また(手で下を指して)変な病気にかかった人もいる。そんな人たちは営業させずにそのまま捨てられるよ、金を稼げないからね。

まぁー妊娠は、あんなところにいてもし妊娠したらできないよ。あの人たちのお腹が大きいのにやると思うかね? あ、ダメだよ、だからどうするかというと、検査するとき、こうして開いていると、機械を入れて開いてみては、子宮を何か回すみたいだよ。そうすると子どもができない。それである女は妊娠したのに、産めないまま死んだよ、女がそのまま死んでしまった。女も死んで子どもも死んで、お腹に子どもがいたまま死んでしまった。どうしてそうなったのか、それもわからないよ、私らには。引っ張り出して捨てて、誰も知らないまま、子どものこと聞くこともできずに、知ろうともしないで……。

またそのなかにはとうとう辛抱できなくて、アヘンを吸ってアヘン中毒になった人もいるし、そのなかでもね、それも後になってアヘンを吸えなくなると、誰が来ようが帰ろうが関係なく、ただ、泣いて横になってるもんだから、主人が自分に金が入ってこないといって、行ってみると横になったままだから、引きずり出してきては捨てるよ、ご飯もあげないし。そんな人たちの無残な様子を私が全部見守って生きてきたよ。

＊＊＊

そうやってね、一七歳の年になるまでひどく苦労したよ。一八になったらね、大きい奴にも辛抱できて、小さい奴も辛抱してなんとか辛抱してね、ふー、辛抱できるようになったらね、二六歳の年に解放されて、突然どこに行ったのか日本の奴らがすっかり姿を消して来なくなったよ。

少し経ってから市内で火事が起きてね、私らがいるところだけ火事にならなかったけどね、市内で軍人がたくさんいる場所だけが火事になってメラメラと燃えたよ、軍人たちは誰も知らないうちにいなくなってしまってね、そんな風に解放されましたよ。

〔「慰安所」を〕一緒に出た人はいない、いない。散り散りに別れてしまったからね、中国人についていった人もいるし、ロシア人についていった人もいるし、またロシア人に捕まって死んだ人もいるよ、ロシアの奴らは「マダム、ダワイ、ダワイ〔ロシア語で「Давай」、おいで、おいで、行こう、やろうという意味〕」と言ってべっぴんだろうがそうじゃなかろうが関係なく、とうもろこし畑で、粟の畑で、大豆畑に引っ張っていってやる。ロシアの奴はちょっと変な奴らだよ。背も大きくて鼻もデカいから、気持悪いくらいに大きくて痛いらしい、そんな奴らに耐えられ〔なかっ〕た者は死にもしたし、女たちが死んでしまうと犬が噛みちぎって食べる、そういった死骸を、満洲では犬やら豚が互いに死骸を食いちぎるからと〔いって〕、死骸を畑に放り出して埋めることもしないよ。

あの、中国人たちが解放されてから、自分たちにちょっとでも乱暴した人にはツルハシをもってきては、夜になるとグサッと刺し殺すよ、そのままね、「ワンガチャオニ　センラデ　チンハ　チセ　ホ　ミュオルラ　シルラデ　チン〔中国語で話した音のまま表記〕」「お前は俺のとこに来〔て〕俺らにひどいことを言って、乱暴に扱ったから、もう解放されたからお前らは死ぬがいい」。そう言っては、斧という斧、ナタというナタ、槍という槍、なんでももってね、子どもという子ども、大人という大人、誰でもみなグサッと刺し殺す。

何を言ってるかもわからない、〔満洲に〕来てからまだ二〜三年しかならない〔朝鮮〕人はこんな命乞いもできないと、そのままこうして捕まえられて首がぽとっと落とされると、そいつの眼がぽとんと落ちて、地面にコロコロと転がっていくよ、すごい血が、血が流れるんだよ。それで倒れて死んでしまう、そして汚れてない奴の服を脱がして自分が着る、ほら、あのー脱がして、いいものは家に持って行って、そうやって死んだ人間の服を私らにもっていって着ろと〔くれたりね〕。

「ニネ　ジャジャホア　ニネ　ジャジャホア、ニネ　シンセ　ジャジャホア　コウ　チャンハコウ　チャンハ」というのはね、「あなたは心優しい人だから私を助けてください、私らは故郷で死にたいです。死んでも故郷で死にたいです」という意味。こうやって命乞いした人間には「チン」。「わかった」という意味だよ。

＊　＊　＊

一人でなんとかそうやってね、全羅道の言葉さえ聞こえたら私と一緒に行きましょう、全羅道までだけでも私を連れて行ってくださいとね、それで故郷までだけでも連れて行ってくれるといって、ある程度のところまで行くと、その人たちはその人同士で行ってしまい、また別の人、全羅道の言葉を話す人がいたらそこについて行ってね。その後に江原道《カンウォンド》の人間に会って私がこうして生き残りましたよ。

江原道の人たちというのはね、旦那さんは足の病気でび《マ》っこ《マ》になって、女房は息子と暮らしてたのにその息子が軍隊に行って死んでしまってね、旦那と女房は生き残って帰るところに私がついて行って、その女房さんと私とで豆満江で商売をしたんだよ。あの人たちが清州《チョンジュ》の米三〜四升を以北〔朝鮮半島の北側のこと〕の人間に売ってから満洲まで渡ってきては肉を買ってきて売りましたよ。するとお金が残ります。そうして働いたら韓国の地に行ける。

〔江原道の女と私が〕豆満江を渡るのにね、グルグルと回る流れがあるというんですね。そこに入ったらおしまいですよ。〔だから昼に〕行って下見する。どこに行ったら水が冷たくなくて、どこに行ったら水が深いか、それを見てからじゃないと夜に行けないですよ。〔昼には〕銃を抱えて満洲から朝鮮に渡れないように見張る人がいますからね。それで男たちは〔夜に〕渡るときには手をこうして摑んで〔指の間に指を入れて固く手を結ぶ格好をして〕渡るのを手助けしないようにする。滑ったら自分たちも捕まるし、自分たちも死ぬからね、だから彼らは私らの手首を摑みますよ。そうやって渡らないと、危ないときは自分たちが腕を放してしまえば、ああ、〔私らは死んでも自分たちは〕助かるからね。私らの手首を摑んで渡ってる最中に滑って溺れたら、水を飲んでぶくぶくいって、男たちは自分たちが捕まるかもしれないし、自分らが死ぬかもしれないからね。〔でも私らが昼に〕服と食料を頭の上に乗せて結んで、水につからないように頭だけ出しておいて泳いで渡ると、なんてこった、この男が〔昼だから〕渡らないから、私ら二人だけで渡ってたら二人とも滑って転んでしまったんだよ、底がぬるぬるしていてね。そうしてそこから向こうまで流されていくのに、もーうちょっとで、あと数歩でも流されたら、川の流れがグルグル回って溝のようになってるところに、そこに入ってしまうと私も、私らもおしまいだ、もう。そうなって〔いると〕村の人たちが、以北の人たちがやってきて助けてくれたよ、耳の後ろから髪の毛を掴んで引っ張り出してね、それで助かったよ……。

　そうして助かって豆腐の商売もしてね、あんな〔豆腐屋の〕人にはめったに会えないよ。あの人もいい人でね、豆腐屋に行ってね、私には金が全然ないから、おからを少しくれないかと言ったら、最初は、粗いおからをくれるんだよ〔豆腐の商売をしてみろと〕。あの時分は三〇丁で一箱だよ、一箱をそのままくれてね、相場は本当なら一丁につき五銭ずつだけど、一銭少ない四銭で売ることにして、そうしたら一両ほど〔金が〕残るから、持っていって売って来いといいましたよ。それで「残ったのはあんたがもらって、元銭だけ私にくれればいいから、そうやって商売をしたら足代くらいは稼げるじゃないか」とね。それで豆腐屋で寝泊まりしながら、早朝にそれを背負って売りにいくよ、ああ、大体ね、他の人より早く売れましたよ。四銭で売るからね。〔豆腐屋の主人は〕私を見てかわいそうだといいながら、「クレッソラウ？　ジョレッソラウ？〔全羅道の方言で「そうだったのかい？こうだったのかい？」という意味〕」と全羅道の人間の真似っこしながら笑うんだよ。そうやって生きて戻ってきたよ。

　言葉にならないよ、戻ってくるのに、四年もかかって戻ってくる間にね、雪の降る畑で死んだら雪に埋もれて死に、夏には畑で、豚や犬にそのまま嚙みちぎられて死に、そんなひどい状況を見てきてここまで戻ってきたのに、今度は六・二五事変が起こってね、その騒ぎがもっと怖〔い〕、またここは、もうね。

＊＊＊

あの六・二五事変の騒乱のなかで［私は故郷に］戻ってきたよ。二九歳のときに戻ってきた、山の人[*3]があらわれて、巡査たちが捕まえようとしてね、巡査たちが捕まって殺されて、山の人も捕まって殺されて。私のアボジは死んでしまってオムマは生きていたけど、すぐ下の弟が山の人の味方だったよ。貧しかったからね。私が満洲から帰ってくる以前から、うちの弟は山の人の味方だったの。私の下に妹が三人で、四番目にやっと弟が生まれたけど、よその人の家に住んでいたよ。その家の主人が反乱軍だったから染まってしまったんだね、主人に。主人に染まってしまったから山に逃げて、そこに小屋を建てて暮らしてたよ。私のオモニに向かって、あの騒ぎのなかで［巡査たちが］息子を出せと言ってね、そんな［苦労］話もできなくてね、恥ずかしくて誰にも言えずに自分の胸の中にしまってたけど……。

アヘンで商売を二回ほどしたけど、一回目はそこそこ売って、二回目には田んぼを五斗落[*4]買って[2]……。

＊＊＊

水田を買って食いつないでいこうとしていたけど、夕方になるといつも近所の人たちが嫁に行けとやってきましたよ。誰かがもし嫁に行けと言ったら、「私は行かない、嫁に絶対に行かない、嫁に行けというならもううちに来るな」。私がこう言ってさんざん怒ってね……。

そうしながら、私が農作業しながら食べて暮らしているのに、［後で私が結婚した］家の叔母にあたる人が、「［あんたは］何十歳ともういい年で子どもも産めないから、うちの甥を養子にして暮らしたらどうか、後でもっと老いたときのことを考えて一緒に連れて暮らしたら」というんだよ、訪ねてくる人はいないからそうしろとね、そうしてアイゴ、ぴたっとくっついてね、しつこいのよ、年寄りが。

七歳の子どもに牛のエサをこしらえろとか、牛の世話をしろとかいうから［子どもは］自分の叔母のことを嫌いになるよ、まったくね、［子どもが私を］オモニと呼び、何か頼むとすぐにきちんとやってね、見よう見まねが上手ですぐに覚えて……。

その［子］の両親がどうやって早くに死んでしまったかというとね、

うちの故郷の人たちが、このあたりと同じくらい大きな村が、タングァン里といってね、あっちの智異山の麓にありますよ。ところが巡査が、夜になると、そいつら［パルチザン］が姿をあらわすから穴に落として殺そうとして、その［村の］四カ所、四カ所を深く掘って、栗の木を網のように被せておいたんだよ。［そして］竹槍が尖るまで削ったやつをこうしてまっすぐに刺しておいたのに、その夜［パルチザンの］先発隊がずらーっと、先頭に偉い奴らと一緒にあらわれて、何人かは穴に落ちたけど、死んだ人間は誰もいなくて逃げて［は］、こいつらが、「お前は今日俺たちを殺そうとしたが、今度はお前が明日の夜に死ぬことになる、明日の晩に決闘しよう」。そう言って「人民共和国万歳！」と言ってその晩は戻って行った。そうしたら案の定、その翌日の晩にこいつら［パルチザン］を［捕まえようと］そのパルゲ村［村の名前なのか、八個の村という意味なのか不明］の部落のみんなで探したけど捕まらなくて、［だから］その村［タングァン里］の周りに油か何かを、油をドクドクドクとまいては、火をつけてしまったんだよ。［人が］出てきたら殺して、また出てくると刺し殺してね、この子は自分の叔母さん家にお使いに行っていたから助かったんだよ。邑内［に］自分の叔母さんの家があったからね。ところが、まったくね、父親も母親も一日のうちにそうやって死んでしまったかられね、いろんな部落の人たちがその晩、死んだ死骸を一日かけて一〇体埋めたよ。昼間は埋められなくてね、夜だけ、夜にだけ掘って埋めてたよ。今もその求禮《クレ》、あの智異山の麓に行くと、あの日の夜に死んだ人の墓が共同墓地よりも大きいよ、ただただ大きーい。赤子を産んだばかりで殺された人や、子どもがお腹に入ったまま殺された人もいるし、産みかけた時に死んだ人もいる。窯の火口にかくれて助かろうとしたのに、窯の火口にかくれても殺されて。あの子一人だけ助かったよ、その子の叔母さんと、そしてうちの村の人が知ってってね、私がずっと一人でいるから、だから、息子にして暮らせと……。

［養子に取って］一年［一緒に］暮らして、翌年も暮らしてね、二二歳になったら軍隊に行ったよ、私とあの子と二人でこうして暮らしていたのに軍隊に行ってしまった。私一人、私一人ぼっち、頼るところもない。それで不能男《ママ》［性的不能者］がいるというので一緒になったよ。

＊＊＊

不能男《ママ》はこだわりがあって、もっとしつこいらしいじゃないか？　もしそうだったら出ていってしまえばいいさ、何のために一緒に暮らすのさ、何も言わずにあれが面倒くさいなら［私が］出ていいけばいいだけのことだと［考えたよ］。

　その男の母親は三月の終わりに亡くなってね、それで、もう、姑だね、ただ、旦那というのをもらったから姑になるわけだから、［供え物の］ご飯の支度をしないといけない、ふふ［亡くなった姑に供え物のご飯の用意をしたという意味］。自分にある金をもって、［市場に］行って灰貝ちょっと買って、豆もやしちょっと買って、ほうれん草もちょっと買ってね、そうして、米は旦那の家にあるからね、隣でたくさん［手伝って］くれた人と二人で市場から戻ったら、稲も自分一人で全部食べて、パサパサしたやつ、稲が二俵だけがあって、米は一粒もないんだよ、自分の母親が死んでから一カ月も経つというのに、ご飯も供えてあげないで飲み屋に行って酒ばかり食らって過ごしてたよ。

　そんなこんなでね、自分の（夫の）従兄弟の家があってね、養子を産んだ家の従兄弟の家からね［夫と養子の息子は遠い親戚にあたる］、米一斗もらったもの［をもって］夕方にご飯を炊いておいて、「私らと一緒に食べよう」って、［亡くなった］姑に私がお辞儀をしてね、ああーだから、許家の家だけでも一二もありますよ、一二ね。その村の上の方に許家だけが暮らしてて、下には甥たちだけが暮らしているんですが、甥の家に許家の、家の庭に［集まって］、あのときの年齢が四二歳ですよ、私が新婦ですよ、その時はそれでも、嫁が来て、あ、姑にご飯を供えてね、（笑って）ほほー、そうしてお辞儀をしているといって、嫁の顔を見に来るんですよ。

　でも［不能男《ママ》の旦那は］どこかに出かけて、ふらふらと戻って来ては、どこの［女が］女房になろうと言って来たといっても、うれしいともいわない、笑いもせずに、部屋の隅っこに座って煙草ばかりふかしているよ。炊いてあげたご飯食べて、汲んであげた水を飲んでね、夜の一二時までみんな遊んで帰ったのに、アイゴ、自分のオモニが死んでしまったのに、部屋に敷いてるのはむしろ、昔だから竹で作ったむしろだよ、そいつを燃やしてしまってね、布団があるわけでもない、敷布団があるわけでもない、枕があるかといったら、服をしまう箱、リンゴの箱、それ一つしかないんだよ、部屋に。それで米俵を広げると広いじゃないの、長くてね、それを二つ敷いて、独り者だといってそこで寝ていたんだね。何もなくてそんなところで布団もなくて、なにもないところで私がこうして、縮こまって（腕と足をしっかり握りしめた姿勢と取って）横になっているんだから、自分から「名前は？」と聞いたり、「何歳だ？」と聞いたり、「どうやってきた？」とか聞いたってよさそうなのに聞きもしないで、一晩中、何も、話もしないで煙草だけふかしていたよ、寝るときもそのまま縮こまって、自分の枕、木でできてる枕それだけ抱えてね、それに頭をつけてそうして寝てね。私も隅っこで何もない場所で寝たよ。

その翌日ね、ガラクタ市場というのがありますよ、順川《スンチョン》に行くと。そこに行ってね、自分の金で部屋の敷物を買ったり、水桶も一つ買ってね、ふふふ、桶に水を汲むパガジ（瓢箪を割ってくり抜いてつくった水を汲んだりする容器）もなかったですよ。また水もね、近いところでは、うち〔から〕水を汲む場所までの道も遠いですよ、うちが高い場所にあったからね。だから〔市場で〕パガジを一つ買って、とぼとぼと運んで上って、またバケツ、取っ手のあるバケツ一つ買って、そうして（買い物した籠を頭に乗せる格好をして）買い物もして、朝、お米屋さんに行って米代を払ってね、機織りするから、麻の一束もらってね、そうやって麻を一束もらっていってから、市場で麻布を出して売って、また市場が開かれる日に一反織ってもっていって、売ってね、そうやって売れ残った布切れで旦那の服も縫ってあげながら、そうやって暮らしたよ……。

夕方になると、仕事終わった人たちが庭に一人ずつ集まって来たよ。死んだ母親がこんな女房をどこで探してきたのか、幸せに暮らしているといってね、働くことしか、ご飯つくることしか知らないで、そうやって生きていると。ああ、まったくね、来る人来る人みんな、一晩いたら出て行ってしまい、三日の晩いては出て行ってしまい、何度も女房が出て行ってしまうから、子どもでも育てながら生きてみろといって、子連れの「女」をもらってきたら、ただ子どもだけ育てて出ていってしまったよ、「そうやって」七人の女房が去っていったけど、この婆さんだけは出て行こうとしないで暮らしていると、みんながほめてくれたよ。

不能男《ママ》というのは自分に気力がないから、力も出せないよ、全然。仕事もしない。自分の身の上がそうなってしまったから。「仕事をしてどうする?」ってね。だから仕事しろとも言えなくて、ただ命だけつないで、酒でも一杯ずつ飲んで、ご飯を作ったら食べて、粥出したら粥食べてね、文句も言わないし、しょっぱいとも言わず、薄いとも言わず、そうやって生きた男だよ。

「人々が」「アイゴ、不能の旦那とどうやって暮らせるんだ、若いのに?」と言って皮肉ったりしてたけど、それならそれでと、そんなもんかなと思って暮らしたよ。ああ、それから「私は不能の旦那が」嫌じゃなかったから、文句も言わず食べてくれるから、そういうところが良かったよ。

＊　＊　＊

うちの弟が商売すると言ってね、あのときの金で米二俵の代金くれというんです。金でくれてもいいし、米でくれてもいいと。姉さんはあんな馬鹿な奴と暮らしてるけど、なぜもっとしっかりしたいい奴、金持ちの奴をもらえばいいのに、なんであんな貧しくて何もできない奴と暮らしながら働いて食わしてやるんだってね。あいつを食わすなら自分も助けてほしいといっては、それで来てはねだるから、米二俵を工面してあげたよ。翌年は凶年で払えないので、三俵になってしまってね。一俵当たり五斗ずつ払わないといけない、米、一俵食べたら五斗ずつね、二俵だから、三俵にならないんだよ〜、一俵当たり〔利子を〕五斗ずつ払わないといけないのさ、米、一俵食べたら五斗ずつね、二俵だから、〔利子を含めると〕三俵になるんじゃないの、三俵に〔一俵についた利子が一俵になるという話〕。その翌年もまた凶年だったからまた返せない。

ふう、それでうちの養子にした息子が結婚して、長女が生まれてからね、自分の叔母から私がこうして暮らしているのを聞いてから訪ねてきましたよ。訪ねてきては三カ月と一〇日間もうちにいたけどね、嫁は冷めたご飯は食べませんよ、あのときはね。今は子どもを産んで自分で家事をするからどうかは知らないけどね、ある日は一日に、炊いたご飯を一食だけ食べては、残ったもの〔冷めたご飯〕をどこかに捨ててしまったりね、また米を研いでは、しっかり炊いて三食ちゃんと作って食べるから、ふう、一カ月に米一俵を全部食べましたよ、十斗を全部食べる、一カ月に。三カ月なら三俵ですよ。三カ月うちにいて帰るときにね、どこかで金稼いで返すから、また車代をくれというんですよ。ソウルに行って稼いで返すからってね。

あ、もうね、私は食事の支度しか、働くことしかわからないから、誰かが金欲しいというと金あげるし、米もあげるだけね。ふふふ。稼いで返せるよってね、真面目で働き者だから稼いで返せるよと、私にむかってね。ふうー、また畑仕事をしながら麻布を織ってね、麻布なんかを一つ織れば、一日分の畑仕事したことにして。そうやって農作業を麻布で代替したのさ〔野良仕事などのきつい仕事を互いに助け合うこと〕。

私は四俵を、弟の分二俵〔と息子の分〕を工面したよ。ああ、三年連続で凶年が続いたよ。農作業で全部返したら、スッカラカンになってしまうよ、そしたらまた借金しないと畑仕事ができないしね、農作業したも〔の〕で返してうちらが気持を固くして、それでちゃんと借金を返してしまって、また他でも畑仕事して、うちの（家族の）分を耕して食べて、それでちゃんと借金を返してしまって、また別のところで工面して借金返して、先に家、利子を払うようにしてね、ああ、これがまた利子をつくるよ。

ふう……食べていけないからソウルに〔行こう〕。どうしてもだめだと。弟も一度行って、稼いだらくれると言ったのにくれもしない、息子もソウルで暮らしながら、顔を見に来ることもない。こうして私に借金だけ残って、みな去ってしまった。

それで旦那に、私が「女中生活したら一年あれば一月に米一俵ずつ稼げるらしいですよ」。あの当時のお金で一月一俵だから、一年だと一二俵になるじゃないですか？

「私がそれで借金を全部払ってしまうから、ソウルに行って稼いできます」と〔言ったら〕、行くなら自分を殺して行けけと、一人では行かせないというんです。自分を殺して行けと。「自分はもうお前がいないと、静かに座って、横になって死ぬんだ」と。ほほほ。

それでも旦那を置いてソウルに来て城北洞で暮らしながら工場で飯炊きをしていたら、翌年に旦那が追っかけてきたよ。会ってから二人で一緒に泣いたりしてね。

うちの弟が旦那に文句ばかり言うんですよ、姉さんの脛ばっかりかじってると。〔それで私が旦那に〕「弟が来たら、私が頬っぺた引っぱたいてやるから、悲しまないで、あんたが死んだら私がちゃんと埋葬してあげるから、私が〔誰かよそに〕嫁に行ったとしてもそうするから……」

こうやって生き延びてきてね、旦那は死ぬまでもね、まさか自分を捨てて〔私が〕行ってしまうかもしれないとね、忘れない、忘れられないよ、そりゃ。

＊＊＊

ああ、こんなに貧しい生活をしているから区役所がそれを知ってお金をくれるよ。〔ところが〕区役所に行って記録したのを確認しないとお金をくれないってね。へ？　なんだい、話がうまいからと言ってお金をくれるかね？　くれないよ。配給をくれるっていうから、不能の旦那の故郷に行って戸籍を取ってきて、私の故郷にも行ってこの旦那の戸籍に入れるために戸籍を取ってきて、こうして一つに合わせてね、私ら同居してたから籍を入れたよ、洞事務所が〔一緒になった戸籍を〕出してくれるからね。

配給くれるからといってね、貧乏な人間たちに配給くれるというけどね、〔公務員たちが〕中間でピンハネして〔本当に配給もらわなくちゃならない人たちには〕ちょっとずつしかあげなくて、二人だと一升ずつ、一斗はくれないといけないのに、一斗にもならない分しかくれないしね、どれくらいピンハネしたのか、〔事務所が〕その調査をしたよ。いくらずつもらったことになってるかっていうと、一升ずつ一斗分もらったと調査書には書いてあってね、だから、それで「はい、はい」と返事をしたよ。それなのにそれが、調査がどこでどうなったのか、〔私らが〕いい加減な返事したこともバレてしまってね、だからもう米ではくれなくなってね、通帳をつくって金をその通帳に入れてくれるようになって現金で下ろすようになったよ、今はね。

金を区役所で〔私に〕出してくれたけどね、本当の息子じゃないから〔養子の息子は〕、それが悔しいといって博打をしたり、酒を飲んでね、家でもあればいいけど、家も買わずに、私が五〇〇くらいの部屋に住めば、息子は一五〇くらいに住むよ、部屋ね、金がないからね。労働、仕事が〔金が〕ないから、どうやって稼いで食べさせて、娘二人を教育させることができたんだろうか、娘二人は、あの子たちは、高校まで行かせることはできなかったよ。

＊　＊　＊

息子に何と言えるかね、私がこうやって生きてきたということを。娘だったら私から全部話したよ、娘だったらね。

聞いたことは〔ある〕みたいだよ、「何の話をオムマは、何の話をしたの？」

「私は話そうとすると涙が出るから、しない」

「泣くならしないで、しないで」。泣くなら〔話を〕するなって。

そうしたら私がワーッと涙が出るからね、そんなこんなしてオクチャ〔家政婦をしていたころから親しくしていた人〕に出会ってね、オクチャには話したけどね、あんなこんな話をすると、オクチャが

〔慰安婦の登録〕申請してくれてね、また区役所で職員が調査して、そこでそうして〔区役所から金が出る〕。ボランティアのおばさんたちがきたら、洗濯みたいなことは私がまだまだ、私がそんなことはできるしね、夏の洗濯は手で揉んで洗って着るけど、そんなもの（洗濯機）使ったら電気代がたくさんかかるからね。見回りにも来るし、ボランティアの人たちが来たらよくしてあげるよ。

またね、息子が寝ててもね、私がご飯食べてる最中に、あるときは息もできないほど苦しくなる時がありますよ、そしたら電話をピッピピッと押して音が鳴ってもね、私が何も言えなくていると急いで下りてきて、薬を買ってくれてね、叩いてくれて、揉んでくれてね、それで正気に戻って、そうして暮らしているよ、今は。

区役所からもらう金で、これも買って、あれも買って（箪笥の上に積んであるトイレットペーパーを指して）でももう買わないよ。買っておいても私が死んだら使わないからね。炊飯器は一つ買ったよ、誰かがあんな赤い炊飯器を〔買いなさいと〕。「ハルモニ、ちっちゃな鉄鍋に米入れて炊くと、できあがってきたらグツグツしてくるのよ」というからね。私、こういうの使い方知ってるよ。ははは、教えてくれるから。

私が一四歳、一三歳のときに、夜学にね、晩にだけやるから、友だちについていって一晩だけいって来たらね、こういうところが血がチビチビと滲み出るくらいに、叩かれたよ、うちのハラボジにね。竹の棒で叩いては、「また行くつもりか、どうなんだ？」って言いながら、そういうから「行きません、行きません」と謝ってね、あの一晩しか行ってないから、キヨク、ニウン、ミウム、シウッ、ペック、サンイウン〔日本語でいう五〇音「あ、か、さ、た、な」のようなもの〕、それしか知らないよ。だから、「これは何の字ですか?」って言われると「7の字、8の字、9の字と6の字」まで言えるよ、この私が、9の字と6の字とをどうやって覚えたのか、ふふふ。見分けがつかないよ。

私がうちの息子に勉強を教えてあげられなかったからね、やきもきして大変だったよ、本当に。息子がそうだね、七歳のときに私のところに来て、勉強を教えられなかったのに、何かの書類〔告知書〕が来るとね、私にはわからないけど、息子は見て「金が出たね」って。また電話代とか、電気代とか、〔書類が〕届いたことがありますよ、少ないけど。

すると「オモニは無料だね、電話代も無料だね」って言うから、そしたら「どうしてわかった?」「見よう見まねでね」と言う。

そうやって今生きてますよ。それでも楽になりましたよ、今は。

＊＊＊

私、一五歳のときにあそこに行って、あれを、あんなことをしてね、二六歳のときに解放されるまでそんな風に生きてきたよ。故郷に戻ってからうちのオムマには会えた。〔それまでどうやって生きてきたかオムマには〕言えなかった。そのときはうちのオムマがどうしてそうだったかというとね、（急に声をつまらせて）私は、それで、その話をしようとすると涙が出るから、今は言わない、私はしゃべらないよ。

うちのハルモニとハラボジがずっとひもじい生活をしていてね、うちのアボジを産んだ時から貧乏だったそうですよ。その貧乏な家に私がまた生まれましたよ。そんな貧しい家に子どもたちがうじゃうじゃいましたよ。

アボジがあっちの鵲山に行って松の木を一才、木を一つ切ってきたものを売っては、日本の奴らのとこまで背負っていって、今は**クルマ**〔台車〕もあって、自動車もあるけどね、背負子を背負っていって売ってくると、ソジュクの米がここの升でいうと二升分になりますよ、それを売って帰ってくるチャントモク〔全羅道の智異山にある地名〕の〔山荘〕までね、〔家族全員が〕泊まらなくちゃいけない。うん、あのときどんなにお腹が空いてたことか。

近所の家は味噌や醤油もいっぱいつくって、いい暮らしをしていたけどね。うちには小さな甕が二個しかないよ、貧乏だからね。だから味噌や醤油をこしらえておけない。味噌玉の麴をこしらえておくと腹が空くから麴をみんな食べてしまう、ちょっとずつ全部食べてしまうんだよ。

うちのオムマにあるとき、この隣の〔家〕の台所の甕からね、味噌を茶碗一杯だけすくっておいでと言われてね、一杯だけ。欲張りだから〔私が〕茶碗一杯だけ入れてくればよかったのに、もう一杯すくって他のものに入れておいてね、また遊んでる途中に、「うんちしたいから、してくる〜」って。そっと行ってまた一杯すくってまたすくって入れてね、そうやってるうちに最後にすくってているところをバレちゃってね。

近所の人たちが、オモニじゃなくてアボジをね、あっちに堂山祭もする大きな樹があって、そこにアボジを呼んできては、私に悪いことを教えたと、子どもにちゃんと教育しないから、「他人の台所で味噌をすくっていくって、そんな盗人がどこにいますか?」〔と言いながら〕アボジの頭を〔首などをつかんで」持ち上げるんですよ。あのことを思うと胸の奥がこんなに痛い。（涙声で）アボジを壁の方に押しつけて長い棒でひどく殴って、うっ、うっ……（息を整えて）そのときオモニ、アボジのことは二の次で、うちのハルモニ、ハラボジが自分の息子がそんなことになっているから、どんなに胸が痛かったでしょうか？　今も、そのことを考えると、寝ていても胸が……私が、ああ、うちのアボジのことを……「私が一杯だけすくっていたらあんなことにはならなかったのに」……バカな娘が何を血迷って甕を空っぽにするくらいすくってしまって、うちのアボジに、ひどい、あんな目に遭わせたのかと思うと……。

六歳になって、私の友だちに名前がパンスニというのがいましたよ。パンスニ。「パンスニ、遊ぼう、おいで」ってね。うちの弟をおんぶしていくと、その家に行くとね、白い米のご飯に大きな豆を少し入れて、ご飯を炊いててね、よそって食べたいな、そいつを一さじもらって食べたいのに、くれない、よそって［入れて］くれないですよ、一度もね。昔は昼ごはんとして、釜［に］、［家族］が昼に来てご飯を食べるように入れておくんですよ。私と同い年の子とそれ（パンスニ）と、庭で石拾いをして遊んでたけどね、心の中では「アイゴ、あなたんちの釜の中には昼に食べる分の、朝に炊いた白いご飯があるはずだ。アイゴ、そのご飯をどうやって食べてやろうか？」ってね、じっくり考えてね、［私がパンスニに］「おしっこ行ってくる、ここで待ってて～、二人でうちの弟とここで遊んでて。私、おしっこ行ってくるから」って。

おしっこすると言ってこうやってね、［台所に行って］釜のふたを少し開けておいては、食器棚に行って匙を一つ持ってきてから、一さじ食べてみたら、なんでこんなにおいしいのだろう、アイゴ、あのときが、アイゴ、あんなにもおいしかったのを、一さじ、すくって食べて、またそれを被せておいては庭に戻って遊んでね、こいつがまた食べたくなると、（笑って）三回も行ってそうして食べていたら、昼ご飯の時間になりましたよ。はぁー、あのときはよく遊びましたよ。私のお腹が一杯だからね、ご飯を大さじで三回も食べたからね。昼ごはんの時間になったから弟を連れて、家に戻って、オムマが来る時間になってね、あっちも自分のオムマが来る時間になったから家の中を片づけていたらね、うちの実家のオモニが韓州宅《ハンジュテク》よ、宅号*5が、韓州から嫁に来たからね。パンスニのオモニが「ハンジュテク、ハンジュテク！」下りてこい、下りてこいと言ってね、オモニに何とかかんとか言ってたら、うちのオモニが、ああ、目をまん丸くして、そうかそうかと答えてね、私がまさかご飯を盗んで食べたなんて夢にも思わないからね、もうオムマが片づけろといったものだけね、ああ、あたふたしながら、オモニ［を］見あげたら、目がまん丸になってて、顔が黄色くなって［パンスニのオムマが］うちのオモニを見て、米を返せと、そっちの娘がうちの飯を盗んで食べたから、米を返せ、昼に白い飯を食べないと仕事に行けないんだ、米を返せっていうもんだから、

［うちのオモニが］突然、私の足をこうやって重ねて、一つにして動かないようにしては「棒、背負子を背負う時の長い棒はないのか？」［と言いながら］それを、五つもってきては、ここにもってきてはこうやって私を縛ってから（紐で手足が縛られる格好をして）「オムマ、痛いよぅ、アイゴー！」、何がオムマだ？　妹たちの、うんちしたら集めておいたそのうんちを拭いた、黄色くなったうんちがついた雑巾をもってきて、私の口にガガっと詰め込んでね、声も出せなくて、「ウウウッ、ウウッ」ってね、それでもオモニの怒りが収まらず、［私］の髪の毛をがばっと摑んでは、地面に叩きつ

けても、足で踏んづけても［私が］死なないで、「イイイン」って。声だけ出しているよ、口がふさがれて、しゃべれないからね。この話を、私が、もし嘘をついていたら、きっと空からひどい雷が落ちるだろうよ。どうやっても、私がくたばらないので、［うちのオモニが］窯の火口に私を足で蹴り入れようとして、私は必死に入らないように抵抗してね、オモニが窯に火をつけようとしたら、アボジが部屋から出てきて、うちのオモニの髪の毛を摑んだのか、うなじを摑んだのか、オモニを引っ張って薪の束に投げつけてね、私を引っ張り出して斧で縛り付けた紐をザクっと切ってくれて、ほどいてくれたよ。

どんなにうちのオモニが傷ついたか。あの女が米を出せと脅すけど、どこに米がある？　腹が立つだろうよ。それで私が、六歳のときにご飯を三さじ盗み食いして、うちのオモニにあれだけぶたれてね、だから日本の奴らが、白いご飯あげるから行こうって言うのに、私がついていかないわけがないだろう？

原注

1　満洲まで連れて行った費用は当時の金で二〇〇〇ウォンだと記憶していて、その当時の二〇〇〇ウォンは現在の価値にして二〇万ウォンほどになると推測される

2　山奥と都会を行き来しながらアヘンを運ぶ危険な仕事をして、水田を買うほどのお金を稼いだ状況を意味している

訳注

＊1　勤労報国隊（報国隊）は一九四一年に公布された国民勤労報国協力令によって編成された。一四歳以上四〇

歳未満の男子と一四歳以上二五歳未満の独身女性を対象とし、軍需工場、鉱山、農家などにおける無償労働に動員された。この証言にある父親が巡査に連行されそうになった年代は一九二九年頃のため、「報国隊に連れていかれる」というのは崔甲順さんの記憶違いか、言い間違いだと思われる

＊2　体液などを指していると思われる

＊3　朝鮮戦争を前後した時期に韓国(南朝鮮)領域で韓国軍や連合軍と遊撃戦を展開したパルチザン部隊を指す。「朝鮮人民遊撃隊」、「南部軍」といった名称でも呼ばれる。崔甲順の故郷である全羅南道の求禮では一九四八年の済州島《チェジュド》での四・三事件などを背景に野戦隊と呼ばれる武装遊撃隊がつくられたが、この野戦隊の一部が同年に起こった麗水《ヨス》、順川での韓国軍の反乱などに参加した以後、智異山を拠点に戦闘を展開していた

＊4　斗落は朝鮮独自の耕地面積表示法。朝鮮語でマジギ(마지기)を漢字表記したもの。水田一斗落は一五〇坪から三〇〇坪に相当した

＊5　結婚した女性を出身地の名前に宅と付けて呼んでいた

私たちが見て聴いて理解した崔甲順

夫《プ》嘉《カ》婧《チヨン》

八〇歳を過ぎた彼女の顔には数えきれないほどのたくさんの皺が刻まれている。彼女がおてんば娘のように明るく笑っているときには、彼女の皺はまるで河回《ハフェ》の面(仮面劇で使う仮面)のように生き生きと動いている。

最初、彼女を担当している区役所の職員は彼女の健康状態などを心配して、私たちに無理なインタビューはしないようにと注意した。しかしそれは大きな誤算だった。とくに友人がいるわけでもなく、一言もしゃべらない日々が多いという彼女は、背中をまっすぐにして座ったまま、何時間もの間、休むことなく話をしてくれた。私たちの紹介もきちんとできないまま、録音の準備もする前から、私たちはすでに彼女の話のなかに引き込まれていった。彼女は自身の辛い過去である「慰安所」にいたときのことを知り合いや他人に話すと、聞こうともしないのに「慰安婦に行ってきたハルモニ」と後ろ指を指すといって、そういうときはいつも胸がすごく痛むと言った。しかし今では聞いてくれて信じてくれる人ができて胸がスカッとすると言いながら、この真実を理解してくれる誰かに出会ったら必ず話そうと胸の奥に大事にしまっていたかのように、あまりにも鮮明に証言をしてくれた。

私たちが初めて訪問した日、玄関の前で彼女を呼んだとき、返事はなかった。もしかしたら今日の約束を忘れてどこかに出かけたのかもしれないと心配していたら、どこからか扉が開く音が聞こえてきた。「どなた〜?」小さな引き戸の隙間から顔を出した彼女は、差し込んだ明るい陽射しにまともに目も開けられないまま私たちを迎えた。

一筋の光も入ってこないように作られた部屋は、よく見ると表の門を塞いで庭を修理して作った部屋だった。台所のシンク台と冷蔵庫が部屋の一つの壁を占めていて、窓が一つもないために昼でもぼんやりした蛍光灯を点けなくてはならなかった。とくにムッと鼻につくカビの臭いが部屋中に広がっていて、私たちはずっとくしゃみをし続けて涙目になるしかなかった。

　幼い頃からどのような環境でも真面目に働き、正直に生きてきた彼女がなぜこのような家で暮らさないといけないのか。これは私の考えだった。ところが彼女は、まったく働けない老人に区役所がお金をくれて、そのお金を大切に使わせてもらっていて、どうやってこの借りを返して死ねばいいのか悩んでいると言った。

皺の中の純粋な魂

　再び彼女に会った日、彼女は部屋の中で眠っていたが、とてもしんどそうにみえた。彼女は何日も雨が降って動くことができず、下痢で苦労していた。彼女の手は数日前に打った栄養剤の注射のせいでパンパンに腫れあがっていた。体調もよくないところに気持もふさぎ込んでいたのか、私たちが挨拶をするや否や、昨日訪ねて来た嫁の行動についてこぼしながら、寂しさを隠せず涙をにじませた。私たちは「これまでセマウル公共勤労をしてもらったお金、そしてこれまで集めていたお金を一銭も使わずに苦労して貯めておいて、お嫁さんや養子の息子さんに、そしてお孫さんたちに使ってきたけれど、これからはハルモニのためにだけ使って下さい。召し上がりたいものがあれば買って召し上がり、近所のハルモニたちとも一緒に遊んだり旅行したりすればいいんですよ」と伝えた。彼女はうなずきながら「そうだね、そうするよ」と笑った。

　その日、彼女は夏に着る麻のチョゴリを着ていたが、刺繍の模様が精巧で美しいので何の服なのかと尋ねたところ、直接、自分で機を織って作ったものを着ていると言った。教会から執事が衣服を持ってきてくれたら、少しほつれた部分を縫って箪笥にしまったまま、もったいなくて着られないと言いながら、いくつか服を見せてくれた。

彼女は一週間に三回、自宅前の教会に休まずに通う。そこに行くとたくさんの友人がいて昼食も出してもらえ、いい話を聞けるからだった。教会で季節ごとに一回ずつ行く小旅行に必ず参加する彼女は、八〇を過ぎた歳でもこのように自由に動けることができて楽しそうにしている。

一年が過ぎて、彼女の写真を撮るために再び訪れたとき、彼女にはたくさんの変化があった。まず、暗くてかび臭い部屋からすぐ隣に住んでいる養子の息子の部屋に引っ越した。以前の家はトイレが遠くにあって、雪が降ったり雨が降るとすべったりしないか心配だったが、もうそのような心配はいらなくなった。

しかし以前よりもっと孤独のように、気力がとても弱くなったように見えた。一年の間に年を取って気力が弱くなってしまったのだろうか、あるいは以前、彼女のこうした姿を私たちが見ることができなかったのか。以前は教会に行って讃美歌も一緒に歌い祈りを捧げると気持が平穏になったのに、最近は何も面白くなく、しかもそれまで好きだった連続ドラマすら興味がなくなったと言う。何日か前にシルバーセンターに行って花札をしたけれど、二五〇ウォンを失ってすごく悔しいと言いながら、他のハルモニたちがお酒を飲んで浮かれて騒ぐのを見るのも嫌だから最近はシルバーセンターにも行かないと話していた。

そして、昨日会った人も記憶が曖昧で誰だかよくわからないから、もし次に会った時にあなたたちが誰だかわからなくても寂しく思わないでほしいともう一度笑った。しかし七十余年が過ぎた出来事をまるで昨日のことのように話した彼女ではないか。今でも寝床につくと一五歳で連れて行かれた当時から三〇歳になって故郷に戻るまでの記憶がまざまざと蘇り、解放された時期まで考えが及んで気がつくと、うす暗く夜が明けていると話した彼女の言葉のように、彼女はこれまで生きてきた経験を毎日、自らの頭の中に刻んでいるのである。

写真撮影をするのに突然、「それ（カメラ）をそんなに顔に近づけてパーッと写したら、私の顔が大きく出るじゃないか？」と言った彼女の言葉にみなが笑った。彼女の笑顔が懐かしい。あの皺のなかには少しも傷ついていない純粋な表情が生きている。極限の貧困と、生死を彷徨った危険な状況の数々、たくさんの人間たちの裏切りがあった長い時間の中で、彼女はどうやってあのような純粋な魂を守っていられたのだろうか。それは一つの謎だ。

• 証言を聴き録音内容を文字に起こす作業は、ジャン・ミウォン（淑明《スッミョン》女子大学校女性学協同課程修士課程修了・当時）とともに行った。

（訳・金 美 恵）

第6章

安《アン》允弘《ユノン》（仮名）

1920年　忠清南道唐津《チュンチョンナムドタンジン》生まれ

1933年（14歳）　唐津で女中奉公

1934年頃（15歳）　西原氏（創氏改名後の名前）という朝鮮人男性と結婚

1937年頃（18歳）　第一子（娘）出産

1940年頃（21歳）　第二子（息子）出産．徴用で連れていかれた夫の死亡通告を受ける

1942年（23歳）　「慰安婦」として連行．中国〔満洲〕東安省へ

1945年2月頃（26歳）　唐津の実家に移動

1945年9月頃　「慰安所」で妊娠した第三子（息子）出産

1982年（63歳）　京畿道平沢《キョンギドピョンテク》に移住，李氏と暮らし始める．露店商などで生計を立てる

1995年（76歳）　日本軍「慰安婦」被害者として韓国政府に登録

2000年（81歳）　京畿道平沢市内で生活

2010年12月31日（91歳）　死去

話してもいいさ。いいよ。恥ずかしくないよ、私は。私は恥ずかしくないよ。世間に知られてもいいし、私がこんな昔の話を日本の人たちがいたら立ち上がって、〔その人たちの顔を〕じっと見ながら話したいよ。話をしてから死にたいんだ。

昔、私はこんなことをしていた人だ。だから私の顔を知っている人もいるはずだよ。

＊＊＊

父親は〔私が〕一歳のときに亡くなったよ。兄弟は一人もいない。

そのソンサン学校の校長という人が日本人なんだけど、その家に行って子どもたちの世話をしてその家でお手伝いをしてあげたんだ、私が。それで子どもたちの世話をしていたときに、一度行ってきたよ、一緒に。日本に。それでその後に〔その家に〕しょっちゅう出入りしていたらその人たちが申請して、〔慰安婦として〕連れて行こうとしたみたいだよ。その時は日本人たちが大きな娘たちはみんな連れて行くっていうから、急いで嫁に出したんだよ。嫁いだら連れて行けないからって、それで一五歳になったって籠に乗って嫁に行った。

結婚したときは〔夫は〕二四歳だったかな？　二四歳って言ったら年のいった独り者だよ、すごく。私が一五歳で嫁いだんだけど、〔唐津で〕五年くらい、〔仁川《インチョン》で二年過ごして〕七年だったたか、〔一緒に〕暮らしたよ。

唐臼を踏んだりすることを一五歳の子がわかると思う？　夫が何かってのも知らなかった。「この人は独り者なのになんで私のところに来るんだろう？　なんで私のところに来て寝るんだろう？」ってそんなふうに思っていたんだよ。

だから部屋では寝ないで、しょっちゅうおばあさんのいる部屋に行って寝ていたの。怖くて。私はなんせ遅かった。遅いということも歳取ってからわかっただけで、あのときは知らなかったんだよ。夫との接し方を知らなかった。

そうしているうちに一五歳、一六歳、一七歳というふうに歳をとったら、その家の人たちの中ではその人（夫）が、その中では私によくしてくれて、そうやって〔一緒に寝ないことについて〕触れないでくれるみたいに思えてその人の言うことをよく聞くようになって。

その人はもともと品がある人だった。学校の先生だったんだよ、小学校の。その時分は小学校の先生といったら今の国会議員ぐらいの地位があるような時代だったから。だからもともと〔私が〕幼いからそうなんだろうって、自分で理解して、〔一緒に寝ないことには〕触れないでいたんだ。でも一八歳になった年に子どもができた。娘は一八〔歳〕のときに産んで、息子は二一歳のときに産んだ。

義祖母だけが私をかわいがってくれたんだけど、小姑とか舅とか、普通の嫁入り暮らしがやっぱり難しかった。畑の草むしりをしたり唐臼を踏んだりできないって、ただ追い出されて、台所に入ってご飯をよそおうとしたら棒で打ち叩かれたりして。

そんなふうにしながら暮らしていたんだけれど、その頃その人が学校の先生を辞めて人を一人助けようって仁川に〔一緒に〕引っ越して暮らしていた。[1]

萬石洞《マンソクドン》農業機械製作所。

その時はそこで働いていたんだけど、〔夫を〕召集していってしまったの、軍人として。あんまりにも悔しかった時のことだから覚えているよ。明け方の汽車で、明け方の汽車に乗って行ってしまったんだけど、その頃は、ほら、なんというか、何をするかというと、そこに軍人として行くんだけど、行って「**コウコクシンミンノセイシ、ワレラハコウコクシンミン**〔皇国臣民の誓詞、我々は皇国臣民〕」というように祈念だけしていたよ。ソウル駅で汽車に乗って行ったよ。どんなことをするのかとは聞かなかった。若い人をみんな隠すから、そうしたんでしょう。みんな連れて行ってしまったんだから、もう。

南洋群島、〔一九〕四二年。そこに行ったのが三〇歳の時で、軍人たちをそこで募集して。〔うちの家族が〕仁川に来て二年で、〔夫が〕他の病気で死んだとか、肺病で〔死んだという通知が来た〕。肺病は今だったらすぐに治るんだって？　そんなふうにして連れて行ったから、咳をごほんごほんしている人を連れて行ったんだから、そんなところに連れて行ってその人がろくに生きられると思う？　白い文字を書くのをたくさん吸い込んだら肺病で死ぬんだよ、貧しくていいものを食べることもできなかったし。

ただ連れて行って、ただ殺してしまったんだよ、もう。罪もない人を。

＊　＊　＊

それでそこで暮らしながら夫を連れて行かれたんだけど、小さな子どもが二人いるから暮らしていくのが大変なんだ。仁川から田舎に行ったよ。私の実家がその、唐津《タンジン》、忠清南道《チュンチョンナムド》の唐津なんだけど、〔夫が〕死んだ後に二年ぐらいいたかな。

実家にいるときに、その時はまさに大東亜戦争《ママ》のときで、お使いの人が〔来て〕日本からお金が出たからくれるんだと。夫が死んだ報い〔恩給〕をくれるっていうから、他の人にはくれなくて私にだけくれるというから、私がそこに行ったんだよ。朝鮮人が一人、日本人が一人で二人が来ていたよ。〔子どもたちは〕私の母が面倒をみていた。だからそのお金をもらったら子どもたちと一緒に暮らせるなと思って行ったんだけど……。

仁川からソウル駅まで行ったんだよ。ソウル駅に着いたんだけれど、旅館で一晩過ごして、お金を今くれるのか、まだくれないのか、と思っていたら、〔なかなか〕くれなくて、私をまた車に乗せて、清津《チョンジン》に行って牡丹江で休んで、そこで車に乗せられてそこまできて他の人が連れて行くことになって、私を。車の停留場まで来て〔私の顔を〕見て私を一人と若い女を一人の二人を乗せて行くんだけど、そこまで行けばお金をくれるって言うから、牡丹江まで行けばくれるって。それで牡丹江まで行ったらそこで四晩くらい過ごしたよ。それがものすごく長くて。そこでそんなふうにとっても長く手続きをして何か間違えたのか、うちの故郷から戸籍抄本を持ってきて騒いでいて。そうしていたら四晩もそこにいて……。

今はもう**カナ**もわからないし、日本語もあまりできないよ。そのときは日本語は大体できたんだ。だったけど、「ここはどこだ、何をするつもりなのか」と言ったら、そのときから脅かしながら、心配するなって言いながら、それで行ったんだけど、もうその時からは泣きながら行ったよ。

＊＊＊

行ったんだけど、どうしてそこを忘れられると思う？　その牡丹江という場所を、どうしてその東安省というところを。こんな年寄りが八〇、死ぬときまでそこを忘れられると思うかい？

行ってみたら〔満洲の〕東安省だって、東安省と呼んでいたよ、そこを。

そこがエンアイ小部隊と言えば、その人たちはわかるよ。隊長の名前なのか知らないけれど。かなり遠くに離れた場所に、こんなふうに掘っ立て小屋を建てて暮らしている人も何人かいて。そこには木もあまりないんだよ。柏の木みたいなものしかない。山も高くなくて。でもそこはロシアと近いんだって。そこからロシアが近いって言ってたよ。奴らが喋っているのを聞いたんだよ。

こんなふうに今あの〔ビニール〕ハウスを建てるみたいに、あんなふうにまっすぐ真ん中にこんなふうに残して、両側に部屋をこんなふうに二〇個だったら二〇個、三〇個だったら三〇個そうやって建ててあった。その時は部屋ではなくて家を建てておいて女たちを〔そこに〕入れたんだ。

「そうやって行けば人を殺しはしないでしょう、私には罪もないのに」〔と思ったよ〕。どこか働きに行かされるのかと思ったよ、そんな、そんな、私が遅れていたから、そんなことすら知らなかったんだ。近くで見てみたら変だなぁと思いながら。先に来ていた女たちがいたんだよ。そこで布団をひいて寝ていて、男たち、日本人でも朝鮮人でも刀を下げたまま入っていって、出てきて、それでわかったよ、その時には。

部屋を一つくれて韓服ではなくて**ネマキ**だけ着て、中にはパンツをはいて、**ネマキ**をこんなふうに着て。今の言葉でいうとパジャマみたいなものを一つずつみんなにくれたんだ。それで部屋を一つ私にくれたよ。布団も一つくれて、枕も一つくれて、部屋を一つ私にくれたから、これが私の部屋なんだと思って中に入って〔いたんだ〕。

ある時、炭が、豆炭が足らなくて充分に入れられない時もある。そこにいた女たちが、何しにここにきたかわかるかと、男をたくさん取ってお金をたくさん稼ぐ女たちはよく使って、〔私たちを〕見下すんだよ。見下して、脅かしたりして。もうここがどこだと思ってるのかって言われて。

＊＊＊

逃げたから殴られたよ。殴られるようなことをしたから。夜遅く、清津に（急に大きな声になり）逃げてもまぁすぐに捕まるはずなんだけど。でもそんなこと知らずに逃げたから、ぶん殴られて（脛を指さしながら）、ここをしばってぶら下げるんだ。

逃げて見つかったから、ここをひねって〔縛られているのを〕ほどこうともがいたから、ここ（脚）が痕になってしまって、切ってしまう他には耐えられる？　血が出てきて、もう、後で（力のない声で）ほどいてくれたんだ。[2]

借金なんて、もう、何かを買うすべも外出するすべもないから借金はあまりしなかったけど、借金をほとんど返してから「なんでお金をくれるって言ってたのに、それはくれないで、こんなことをするのか」って、「お前たちが間違ってるんじゃないのか？」って、私が言ったんだよ。そうしたら縛って殴るんだよ。

それをしなかったらお金ももらえず飢え死にする。その人の家で［軍人を］とらないことはできなかったよ。それで鉄のドアで中にがっちりと監禁して。

そうやって……、三回やられたよ。それでもうだめだと思って、日本人をたびたび入らせて、そうしないと出て行かれなくなってしまった。それで日本人たちの相手をするようになったら……。

もう、ドアの前で見ると誰かということが、その人が全部書いてから入れるんだ。書いて、どの部屋に入っていくのか全部分かるよ。こいつは私の奴で、私の部屋に入ってきて、あいつは他の部屋に、自分が気に入ってる部屋にみんな入っていくんだよ。それを全部帳簿に書いていたよ。お金、お金は、お金なんかくれるもんか。くれなかったよ。

あの、そういうことをする女たちがいるじゃないか。遊廓。それみたいに捕まえて来てそうやった、軍人たちが。全部遊廓の女ばかり使ったら自分たちもお金もかかるし、私は可愛くなかったし、とても野暮ったかったから、それだから私がそれをできないから、お金もなかったんだよ。だからしょっちゅう赤字になっていた。

掃除して、その炭が、豆炭っていうのがあるじゃない。そこに火をおこしておくやつ、火をおこす作業をしたり、キムチのようなものをつけてご飯を作ったり。交代じゃなかった。それは汚いって、男をたくさんとってお金をたくさん稼ぐ女はしなかった。させようともしなかった。そこで元々稼ぎをあまり上げられなくてお金を稼げないから、そんなことをさせたんだよ。だから仕事ばかり死ぬほどやって、仕事ばかり。

病気にかかったりそんなことはなかった。　男たちは病気がある人たちは被せろって、それを渡し
ているようだったよ、ゴムのやつ。

＊　＊　＊

「その女[私を]連れてこい」ってある日本人が言ったから、ある部屋に入れられてしまって、子
どもができたんだよ。サック[コンドーム]をもらっていたのにつけなかったみたい。

妊娠して三カ月ぐらいしたら、妊娠したことをもうその中ではみんな知っていたみたいだよ？
だから女たちを知っている位の高い人が「その誰それがこんなことをした」って届け出るんだね。

そうしたら連れて行かれてみんな検査したよ。それで、さんざん怒られて殴られた。妊娠したって。

子どもが一人できたんだけど、お腹が大きくなってきたから帰らせたんだよ。病気になった人の
ほうが、むしろ子どもができた人よりましだった。薬をあげて病気にかからないように治すんだけ
ど、子どもができたら子どもをおろすことはできなかったみたい。

朝鮮に帰れって言われたよ。そうしたらもう「ああ、誰々が出て行くことになった、出て行くこ
とになった」って。自分たちでひそひそ言っていたよ。

そうしたら命令が下ったっていうんだ。

その人がその時、朝鮮に帰るお金はくれたよ。

＊　＊　＊

〔乗った汽車が〕牡丹江で一晩過ごしてからソウルに向かうと思ったんだけど、〔ソウルには〕向かわないで他のところに行く汽車だったんだけど、その時、ソウルまで来るときにはひとりで来た。あの東安省を通っている汽車があった。バスなんてものはなかった。汽車に乗って牡丹江まで来て降りたら、ただこんなふうに立っていて、誰かに尋ねて他の人が私を連れて行ったらどうしようと思って怖くて、こんなふうに立っていたら、〔そこにいた人が〕清津にいく切符を買っていたよ。それで清津に行く汽車の切符を買うところにいったら、ソウルに行く切符も買えたんだよ。だからそこに行ってソウルに行く汽車の切符を買ったよ。そんなふうにしてソウルまで来たんだ。

〔私が〕お金を持ってると思って検査をするんだ。その、どこだ、清津だったか、そこに着いたら検査をするんだ。汽車の中でした。検査を全員受けた。そこから何か持ってきたんだと思って。清津からは朝鮮だから。だから清津を越えてくるときは検査を全部した。ひっくり返して見るんだよ。こんな小さな風呂敷包とか、手とか身体とか全部あさられて。〔なんで来たのかは〕質問されなかった、何か商売の人だと思ったんでしょう。

〔笑いながら〕その時はもうこんなふうにしてでも戻ってこれたからうれしかったよ、朝鮮に戻ったから。うれしかったよ。よかったんだけどお腹の中にいる奴のせいでわからないように本当に。

＊　＊　＊

この年の一月に帰ってきたんだよ、新暦の九月だったか七月だったか、解放になったんだ。私がそんなふうに戻ってきて少ししたら、戻ってから数カ月したら。そのときは、自由になったじゃないか、みんな。

禮山《イェサン》まで車に乗って行ったんだけど、禮山で旅館が、日が暮れたから泊まろうとしたら、軍人たちがそのときにほんとにたくさん集まっていて、旅館が全部ぎゅうぎゅうに満員だって、日本に戻ろうとして。それで夫婦が寝ている部屋で借金して泊まって、明け方の汽車に乗って唐津に帰ってきたら、うちの母親が患って病気になっていたんだけど、帰ってみたら母親がその前日の夜に私が子どもを連れて帰ってきたと、そんな夢を見たんだって。

それで帰って母親の家で暮らしたよ。母親は喜んでいた。母親と私と暮らしたことはなかったからって。でも体までこんなものができてしまって戻ってきたから、どうしてそうなったのか親が聞かないわけがないでしょう？　そのことを考えると。ただ悔しくて母親も泣いて私も泣いて……。

息子と娘が一人ずついたんだけど［この間に］夫の家族が連れて行ってしまった。［それで子どもたちを探しに］三〇里を、田舎の共同墓地がとっても平たくて、おーおきくて、たくさんある場所がある。そこを切り抜けて、怖がらないで［夫の実家に］行ったんだ。［でも］私を追い出した。

なんで追い出すのかって聞いたら、家があったはずなのにあの女は［仁川にあった］家も売ってしまって自分の実家に持って行って、無一文のくせに子どもまでいるって。

そういうから、その人たちと付き合っていくことができるかい？　だから母親と暮らしたよ。

お金も稼げないで、身体ばかりそうやって汚されて、子どもまでできて帰ってきたんだから、どれだけ母親が、恥ずかしかっただろうかって思うよ。それでおばさんのところに行って納屋に行って、隠れてその子[息子]を産んだんだ。

人がお腹になにかできたら、子どもができたらもう変わってしまって、食事も変わって、お腹も変わって。だからその子がお腹の中で大きくなるでしょう。だからそのときに来て産んだんだよ。山の中に行って〔他の人たちに〕知られないように産んで、どこかで拾ったと連れてきたんだけど、受け入れてくれる人がいないんだ。それで本当に恨めしくて恨めしくて、あちらこちらの水の中に飛び込んでしまおうかと思いながらその子を育てたんだ。

そうしていたんだけど、どんな家でも田舎の家に行って部屋一つ借りたって食べていくすべがないんだ。ひもじい思いをしながらもその子を産んで連れて歩きながら。今だったら誰かにあげることができるでしょう。それを知らなかったから育てたら、田舎では全部噂になって悪い女だと思われていたでしょう。質的に悪い女になったんだよ。誰がいいと思う？　どこかで誰かとして子どもを孕んだって。

そういうようにして今まで生きてきたけど、その言葉はどうしても言えなかったよ。

こんなに苦労してきたのに、このことを日本人たちがわかってくれないというのは、それは人間でもないよ。そうやっておばあさんが今も生きていて、きちんとした光も見られないで、仲間たちとか他人に良い顔を見せて生きることが今日までできなかった人だよ、人に罪を犯して、罪だよ。

＊＊＊

母親は四七歳で亡くなった。その時はご飯が食べられなくて肺病がひどくてその病気で。もう、こんなふうに手を摑んで、私の手をとんとんとして、「選んで結婚しないと生きていけないよ、どうやって生きていくつもりかい？」

その頃は〔女が〕稼いで生きていくなんてことはできなかったんだ。

向こうのソドゥルバンムン〔という村〕にドゥリという人がいたの。ドゥリという私の友達がひとりそこで孤児だったんだ。夫が朝鮮戦争で死んで大変だった。だから〔後には〕そこで暮らしたんだ。こっちにはいられないで。それでそこで子どもを育てながら、あっちの市場にいって服を買ってきて、頭に載せて売り歩いた。その時は筋力があったから。あっちの済扶島《チェブド》というところにも行って売って。売っていたときに、知り合いが豆炭を作る部屋を借りて、そこでは他の人たちが焼き芋売りをしていたから、サツマイモを買ってふかして売るんだけど、他の人たちのはよく売れるのに私のは全然売れない、サツマイモをふかす腕が違うんだ。その人たちはびっくりするぐらいホクホクにうまくふかすんだよ。がんばって同じようにしようとしても私がふかすとぶよぶよしてしまうんだ。だから売れない。だからそれを一年やったあとは**センベイ**菓子〔ポン菓子の機械だと思われる〕というのをリヤカーに積んでそこで栗を焼きながら、ポンテギ〔蚕のさなぎを煮つけたもの〕を売って、そんなふうにして生きてきたよ。大体二〇年ぐらいそんなふうにして、たぶん。

＊＊＊

父親が誰かわからない。だからこのオヤジ〔同居する李氏〕のところ〔戸籍〕に入れたよ。

解放された年に、その年に産んだよ。大東亜戦争《マ マ》に妊娠したんだけど、日を縮めて書いた。そこからわかってしまうかと思って、縮めて書いて、学校に入れた。うちの子はチャンスという名前にして、そのオヤジの実の息子として。戸籍がなくて学校に行かせられなかったから、三番目の息子として戸籍に入れて、国民学校を出て、中学校も出て、ソウルのソンナム高等学校まで出たんだよ。

ひとりでそうやって、夜になったら電信柱の下に行って文章を書いていたときもあるし、学費を全くあげられなくて、日記があるよ、今。ソウルに無一文で一人で上京して、あの子が、ほら、家は、新しくできた、盆唐《ブンダン》といったかな？　今はそこで暮らしてる。嫁が今、五〇歳を過ぎたんだけど、嫁がいまだに働いているんだよ、縫製工場で。あの子たちが来いって、来て〔一緒に暮らそう〕って言うんだけど、私は恥ずかしくて嫁のところには行けなくて……。

＊＊＊

私はオヤジを見ようともしなかったよ。オヤジに関心がない人だったんだけど、オヤジにこんなふうに。

今のオヤジは、その前に、私の死んだ夫の友達でよく知っているんだって。昔、同じ街で暮らしたんだ。私が処女の時にプロポーズもされていたよ。でも〔私を〕その家にはあげないで、うちの母親が他の人、夫、学識のある人に、国民学校でもきちんと出た人にあげようとして〔そうなった〕。

このオヤジが連れて行かれなかったのは消防隊に勤めていたからだよ。

私は、あんなところ、あそこに行って、できて帰ってきたじゃない、子どもが。どこか〔戸籍に〕入れるところがないから、このオヤジは子どもがたくさんいたから、お願いしてそこに名前を作って〔戸籍に〕入れて、学校に入れたんだ。子どもの名前を入れてくれたからありがたいと思っていただけだったんだけど……。

オヤジは息子が多いよ。私が何人か育ててあげたんだ。本妻が死んで、もう一人〔妻を〕もらったんだけど、新しくもらった人もあまり面白くない人だったみたい。それでも子どもはたくさん産んだ。〔その子どもたちは実の母親がいなくて〕人に蔑まれて大変な思いをするだろうから、私が育ててあげたら希望があるかと思ってその子たちにたくさん投資した。

私がそんなふうにしてあげたから、〔その子たちが〕私〔の家〕にしょっちゅう来て、来て泊まっていって。子どもたちは先にソウルに行ったんだけど、子どもたちがしょっちゅう、でも私を慕って来るから、ここにいるのに、しょっちゅう来るんだよ。結婚するときに私が一〇万ウォンずつ包んであげて、ある子には一〇〇万ウォン包んだんだよ。

＊　＊　＊

行ってきた後にその子を産んで、体は元気だった。ただこの足だけが人知れずしびれて痛むだけ。ここが、ある時には今も寝るときになると死んでもわからない。一人で死ぬよ、私は。はらわたまで断ち切れるかと思うくらい。どうしようもないんだ。どうしようもできないくらい痛い。そんな症状もあるから。

だから一人で起きて座って、「アイゴー、他人に間違ったこともしていないのに、私がどうしてこんな病気を抱えて、こんなふうに一人で部屋で死ぬことになるのか。何年も患っていたら部屋で、なに、おしっことかうんちとかをしてしまったら、自分の子どももみてくれないのにどうしたらいいだろうか？　いっそのことあまりひどくならないうちに、薬でも飲んで死んでしまうのが楽じゃないか」って、そんなことも考えたりするよ。

＊＊＊

私たちも忘れていたんだけど繰り返すことが多いと思います。繰り返すことが多いって私も思う。眠れなくてただ横になって考えているときには、そのことを思い出すときには一つも忘れないで思い出すのに、こうやって座って考えてみると、話そうと思うと全部忘れてしまうね、全部。

＊＊＊

そうやって、生きてきたんだよ。あの子ができたから。今は「その息子」五六歳になると思う。息子は知ってるよ。私が教えてあげたから。申告するときに。

「そうしたら、あなたに来いっていうかもしれないから、もしなんかあったらあなたが行かないといけないけど、大丈夫？」って聞いたら、「僕は大丈夫ですよ。どんなことがあっても大丈夫ですよ。お母さんがそんなにも苦労して生きてこられたんですから」って言うんだよ。「僕は恥ずかしくありませんよ。自分でしたことでもないのに、あんなひどいことをやったのは政府なのに、なぜお母さんが恥ずかしがらないといけないんですか？」って。

原注

1　妻が婚家から追い詰められていることを心配し、そこから抜け出すために引っ越しをした
2　この時にできた傷が現在でも膝の下の脛に斜線でぼこぼこと掘られた痕として残っている

私たちが見て聴いて理解した安允弘

金《キム》ヨニ

安允弘とは一九九九年六月八日に初めて出会った。そして、その後は電話をしたり訪問したりして連絡をとりつづけた。最初の面会は市役所の職員が連絡をしてくれたため簡単に実現した。それでもハルモニに会いに行くときはとても心配だった。以前徴兵に行った男性のインタビューを試みた際、拒否されたという経験があったからだ。「慰安所」や「慰安婦」とは直接関連がない人でもインタビューを拒否するような状況で、「慰安婦」であることを明らかにしたハルモニが私たちの

ような若者に自分の経験を簡単に打ち明けてくれるのか心配だったのである。

しかしハルモニと会った後はそんな思いもすっかりなくなってしまった。ハルモニが私たちの訪問を待ってくれていたからだ。ハルモニがご自分でコーヒーを入れて下さったのだが、手がぶるぶると震えていて、とても驚いた。痛風になったので、そうなってしまったと言った。動くのさえも不自由されていたのだが、むしろ私たちを迎えてくれて、ありがとうと、すばらしい仕事をしていると励ましてくださった。

ハルモニは李さんという男性と共に暮らしてはいるが、部屋も別々に使っているし食事もほとんど別々に取っていた。李さんについては自分の息子を戸籍に入れてくれた人であり、ありがたいと思っている程度であるように見えた。むしろ彼女が李さんを扶養しているため、自分に頼って暮らしていると話した。息子はソウルに住んでいて盆暮れだけたまに訪れる程度であり、「慰安婦」として連れて行かれる前に産んだ子どもたちとは現在行き来しているようではなかった。以前は娘だけは往来していたが、けんかをした後には来もしないと涙を見せたりもした。

ハルモニの証言は時間順に編集した。最初の部分は現在のことであるが、次の部分からは彼女が覚えている一番古い記憶から構成した。ハルモニが話をした順序ではなく時間順に編集したのにはいくつかの理由がある。一つ目の理由は、私たちが「慰安婦」としての経験を聴きたがっていると思ったハルモニが「慰安婦」として被害にあった時の話から始めたためである。二つ目の理由は、時間の順序に沿って〔証言を〕見てみると、彼女の人生で語られなかった部分がすぐにわかり、どの部分を詳しく記憶しているのかと対比して確認できるからだ。彼女は自ら「忘れようとした」と言ったように、経験したことについての記憶自体は詳しくはなかった。また細かい部分を質問すると返事をせず、他の話を始めたりもした。そのためしかたなく彼女にもう一度質問をして、またもう一度質問して確認するという作業もしなければならなかった。後にはまるで質問を確認するためにハルモニを訪ねて行くようなことになってしまった。

ハルモニの言葉は忠清南道生まれだけあってゆっくりしていた。ため息をつくことも多く、白内障を患っていて目をしょっちゅうぬぐっていた。会う回数が多くなっていくにつれ涙を流す姿もたくさん見せて下さった。しかしこのようなことは〔証言集として〕文字化する過程ではうまく表現されていない。また、お話を詰め込んで多くを語り、省略する場合も多く、主語と目的語などの使用が不正確だった。それで挿入句を使い意味が通じるようにするしかなかった。

「二回死ぬ人間」

ハルモニが多く語った内容のうち、このテキストには含められなかった内容がある。借金と関連する部分である。ハルモニは政府からもらった一時金のうち、一〇〇〇万ウォンを近所のある人に貸したという。ところが、その人はお金を返さないまま近所に住んでいるのだが、警察はそのお金を返してもらえないと言ったという。その人に貸したお金をきちんと返してもらったら、今はもう少し楽な暮らしができるのに、詐欺にあってしまったからより苦しい生活をしていると彼女は思っている。私たちが初めてハルモニと会った時には、あまりその話をしなかったが、会う回数が増えていくと、その話は私たちの対話の中心となった。

しかし、この借金についての無念さは、夫の賠償金を受け取れなかったことの延長線上で記憶されているように思われる。現在の最も大きい望みも、自分が騙されて「慰安婦」として行くことになったきっかけ、すなわち亡くなった夫の賠償金を受け取ることだ。それを受け取れなかったら自分の恨《ハン》が晴らせないということである。これは貸したお金を返してもらえないでいることから起因しているように思われる。また、罪人であるかのような生活を強いられてきた人生の補償でもあるといえる。さらには、婚家に対して、夫の賠償金をすべて使ってしまったのではないという汚名を晴らすことでもある。

ハルモニはしょっちゅう自分を「二回死ぬ人間」と表現する。「慰安所」に連れていかれたことですでに一回死に、いつか実際に死ぬときが来るという意味であるように思われる。「慰安婦」として連れていかれたあとに妊娠をしたため帰ってこられたことから、息子のおかげで生きて帰ってこられたと「感謝」している。

現在、同居している李さんとの関係はよくわからなかった。李さんについては息子を戸籍に入れてくれた人で、そのため、李さんの子どもたちも育ててあげたという話だけを繰り返した。実際に、李さんとハルモニが一緒にいるところも、話しているところもほとんど見なかった。

偶然、同居する李さんの子どもたちと嫁たちに会うことができた。李さんの子どもたちがハルモニが患っていると聴き、ハルモニの家に来ており、一人の嫁は、ハルモニを連れに来ていた。また、遅れてもう一人の女性が嫁だといって訪ねてきた。遅れて来た嫁は、自分がハルモニを太平洋遺族会に加入させて集まりにも連れて行ったと言っていた。

その時まで私は、ハルモニが家族からも疎外され、周辺とも断絶したまま生きていると思っていた。しかし、その家族の登場はハルモニが決して寂しい人ではなく家族の中にもきちんと彼女の居場所があるということを気づかせてくれた。それでもなお、ハルモニは自らが「罪が多い」と考え、その中に入っていかず周辺人のように生きているのである。ハルモニが話していた「恥ずかしくない」ということを、言葉でだけでなく体でも感じられるようになればいいと思う。

（訳・古橋　綾）

・証言を聴き録音内容を文字に起こす作業は、庵逧由香（立命館大学研究員・当時）とともに行った。

第7章

尹《ユン》順《スン》萬《マン》

1929年　忠清北道報恩郡《チュンチョンブクトボウン》生まれ．三女一男の三女
1941年（13歳）　叔母と一緒に大阪に連行された後に収容所（博多）に移される
1942頃（14歳）　紡績会社に移され労役生活
1943年（15歳）　紡績会社から派遣され，広島付近で「慰安婦」生活
1944年（16歳）　病弱者たちを集めた放置所に送られる
1945年末（17歳）　解放後，下関に向かう
1946年（18歳）　釜山《プサン》に帰国．晋州《チンジュ》のチェ・ビョンウク氏の家に居候
1947年頃（19歳）　秋風嶺《チュプンリョン》近辺の山のふもとの巫女の家に住む
1948年頃（20歳）　金氏と結婚．農業を営みながら生活する
1950年（22歳）　1人目の息子を出産．その後，娘を3人出産
1967年（39歳）　夫が死去
1970年（42歳）　精神に異常をきたし徘徊，治療を受ける
1980年代後半（推定）　ソウルに移住
1991年頃（63歳）　日本軍「慰安婦」被害者として韓国政府に登録
1999年3月（71歳）　息子が死去
2000年（72歳）　ソウルで末孫と生活
2011年（83歳）　自由な身動きが取れないため家でのみ生活する
2020年（92歳）　本書に登場する証言者のうち唯一存命（8月現在）

あれは忘れないよ。水利組合の一番上に登ってそのまま落ちて死のうと思った……。

夜明けまで歩いて来て、歩いて、昔を思い出すとあれだよ、昼夜何日も山中でも寝て、どこでも寝て、通りに来たら寝て、村に行ってご飯食べさせてもらって、ご飯は行くすがらにまたもらって、その藁葺きの裏の床下で寝て、豆がら捨ててあったらそこでも寝て、山でも寝て、行きすがら。あるところに池があるんだよ。昔は雨が降らないと、水を溜めて苗を植えておくとこがある、溜めておく貯水池があるんだ。こうして堤防になっていて。そこの堤防に登って岩に座って思いきり泣いたよ。そこに落ちて死のうと。あまりにもお腹が空いて、疲れて。溺れて死のうかと……。

思いっきり泣いて落ちて死のうかと、登ってこうして足で跨いて座って、思いっきり大きく座って泣いて、こうやって落ちて死んでしまおうとしたら、真っ黒の牛がね、私の目に、水面に、真っ黒い牛がばーんと飛び上がってきたの、黒い牛が。黒い牛がばーっと飛び出て「スンマナー」っていうの、黒い牛が。

その黒い牛がびゅーっと昇ってくるからびっくりして、後ろにひっくり返ったの。ひっくり返って、もう砂利道をかき分けて逃げ続けたよ。行って、少し行ってまた座って思いっきり泣いたよ。泣いてあとになってある人たちに言ったよ。ある家に食べ物をもらいに行って泊まらせてくれた。泊まって、そこの人たちに、私が来る時にお腹が空いて、それで池に落ちて死のうと、そこに入ろうとしたら、水の中から黒い牛が出てきて「スンマナー」といって高く昇ったから、逃げ続けてこうして来たんだと話した。「アイゴ、なんてことだ、可哀想に」って、そこにいた人たちも泣いて。「君はそこに落ちて死のうとしたけど、竜王様がそう出来ないように逃がしたんだ、とにかく生きて故郷に（泣き出しながら）帰るんだ。君の母親や祖父、父親は死んだのか生きているのか、家まではご飯を食べさせてもらいながらでも辿り着くんだ。そんなところに行って、ここまで生き延びたのに、落ちて死んじゃだめだ」。そうやって死なせないようにして、とにかく帰りなさいと。

＊＊＊

最初に、私が最初に行く時（チッと舌を鳴らす）叔母と一緒に行ったでしょう。嫁に行く叔母さん、嫁に行こうと日取りまで決めていたのに二人して連れて行かれた。末っ子の叔母は二〇歳過ぎだった。その前に新郎となる人はあそこ行ったじゃない。日本軍人に連れて行かれた、徴兵で。それで嫁に行けなかった。結婚式ができなかった。行けないで家にいた時、私と同じ日に捕らわれたんだ。

祖父が昔は金持ちだったのよ、参奉（朝鮮王朝時代の下級文官職）やってて、王様みたいにして土地が多かったんだよ。それで地代もらって暮らしたんだけど、一つの村を占めていた、牛眠洞《ウミョンドン》一帯を占めていた大きな家だったのよ。金持ちだと評判だったのに……。

トラック、軍人のトラック、それがばっと赤く光って入ってきたと思ったら〜、門の内側の空き間に向かってこうやって。昔の官職にいた人たちはこういった土瓶で薬を煎じたのだけど、（祖父が）いる部屋に入ってきて、手を引っ張っていって庭にばっと投げてしまうの。それで空き間の外には柿の木もあれば銀杏の木もある。金持ちの家には銀杏の木がある、銀杏の木が二つか三つあって、くるみの木もあって。そういう畑に行って、後ろ手に縛って〔木に〕くくり付けておくの。叔母はどこに隠れたんだか出てこないし、私は後ろの隅っこにいて「祖父をなぜ叩くのですか？」と突っかかったの、もう。「なんで叩くんだ」ってくってかかった。

もう〔私を〕ぱっと押し出すだけで、向こうまでいってぱっと倒れるでしょう。で、何度も突っかかるから、結局私をもこうして後ろ手に縛って、足も縛って、最初は後ろに縛っただけだった。その後トラックに乗せられたの、荷物乗せるトラックに。それで叔母もどこからか連れてきて乗せられて。

祖父がそうなるのを見て突っかかってくると、何度も駆け寄ってきて泣くと。あの時、行ったの、今でいうと旧暦で今頃だった。正月過ぎて二月に行った。ちょっとこう寒くて、春が近づいてくるそういう時だったよ。私はその時行ったんだよ。

＊＊＊

私はすごく泣いて飛び降りようとして暴れてこう〔寝転んでジタバタする真似をしながら〕するから、後ろから摑まれてこの下に倒されたの。倒されたと思ったら、何かをもって口にこうタオルで口封じられて、うるさいから。それでそのまま寝てしまった。どこに行ったのか知らない。[1]それで釜山《プサン》に連れて行ったのか、光州《クァンジュ》に連れて行ったのか、どこに行ったのか、その道ずっと行って日本に行ったの。

それどこかに行ったのが日本のようだったんだけど、地下室の床なんだけど、ああいうコンクリートの床なのよ。床なんだけど、とにかく水を飲ませるの、先にいる子たちが水を飲ませるのだけど。舌が乾いて巻かれて奥に入って、巻き舌になったら死ぬんだよ、喉をぐっと塞いでしまうと。なのに舌に薬塗られて、泣くから。あまりに泣くから薬塗られて、睡眠薬だか何だか塗られて塞がれて、あまりに泣くから。それで日本の下関［大阪と言う時もある］といったけど、地下室で、こうそれで私がジタバタして、なんか唸り声を出して、泣き声が出るから、その人が、最初に行った人たちが水を口に注いだんだね、それでだんだん舌が開かれていって、生き返ったんだ。

だだっ広い広野にこうして真っすぐに豚小屋か牛小屋みたいに真っすぐに建ててあった、大阪の山の麓に。豚小屋みたいに真っすぐな家で、そういうところにいたんだ。最初に行った時。部屋が上のほうは事務室か何かになっていて、下に、地下に入って、そういう場所に閉じ込められていた。少女、少女たちをたくさん連れてきて閉じ込めていた。三〇人くらいいた、みんなこう大きくて。私が一番小さかった。みんなこう大きかったね、私だけ小さくて。

生き返って少し経って、ご飯も食べて、かわいそうにお腹すいてじたばたしてどうするよ？　たまらないよ。それで灯もないし、ただ真っ暗で、夜も昼もただ真っ暗だよ。そんな所でどれだけ過ごしたかもわからず過ごして。何カ月経ったのか、何日経ったのか、時間がわからないでしょう？ただ真っ暗な所で、ご飯だけ、ただほんのちょっとのおにぎり、麦を混ぜたやつだよ。昔あれ日本、ベトナム米があったね、それやってこうにぎったやつ。

ベトナム米に麦、それでぎゅぎゅっとにぎったそういうやつ。豆も入ったやつで、そんなの一つ食べて生きたよ。そう考えると人間はものすごいよ。あれほどお腹空かして空かして、それを通り越すと腹減ったのもわからないよ。ただ人間が元気がなくなって、もう倒れる寸前になる。しおれちゃって、そうやってみんな倒れている、みんな。

＊＊＊

それで、どれだけ時間が経ったのか、鉄門が開いて出てこいっていって身体検査をしたよ。昔は米一俵ずつ、荷車に載せて引いて歩いて、人が上って、天秤棒でこうして米一俵ずつ吊したじゃない。そういう秤にそれ吊して、医師か誰か白衣着た人たちが来て、何か準備しておいて、書き込んで診察して、そうして、これくらいのを引いてきて、昔は一、二、三、四を書いた。**いち、に、さん、し**、それを書いておいて、片方の目を隠してそれも読めといって。少し勉強した子たちは**ひとつ、かつ《ママ》、みっつ、のっつ《ママ》、ななつ**。こうやって二種類書いておいて、それ読めっていって。

私はね、あの**いち、に、さん、し**も習ってなくてわからなくて、**ひとり、ふたり**も日本で習って知ったのであって、その時は知らなかった。その時はそうして言うのを見ているだけだった。それで大きい子たち、それ読めて学校ちょっと行った子たちはこっちに立たせて、一つも読めない子たちはまた別のほうに立たせて。私はそっちに立たせられて、こうやって大きい子たちは右側の列に立って、トラックが来たら乗せられていった。みんな乗せて遊廓に連れて行かれた。とにかく、だいたい一六くらいになったら、みんな遊廓に連れて行かれたよ。

みんな離れてしまったよ、その日。どこに行ったのか。(叔母も)その日に離れ離れに。その場で検査して、終わったらみんなバラバラに乗せられてしまったよ。

それで私も**トラック**に乗せられて、私ひとりで行ったさ、九州の博多に。そうトラック乗って、電車も乗って、バスも乗って、あと大きな車も乗って、二階になった車もあって。あそこ日本には二階になった汽車もあった。船も乗って、もうあらゆる所に全部行った。それで見たら、どこかに限りなく果てしなく行ってみると、そこも海辺だったね。そうやって行くうちに、建物のいいところが出てきた。木もあって、どれほどいい木かって一抱えもするそういう木のある方に入っていく。(低い声で)昼夜、昼夜、連続で。そうやって長いこと行ったよ。

行ってみると派出所に着いた、警察署行って、監獄だよ、そこが、監獄。こうやって鉄窓になってて、あちこちに守衛がいて、下は部屋で周りはコンクリートの塀で、上は入口で守衛がいて、あちこちに、これくらいの小屋、そこ入っていくと、

そこに入るとご飯を三度くれるよ、ご飯くれるから助かったよ、こういう器に。味噌汁とご飯、あの麦飯に米をちょっと混ぜて、それ集めるとこのくらいのにぎり飯にはなる。おかず少しと、そうやって三度くれたよ。

一三歳になってたからすぐに入ったよ。韓国の歳で一三歳だったよ。いや、春に行ったから。でもそれから数カ月経って行ったから。ちょっと暑くて、薄着だったわ、上に一枚だけ、あの青い服、名前付いてて、名前の札くれるの。一三歳、一四、一五歳、今思うと韓国でも日本でも子どもたちを懲役送るのはたやすいもんだよ。一年八カ月とか、二年八カ月とかそれくらいだった[一年余りの間と推定される]。

いつも呼ばれて行ったよ、呼ばれて。

お前の祖母は何したのか、お前の祖父は、曽祖父は、父親は何したか。いつもそればかり。お前の家の土地はどれくらいか、どれだけあるのか、山がどれだけあって、畑がどれだけあるのか。

私がわかるわけがない、わからないよ、どうやったって。わからないって言った。全部わからないって言ったわ。多いことは多いって言った。畑仕事すると、うちの周りにお米がたくさんできた、稲もたくさんできたって言って。

＊＊＊

博多で、私は子どもだっていってあそこ送られたじゃない、広島に。広島で最初はあの紡績会社に送られた。

木綿を織る紡績会社、軍服も織って。昔、木綿て、白い木綿。その木綿を織る工場があったけど、一年過ごしたのか、二年過ごしたのかわからないけども。あなたたちはまたどこか別の場所に行くだろうって、送られるって。その日本の歌を教える先生が、日本語の先生が、どこかにまた送られるって。

数ー千人が仕切られていて、もうあちこちどんなに人が多いか、ご飯食べに行く時に見るくらいで、ここのアパートのようにあちこちに区切られていて、アパートをたくさん建ててあって、ものすごく多い、数ー千人。男は男性宿舎があって、女は女性宿舎があって。それほど高くないけど、普通は四階か五階建て。

そういうところにいたの。今みたいに朝の九時くらいだったかな。そのくらいに出てみると、あそこは必ず一二時にお昼を食べる。そうして一時間休む、一時間休んでその後は五時まで働く。おしっこしたい時だけトイレに行くけど、織機にすぐ戻って。そうしたよ。それで時間になると出て宿舎に行って、夕食は食堂に行って食べて、宿舎に寝に行って。ただその時は、夜の仕事一週間させて、夜に入ると、昼に入った人たちは夜に寝て。交代で。作業場を増やさないために。その時は戦争する時代だからたくさん織らないと軍服でも木綿でも、黒い巨体の軍服をたくさん織らないと、軍服をたくさん作れないじゃない。

それから、そう、会社の名前も、**ヨリド**、**ダイヤ**もあるし、**カソバン**もあるし、色々だよ。[*1] 私は**ヨリド**にいた。仕切りがそうであって。全体の会社名は「**トジャン**紡績会社」、**トジャン**紡績会社。

その時？　仕事する時間だけは忘れますよ、昼も夜もいつもいつでも故郷の心配、集まると泣いてばかりで、歌はあの歌だよ。韓国の歌も知っている子、ちょっと大きい学んだ子たちは、日本の歌も知っている人がいたよ。家では軍歌習って、愛国歌習って、韓国から行った時は、韓国の歌はその前に習ったのが、一三歳だったからトラジの歌とかアリラン、そういうのだけ知ってた。日本に行ったら寝る時も韓国人は韓国人だけ、日本人は日本人だけで寝るから、日本語を学ぶ機会がなかった。

「**ココハココロノオットナラ　キミハココロノハナノコマ　トクハサビシクハナレテモ　ナクナサカイノカモミドリ　タトエコノミワミエスドモ　ナクナサカイノカモミドリ　コエゴナエナガヨコエゴナラ　ハハトナラミンハ　オサナゴノ　ナエレアラシニアデルドガ**」[*2]

それは韓国語でどういう事かというと、いつもわが故郷を訪ねて父母兄弟に会う、故郷に行けば、故郷・春川《チュンチョン》に行くのかと、ここは夢のなかのようじゃないか。向こうが私の家みたいで、でもそこは別の国じゃない、他の人の〔国〕。そういう所に来たんだと、だけどそこがどこだか分かる、どこだか分かる。

「**ワタシノ　オジサン**〔おじいさん〕**オバサン**〔おばあさん〕**ノ　イコスヲサカシテクダサイ**〔遺骨を探してください〕**ドヨカ**〔どうか〕**ワタシノ**」。私が生きて韓国に行ったらどうなるか、生きていきたいけど死んだら恨みを晴らしたい、そういう意味だよ、韓国語では。あの日あまりにも祖父の家族はどこかに逃げてしまって、〔祖父が〕殴られるのがあまりにも可哀想で悲痛で、祖父が死んでしまうかと、世の中のことを知らずにいたから〔泣き出しそうに〕、そうやっていつも泣いてばかりだった。

〔ある日〕時間がだいたい三時頃になった。お昼食べて休んだ後に仕事していたら先生が訪ねてきたんだ。韓国の先生が、日本語教えてくれる人、女性、帳簿を持って。

尹順萬を探しに来たって、行こうって言うんだ。

わかったと出ていって、ある場所に集まったら七人も来ていた。部屋に違う服は置いておいて、部屋着を着て所持品だけ持って、髪とかす櫛とそれだけ持って出てこいって言う。それで七人くらいが椅子に座っていたら、車が入ってきて門の外に連れて行った。連れて行ってみたらジープがあった、ジープって大きな車があった。

＊　＊　＊

そこでそれに乗って汽車に乗って、船に乗って、どこに行ったかというと、広島に行った。[2]東京にいて、それから広島、〔のちに〕原子弾落ちた場所に行って、あまりにも原子弾落ちた所は、そこはひどかった。下は土も石もびゅうびゅう飛び散って、その山奥に入っていって、アスファルトも敷いてない。戦場だよ、そこに入っていった。行ってみると牛を飼うような長い小屋、スレートで出来た。その時は進んでいくと山に〔小屋が〕またあって、進むと山にまた〔小屋が〕あって、またあって、全部スレートで造ってあって、またそこに小さい家を造って。あそこがまさに茂朱九千《ムジュクチョン》洞《ドン》*3だった。

それでどこまで行っても限りなく山奥で、部隊のある所に入っていったんだけど、後ろはあれよ。私たちみたいな人が寝泊りしてご飯も食べる、そういうところもあって、前には部隊があって、また遠くにも部隊があって。そういうところに行った、二階だけあったね。

一階は事務室だったね、全部。二階だけ私たち、女だけいて。それで女たち行き来して、男たち行き来してやるから、どこがどこだか分からない。それで事務室で、そこは何する事務室かというと、沐浴させて服着替えさせて、ハウス〔前が開いた日本の服〕を着せて。〔軍人が〕寝に来るときに呼ばれて行くときはハウス着て。

こんなこと言うのは恥ずかしいんだよ。〔聞こえるか聞こえないかくらい声をひそめて〕こっちに部屋があって、あっちにも部屋があって、ホテルだよ。ホテルの前に椅子がずーっとあって。椅子に座れって置いておくんでしょう。椅子に軍人たちが来て、日曜日とか土曜日に、待つのよ、あの隅っこで。あのホテル行って座って休むところあるでしょう。そこいって座っておく。そうすると、もう少女たちが呼ばれる、呼ばれていく。

私は奪われないように、奪われないよう、奪われないように。なぜなら、（タバコに火をつけて）私はタバコ吸うよ。こんな話聞いて、あなたたちどこかで陰口するもんじゃないよ。でもあれだよ、あんなことはこの世に見放されて、あんなことされたけど、今の世の中にはこんなことはないでしょう。（沈黙）

＊＊＊

私がケガした話してあげるよ。今考えると、私もすごく強かったね。強奪されたこと、話してあげるよ。心があったら、うん、ただじっとしてたら奴らが突っ込んでくる、打ち込んでくるけど、でも心がなかったら突っ込めないよ。私が全部教えてあげる。（沈黙）

軍人たちの寝所は小さかった。私が最初に三つ目の部屋、軍人が寝てる三つ目の部屋に行ったら、そこに行ったらベッドがこうして二つあって。こっちにも一つあって、こっちにも一つあって、真ん中は人が通れるようにしておくじゃないか。右にも左にも少女がいて、軍人が下半身丸出しで乗っかるから、すぐ泣き出して。私にも、こうして上から来て、銃を持って、あいつが、太もも（みたいな）あいつが、この部屋に入れって引っ張ってって、外側から戸閉めて。（立って演技しながら）こうして行ってブルブル震えてた。震えてたら、そいつが下半身脱いで腕をぐっと押さえて引っ張って。引っ張ってから〜、ベッドにばっと投げるんだ。倒して。倒してしまって、そこに入るとね、パンツだけ履かせて。ハウスを着せるんだ。日本の、ハウス、ここが丸出しのヤツ、トゥルマギ

〔チョゴリの上に羽織る朝鮮式の上着〕みたいな。下着はもうパンツだけ着せて。それで寝たまま押さえつけてパンツを引っ張るんだ。起きようとすると、また倒して。こうやって行って倒して。それでパンツをぱっと剝がして。もう足でガッと蹴ってしまった。蹴ってしまったよ。蹴ると、そいつが足を押さえつけて、こっちの足も押さえつけて、またこっちも押さえつけて。大きい雄牛みたいな奴が、毛が首からここまでここまで（体の部位を指して）全部生えてて。年はだいたい、そうだな四〇は超えた、五〇はいかない。それで腹がこんなんで襲ってきて。でもばっと蹴るから、こうやってかがもうとするのをまた押さえて、足を摑んで、こっちの足もこっちの足も両方押さえるから、おしりをばーっと揺らしてやった。どうしようもできない。足も押さえるし、腕も押さえて、こっちの腕も押さえるから、身動きが取れない。両足を自分の足で押さえるから、ばーっと揺らした。それでもこうしてばっと乗っかって、（下半身を指して）ここを押し付けるんだ。それで顔でも、顔をがぶっと嚙んだんだ。ここ、ここを（顔を指して）、がぶっと嚙んだ。かぶっと嚙んだら、うん嚙んだら、ここをぐーっと押さえつけるんだ。太ももを押さえられたら力が使えない。軍人の顔でも嚙みついたよ、手当たり次第、手当たり次第。そうして、それでもダメなんだ。しまいには膣に入れようと必死でやるんだ。顔をこっちの耳に近づけて、耳をがぶっと嚙んだよ。そしたら奴が腹が立って、この腕をぐーっと捻った。ぼき！　って音がした。そう耳を嚙んだから耳から血がばっと出て。そしたら腕をへし折られた、それできゃーって叫んで、それから私は気を失ったんだ。覚えていない……。

＊　＊　＊

でも私はなぜかというと、そう私はなにをするときは、そうだね。家族もみんな連れて行かれて、おじいさんもあの日死んだだろうって。それで私もこれまでこうしてきたから、私も死んでもいいって、そうして足蹴にしてしまった。

私に来た奴は誰もいい思いしてないよ。ちゃんと入れた奴もいない。この生娘にどうにか穴を開けなきゃならんのに、穴を開けた奴がいない。私に。大騒ぎして出ては行って、連れ出されて殴られるだけ。見張りの奴が向こうの端っこの部屋に引き連れて行って、ビンタで殴って足で蹴っては転がして、習った通りに思いきり叩くよ。寝に来た奴は叩かない。言いつけるだけで、言いつけて出て行くだけ。出て行って、もう他の子を出せというよ、年が上できれいでおとなしい子をよこせという。

痛めつけたよ、あいつらが。言うこと聞かないって。聞かなかったよ。ベッドで受け入れないって。ここ眉毛が生えないのも、棒でびしびし、鞭で頭も全部叩かれて。

＊　＊　＊

腕がぼきってなってね。

その後は気を失ったんだけど、なんとか、どうにか正気に戻ってみたら、どれだけもがいたのか、小便も大便もして、その近くにいた奴らはみんなどこかに行ってしまって、戸だけ閉まってた。べッドの下にこうやって落ちたのよ。身悶えてばっと落ちたの。そしたら、腕をこうやって引き寄せようとしてもできない、こうやってこうやっても回らない。骨が一緒に回ってしまう。[3]それで腕が痛くてこうやってずっと苦しんで、何日を泣いたかわからない。こうして、こうして、腕をこうやって過ごして。やっとのこと起きて、こうして行って(折れた腕をもう片方の手で抱えながら、体を引きずりながらドアに行くふりをして)戸を足で蹴っても開かない。ガッて戸を蹴って、こうやって、何度も行っては蹴って、腕をこうやって抱えて泣いたよ。

「誰か助けてくれ」と。

誰もいない。ベッドは両側にあって。床はたたみ、その部屋はたたみ部屋だった。いつも戸を蹴って、泣いているのに人ひとり誰も来やしない。昼も夜も真っ暗で、人気のないところで、行き来する足音だけたったったったったって聞こえて、話し声もざわざわ聞こえてるのに、来て開けてくれる人がいない。

上にハウス着てたのを、歯で嚙みきったの。嚙み切って、こうやって、こうやって腕を上げてみたり。そうやって起きては座って泣いて、疲れたら寝て、また起きて座って泣いて、とにかく戸を叩いて、足で蹴っては泣いて。それなのに開ける人が誰もいない。本当に(泣き出し)大変な苦労をした、私が。それ思い出すとね、今も眠れない。それでその時に驚いて震える病気をかかえてしまったよ。ふー(タバコの煙を吐き出して)それでタバコを吸うんだ……。

そうしたらね、今度はうるさいってどこかに連れて行かれてね、あいつが、他の軍人の奴が来て隅っこの部屋に行って、地下室に私を閉じ込めたよ、倉庫に。だだっ広い倉庫に。閉じ込めて、ある日戸を開けると、トラックに乗せてどこかに連れて行かれた。

果てしなく進んでいくと、その山奥に豚小屋みたいに牛を飼う小屋みたいなところに行って、そこは片足がない奴、おしりだけこうしている奴、男は男だけ、女は女だけ集めてその倉庫に入れられた。そこで飢えて死んだら、そこ行ったら海だよ、海。行って投げ捨てるんだ。そこに入れられたよ。

＊＊＊

そこに行くとご飯もくれない、何もくれないで餓死させる場所だよ。ただ、戦争がおとなしくなったら、何をくれるかというと、そば粉、そば粉溶いたの、そういうの持ってきたり、米や麦の残り粉を持ってきたり、昔は豆ゴマ粉あっただろう、韓国では豆ゴマの粉の配給受けたら、肥やしにしかしなかった。それを食べて水飲んで生き延びた。

それ食べて生きる奴もいれば、天の恵みで。それも食べたくないって、お腹空かして空かして、病気になって、病気になった人は死んで。それでもそれ食べながら一年半過ごしたよ。

なに、馬もいれば、中国人もいる。タイの奴もフィリピンの奴もいるし、女も男も、罪犯した奴も、とにかく全部いる。日本人も。

太って背が大きくて、そういう少女もいた。その子はどうなったかというと、（下半身を指して）

ここ、ここがこんなふうに腐ってる。どうしてそうなったかというと、言うこと聞かないって、性器に向けて銃を撃ったら、ここからこうやって通っていった。[4] ここらへん当たってたら死んだだろうけど、こっちに当たって、こっちに貫通して、ここが太ももが腐ってた、全部腐ってた。あの子は歩いてこれなかった、死んだだろうよ。

そうして今度はあそこに入って座っていると、その家がガクガクして、ザザー、ぼとぼとぼとぼとって雨がどれだけ降るか。雨が昼も夜も降って、こうしてそのなかにじっとしてた。そうしたら、何も聞いてないのに、こうして来て戸を開けたよ。

その時が八月に解放された時だった。戸をいつ開けてくれたかというと、その年の八月、九月、一〇月過ぎて、翌年の春に。私は一七歳で、一八になった年。

そうして足がまともな人は走って出てきて、その中で動けない人はそのまま横になって泣いて、「私も連れて行け」と叫ぶ奴、横になって泣く奴、足のない奴、あらゆる人間がいたよ。起きることもできずに泣く奴、もう散々だったよ。あれ思い出すと、アイゴ、今日から数日は寝られないよ。

それでもとにかく私は腕を吊るして、大人たち歩いて行く人について山から山へ、畑から畑に歩いて、草むしって食べて、ああいう草も全部むしって食べて、もうやわらかい草は全部食べたよ。

その時、車もなければ、日本に何がある？　とにかく全部探して、民家でもなんでもあったら靴をもらおうとして入ると、昔はね、日本にはこうやってサンダルみたいになってる草鞋と、とがった靴しかないの。草鞋も左右まちまちでも履いて、ちょっと歩くとぶつって切れてしまうの、紐が。あと紐が痛くて履けないよ、裸足で歩いたほうが。その時は日本に運動靴もなかった。これくらいの長靴だけあって、それ長靴も盗んで履いて。家に入るとね、食べ物ひとつも見つからないようにしてある。まったくね、ゴミ箱にあるもの食べて、洗い場に落ちてるもの拾って食べて。日本人はあんなに食べ物もなくてどうやって生きたのかわからない。コチュジャンひとつ、味噌ひとつないよ、いくら探しても。どうやって暮らしたのか分からないよ。先に来た奴らが全部あさって食べてしまってるからね(笑)。残ってないよ、私たちは後に来たから。

＊　＊　＊

一緒に来た人たちが全部散らばってしまった。

とにかく行く途中のある山奥に、ぱらぱらと民家がひとつふたつ見えてきた。韓国から来て日本で畑仕事してる人たちの家を訪ねてね、ご飯分けてもらおうと訪ねたよ。そこに行ってね、白菜を、畑も耕して、仕事もして、そこで少し暮らした。

晋州《チンジュ》から来た、あのチェ・ビョンウクおじさんね［チェ・ビョンウと呼ぶ時もある］、彼も昔、舅さんが昔そうやって果物畑で働いてた。ただ舅も姑も死んで。それで彼らがそれをもらってそこで暮らしたんだけど、日本の女性とそうなって、自分のものとしてやってたけど、解放になって韓国に戻ろうとしたんだ。子ども一人産んで、言葉もまともに話せなかったよ、三〜四歳なったかな。おぶって、その家にいたら、自分たちも韓国に行くから一緒に行こうって、それでその家にいて、荷物まとめて支度して、食べ物持って出てきたよ。

その家からずっとついて行って下関まで、そこで二〇日間船が、釜山に行く船が来なかった。風呂敷に包んできた食べ物は全部尽きて、きな粉とか砂糖とか、そういうのを少しずつ持ってきてるの。それ全部食べても韓国から船が来ない。

＊＊＊

船に入ったらね、もうただ人が、なんというか言うなればソウル駅みたいに座ろうといくら探しても座る場所がない、上にこう重なって寝る。重ねて寝て、人の上にまた重なって、また重なって。こうやって一つの船で韓国まで行くと、もう釜山だよ。釜山に来たら、昔は真っ黒の土で、女なしで暮らせても、長靴なくしてはあの時は暮らせなかったって。ただ真っ黒な土。みんな裸足で、靴もなくて、裸足でただこうやって足を土に埋めながら、じめじめじめじめ、雨が降ってはじめじめと、服も何も大変なものだったよ。

晋州のチェ・ビョンウクさんの家だけどね〜、(声を上げて)これ忘れてはいけない。一年歩いたよ、一年。車がなくて、昔は車なんかあったと思う?

釜山から晋州まで行くのに一年かかった。ご飯を分けてもらいに行くとね、あの奥さん、日本の女性、あの女性が行くと、日本語でご飯をもらいに行くとね、鍬とか棍棒とか鉄の熊手鍬とか持ってきて、その人を突き殺す勢いだよ。だけど後には、ある家でたらいを一つもらったの。それで腕をこうして自分で上げて(左腕を肩に巻いて結ぶ姿で)たらいを持って家をまわるんだ。こうやってー、そう、分けてもらう術を学ぶんだね、行ってみると、ある家に行くと、ご飯を片付けてる、もう一つ行くと今からご飯を炊く、火起こしてる。もう一つの家に行くと膳にご飯の支度してる。支度してる家に行って（笑）、その台所の前に行く。こっちは庭で、こっちに入るところに座って、大きく座って、こうして（両足を広げて、結んだ腕を膝の上に乗せて）手を出してはご飯をくださいと、くれないとずっと座って泣いたよ。それで自分の事情話して。くれないよ、一人二人なら分かるけど。もう人が知らぬ間に行き来してるから。自分たちもこっそり食べるんだよ。ご飯やって、台所の戸を全部閉めて、夜に食べて。

ある家ではよもぎの和え物もこのくらいくれて、ある家ではどんぐりの粉、別の家ではとうもろこしの粉の和え物もくれて、またある家ではアカシアの木とかもあって、ある家はナムル、タレがある家はタレもくれて、「これだけでも食べなさい」と言って。また、金持ちの家に座っていたら、女はくれない。男、父親が仕事から戻った時に、私が座って両足広げて座って慟哭してると、かわいそうだと言って、どんぶりに自分が食べてたのを分けてくれる。たらいに分けてくれる。「これ食べて故郷行ってみろ」、（涙を浮かべて）「両親訪ねてみろ、死んだのか生きてるのか」。そういって分けてくれる。

でも（声を上げて）これ、ご飯を分けてもらうと、他の人がぱっと持って行ってしまう、分けてもらえなかった人が。服をこうして、（脱いであった上着を床に敷いてそこにご飯を包むふりをして）こうして、ここにこうして入れて、こうしてご飯をここに詰めこんで。（立ち上がってご飯を包んだ服を下腹部に結びつけて）縛って、日本のジャンパーみたいなの拾って、こうしてやって、結んで。たくさんもらったら、足にもこうやって（両足に結ぶふりをして笑いながら）紐で結んで。今だったらこうやって下半身に詰めていったのを誰が食べる？　ここにも詰めて、ここにも詰めていって、こうやってたっぷりした服を着て、手の部分結んでいって行くのよ。そうやってこの部分を空けて、足に詰めたのも空けて、そうやって四人が食べたよ。

それでチェ・ビョンウというおじさんが私に（涙を浮かべて）、こうやって摑んで、「スンマナ、スンマナ、お前がいなかったら、みんな飢え死んでたよ。お前のような恩人と出会ってこうしてご飯食べられて……お前と私と、お前の家まで私が連れて行く」と言って……。

私も私でちゃっかりしてたよ。あの時そのまま放って置かれたら、彼らじゃなかったら私が死んでたよ。彼らが私を生かして、韓国に来てからは今度は私が彼らにご飯を食べさせて生かした。

あの時どうやって時が過ぎたのか（わからないが）、春になった。チェ・ビョンウの家に着いたのが春だったんだけど～、八月一五日頃は夏だけど、歩いて行ったから、翌年［一九四七年］の春になって、アカシアの花が開いて、咲いていたよ。その時にチェ・ビョンウの家に着いた。

＊＊＊

山に行ったらアカシアの葉っぱがあるでしょう。あの家に行った時に、あれは忘れない。そのアカシアの葉っぱを米や麦の残り粉にパラパラとまぶして蒸してくれるの。アカシアの木は山で白く咲くでしょう。食べ物がなくて、それ取ってくるの。よもぎ食べて、山菜食べても大丈夫だけど、アカシアの花を食べるとね、あれがすごく強いのよ。あれ食べると酔って部屋に行って倒れて、気を失って（倒れるふりをして）、数日後に正気に戻るの。お腹が空いて、あんなのでも食べないと、食べて水飲まないと腸にいかない、生きられない。

息子、娘、九人がみんな集まった、あの家に。独身の男、独身の女、嫁、息子、その母親が産んだ子が九人いて、その家にみんな集まった。それで部屋もあばら屋でどぶんと沈んでて真っ黒なの、床が。そういう家に上と下で部屋が二つで、まともに通れない、そんなところでみんな寝て。台所でむしろ戸だけ閉めて、門もない。こうやって藁で編んだむしろを閉めただけで、台所でもござ敷いてその上に寝て、納屋でもござ敷いて風が入ってくるって、そのござの上で寝て。

それで男も女も山菜を採りに行くのが仕事だよ。みんな昼間は山菜を採りに行く。食べる物がなくて。それで米や麦の残り粉で和えて食べて、小麦でこうして小麦粥にもして、あれなんだろ、松の木をはがして白い粉を取って、お腹空いた時にそれも食べて水飲んで、松の皮もはがして食べたんだよ。

ただね、それ食べると、どうやってもお尻の穴から大便が出ない、尻の穴から大便が出なくて〔笑〕、どうやっても詰まって大便が出ないから串で突かないとだめ、尻の穴を。それでこうして棒をこうして削って、このくらい細くして、便所に行って出ないとその棒突っ込んで出すの。彼らが教えてくれた。

その家に行って一七〔歳〕から一八〔歳〕まで一年いたよ〔状況から推測するに約半年ほどのことのようである〕。

一家で伝染病になったよ。家ごとにみんな伝染病になった。私もかかって治したよ。伝染病になると、この髪の毛が全部抜けるの。伝染病にかかって、私は治った。

一度はね、奥さんが病気になって死にそうになった。

まるで干しめんたいのように痩せ細って、病気になって倒れて、今だったら病院でもあるけど、混乱の最中だから病院にも行けなかった。

自分の家族も多いのに、私がいるからよほど気も遣っただろうし、私に家族多いのにもう一人増えて余計にそうだと言って。出て行けということだよ。それでもおじさんだけ信じてたよ、そうこうしてるうちにその日本の奥さんが死にかけて。もうぐったりして、目も点々として、起こしては寝かして。で、様子をみてると、(私を故郷に)連れて行ってくれなそうだと。

それでその足で発ったよ。頭にかぶって、夜に、夜明けまでずっと行って、行って、水利組合の一番上に登って、そこから落ちて死のうかと……。

＊＊＊

それでそこから村々に寄ってご飯も食べさせてもらって、寝かせてもらって、仕事もして、そうやって行ったよ。

そうしてるうちに、何度も聞いて、忠清道《チュンチョンド》に行くにはどうしたらいいかと何度も聞いて。それで行きながらもうあそこに行けば駅前で、汽車乗るところだから、そこ行ってとにかく何でも汽車があるから、忠清道に行く汽車に乗ったらいいと、誰かが教えてくれた。その時はお金もなかった。汽車が見えるとにかく乗った。汽車に乗って聞いたら、この汽車は忠清道じゃなく、他の場所に行くって。全羅道《チョルラド》のどこかに行くって、それでそこで降りたよ。降りて駅前で夜を明かして寝た。

寝てたらね、尼さんだね、尼。ちょっと小ぎれいにしてた人たち。私がうとうとしながらこうして（うずくまって座って膝に頭をつけた状態をまねて）いると、ある菩薩、尼さんたちが二人こうして私を見てる。

「あなたどうしてここにいるの？　家はどこなの？」

「家はありません」

「なんでここで乞食のように食べ物あさってるの？」

「私の母も父も独立（運動）するって、日本の奴らがみんな殺して、報国隊行って戻って、家を探しているのです」

「家はどこなの？」

「忠清道の報恩《ボウン》です。家に行くにはどこにいけばいいですか、どこに行けば大田《テジョン》、沃川《オクチョン》、報恩に行けますか？」

そしたら「私たちについておいで」って。「私たちについておいで、教えてあげるから、ついておいで」って言う。

「連れて行ってまた殺そうとするのではないですか？」

「なんで殺すの、人間をなぜ殺すのか。日本の奴らだから殺したんだ。韓国人が人殺すの見たか？」

そう言ったの、一人が。「とにかく家に帰る道を教えてください」

そう言ったら、「じゃあ、あの黒い汽車入ってきたら、みんなたくさん乗るから、ここ待合室にいる人が、みな入ってから入りなさい」って。風呂敷をこれくらいのを二つ持ってて、太鼓を一つ持ってた。二人だけど、一人の女は太鼓を包んで持ってた。巫女、巫女だよ。太鼓叩いて、ケンガリ叩いて、巫女。そうするといくら経っても、沃川、報恩がどこかと聞いても教えてくれない、「まだまだだ、まだまだ」

そうしたら、あそこ釜山に行く前の秋風嶺《チュプンリョン》に着いた。ついておいで、教えてあげるって、家に連れていってあげるって。秋風嶺で降りて、彼女たちについて行った。これくらいの道に入って、どれくらいか歩くと、風呂敷一つ、太鼓一つで、ある山奥にずっと入って登って行くの、山奥に。そしたらその山奥にお寺があって、仏様を祀って。

行ったら風呂敷を下ろして、私を素っ裸にして小川に、小川の水がザーザーと流れるとこで沐浴しろと、沐浴して、私の頭を全部剃ったよ。髪が長いとよくないって、尼さんの頭にしたよ。剃らないって泣いても、これは日本人の奴らの毛だから、これを放っておくと病気になって死ぬって。全部剃って出てくるのが韓国の髪の毛だと、これ日本の奴らの髪だから、これ全部剃って新しく出てくるの、私たちを見てみろと、こうやって剃って伸ばしたんだと。そういって頭をはさみで切ってしまったよ。それで沐浴させて、自分たちの服を着せて、チマも着せて、下着も着せて、上着も着せて、そうやって着せてくれた。

何を聞いたのか、一つひとつ質問したら、どこかから水瓶に、木のおけを一つずつ持ってきて大便の混じった水を持ってきた。それを麻の袋で漉して、割れた壺に入れると、竹の棒、こうして穴の開いた竹の棒で地面の窪みに浸けて、それを引いて私に飲めと言うの、その糞水を。お前はこれを飲まないと生きられないって、飲まないと下半身、日本の奴らがねじ込んでここに病気が入って治らないからって、これ飲んだら治るって。

その時私はすごく病気だったんだ。全身が痛くて、それでも踏ん張って踏ん張って歩いて彼女たちについて来たけど、病気だった。そこに行って気が抜けて、身体が。糞水はこのくらいの水瓶に半分くらい汲んで、お前がこれ飲まないとだめだって。これ飲まないと、あそこに穴を掘って埋めるって言う。脅かすのです。縛って。逃げましたよ。何度か逃げて、向こうの山に行って岩の下に行って見つかって。また見つかって、しまいには縛られて見張られてその竹で飲めって。それでずーって吸って飲んだよ、仕方がなく。そう糞水おけに半分くらい飲んだら、お腹一杯で、吐きそうになって、そうするとまた連れ戻されて、また見張られて飲ませて。

彼女たちが私の恩人ですよ、糞水飲んで生きたのよ。

＊＊＊

そうして生きて、私がその家でどれくらい暮らしたのか。髪が伸びて、こうして中くらいの髪で家を訪ねた、連れて行ってくれたよ、彼女たちが。髪の毛伸ばして家を訪ねたけど、よもぎ畑になってた。全部焼けてよもぎ畑になってた。家族も避難してしまって探せない。家は真っ黒の壁だけ残って入れないし。

彼女(巫女)たちはもう死んだよ。私が実家だと思って行き来したの、オムマって。オムマって思って、死んでからは「アイゴー」って葬儀もやって、嫁に行ってから、彼女たちが嫁に行かせたよ。そこに訪ねてくる人に頼んで。

それでもチマチョゴリ、私を連れて行く時は、麻糸のチマチョゴリ、黒く染めたチマチョゴリ、ピンク色に染めたチョゴリと、赤く染めたチマと、チョゴリは青く染めたチョゴリと、そうチマチョゴリ二着と、肌着と下着のズボンと上着と、パンツと、全部麻で、それ持ってお寺に来たよ。沐浴できれいにして、それ着て籠乗ってあの人の家まで行ったよ。

お義母さん一人で、夫と息子兄弟だけ産んで、義母さん一人で。ただ貧しい家に行ったよ、貧しい家に、とても貧しかった。粗末な小屋で、家に行ったら布団も、わた布団もないし、薄い掛け布団だけかけて暮らす家だよ。

うちの夫が、あれ軍人行ってきたのよ。日本の軍人行って、死なずに帰ってきた。うちの実家でそれは教えてくれたよ、うち〔の実家〕は坡平尹《パピョン》氏、両班だよ、両班でそれで戦争中に家族はみな死んで、そうやってこの腕も日本の奴らがばかにして、叩いて、そうやって実家の家族がみんな死んで、そうなったと、そういう話はみんなして婚姻したんだから。そう彼は銃がこっちに当たって、筋肉に落ちて、足だけ引きずってたよ。それで、同じあれだから、仲介しようって、それで嫁に行った。

でも両班の息子で、ハングルもたくさん学んだ。あとその前に勉強たくさんして私立学校の先生やった、夜学。夜に学ぶ夜学班の先生。ハングルも教えて、昔は漢文を教えた。そしたら月給が、麦の場合は一年に麦一升、稲の場合は稲一升しかくれない。うちの夫は私が嫁に行ってから、遠くに通ったの、それも。遠くに通って、私が嫁に行ってから、運があるって言われたよ。そんな職場を見つけたって。

でもそうこういっても〜、(大声で)夫にいじめられたよ、醜いって。腕もこんな曲がって、自分も片足をびっこ《ママ》引いてるくせに。私が醜いって、鼻も獅子鼻で醜いって、いじめて……。うちの夫はすごく恐かった、見たくない。部屋に入ってくるのも恐いし、こっそりと歩くのも恐い。それで姑がいつも巫女にお米を持って行って、うちの息子と嫁と仲良く暮らせるようにって。

その時、姑は商売していて、籠にイワシや明太入れて行商に出て、そうやって暮らして、あと農業、小作をしたよ。たくさんやった、一六〇〇坪、姑と一緒に。だから畑仕事して、嫁に行ってからはお腹空いたことはなかった。稲を刈ったら庭に稲むらにして、脱穀しておいた全部。小作料は、稲をカマスに入れておいて、縛って全部載せて、嫁に行って腹は空かなかった。楽しく暮らしました。それで姑が便所に行った際に足を滑らせて風疾〔リウマチや痛風などのこと〕になった。そのあと義弟が小学校通って……。

私は姑さんのおかげで生きましたよ。自分の娘のように。娘がいないから、娘のように思って。いつも息子を励まして一緒に子どもたち産んで暮らせと。姑がきつかったらこの家に暮らせなかった。それでその後はなんとかして子ども産んで暮らしました、姑が亡くなって。今だったら病気を治したのに。でも何もできなくて。私が三一、三〇、いや、何年か暮らして亡くなった。

＊＊＊

今はこう気持がこうですけどね、昔は私が狂ってました。

粗末な小屋暮らしで子どもだけ産んで、夫は私が三八の時に亡くなった。それで腕もこうで、田植え行って、畑仕事行って、そのなかでひょんなことでただ狂ってしまって。それで夜な夜なああいう、あんなの高いじゃない。それでも山々を歩き回って、何年もそうした。

巫女になろうとしたよ、巫女。こうして座っていても、夜に寝ようと横になると、虎が来て、こうして座って呼ぶの、何度も呼ぶの、それで呼ばれるままについていくと山に行ってしまう。あの山のてっぺんに行くと、また向こうの山に火が灯る、ろうそくが七つ、七星の火が見える。そのてっぺんに行くと今度は黄金仏が出てくる。それでスコップと鍬持って行って掘ってみると、何も出てこない。家に戻りたい、それで家に戻ると四時か五時になってる。それでもまた仕事に行きたい、そうやって歩き回って、心がいつも上の空だった。そうして誰かが何か言うと、ケンカになって食ってかかって、口からたわ言出てきて。

歩き回ってる時に、ある寺に行ってご飯を作ったよ。掃除をして、ご飯を上げて、また食べて。あそこ忠清道の俗離山東鶴寺《ソンリサントンハクサ》［実際には東鶴寺は鶏龍山にある］、東鶴寺。あそこに行って、病気を治した。長い時間ではなかった。数年そうやって、そこにもう私の部屋もあった。東鶴寺も大きな東鶴寺ではなく、そこから一〇里登っていくと、山のてっぺんにある小さなお寺。そこでご飯作って、山菜採ってきてナムルにして、それだけやって家を守って。あそこは、昔は女だけいたよ。女のなかでそこで病気を治して……。

病気が治ったから子どもを探したくて奉天洞《ポンチョンドン》で、その時は就労事業もなかった。市場に座って、たらいにサバとか魚を入れて［売って］、ナムル商売もして。そういうの売って暮らした。そうしてたら、テレビに出てくるの。最初に～、テレビ。

「あれ私のことだけど、なんでああやって出てるの」って。
「おかしいな、挺身隊って何？　私は報国隊に行ってきたけど」、挺身隊っていうから、「挺身隊って何ーー、でも内容は私のことみたいだけど」。挺身隊っていうのは聞いてなかった。

＊　＊　＊

後々に韓国が発達して私が家を探そうと、土地を探そうとー、区庁も市庁もできて、もう韓国が発達して、そうして自分の土地探そうとする人が増えたでしょう？　混乱が過ぎて、新しい政治の時代になって。

昔は、うちの父親がやくざだよ、妻がこうして三人いる。昔は妾が多かったじゃない。妻が三人いた。私の母親が産んだ子どもはみんな死んで私だけ残って、うちの姉が一人残って、それで二人目の妾の息子が一人いる、本籍地を見てみたら、庶子が一人いるの。それでその庶子が全部探したの。その土地と山と、それで全部国の土地になった。探すものは探して。祖父の娘だったら良かったけど、孫娘だから出嫁外人[＊4]となって、その息子は庶子だけど家の祭祀をしている。祭祀をする人に財産がまわるのよ。でも私には田んぼ一つをくれたよ。判決が出た。それで私がその田んぼを売って、息子が住んでたところが沃川郡青石面長水里《チョンソンミョンチャンスリ》だよ、そこに来て六〇〇坪を買った。

＊　＊　＊

ひいおじいさんが、私が五歳か六歳の時に死んだの。

おじいさんは畑も開放して、周囲の人たちを誘って独立しようとして、私の父親は何をしたかというと、その前に鍛冶屋だよ。刀も作って、鉄の熊手鍬も作って、手ふいごして炭火を焚いて、そういうの作るじゃない。そういうの作ってた、父親は。アボジは作って国軍、軍人たちが来てご飯あげて、うちは米があったから、ご飯炊いてあげて、庭の納屋に寝かせて、それを作って持って戦えと作ったの。

とにかく幼かった六歳、七歳の時から（小声で）そうやってるということを知ってた。うちの居間が長くて大きかった。その部屋にちょんまげしたこういう人たちがぐるっと座ってて、水いっぱい持っていって、食事の準備して、なんていうかというと、（手を集めて体を前後にゆらしながら呪文を唱えるそぶりをして）「日月日月晩洗亭、新年天地造化亭、天地坤厚万事亭、天下天地調和亭」、そうするとだんだん楽しくなってきて、道を信じるようになる。

道を信じると、その理由が何かというと、曽祖父が手を取ってあの柿の木畑に連れて行ってくれるの。何かというと、あの陽が暮れる直前に連れて行くの。あの陽がこの世では地球が変わるって、地球が変わったら、罪を犯した人、罪を犯した国には雷が落ちて、罪を犯さず従順にこうして素直に生きる国は、雷が落ちないって言うの。ひいおじいさんが。でもその道を信じると、それがわかるって言うの。人の力では、韓国では武器もないし、銃も刀もないから、道を信じて、奴らを地球をひっくり返して恨みをはらすといっていたよ。

とにかく祖先たちが助けてくれたのか、昔に仏様が助けてくれたのか、両親が道を信じて、その力が助けたのか、常に私を救ってくれる人が現れたのよ。そうやって生き延びたよ。死んだ人がどれだけ多いことか。ちゃんと出てこれて、生きた人もいるけど、私はこうして病気になって、それだけ私が生き延びたのは祖先様、仏様のおかげだよ。

＊＊＊

私は息子一人だけど、一九九九年三月に死んだの、今年死んだ。これが（死亡申告文書を見せて）死亡申告を取り寄せたよ。あー心臓麻痺で、仕事して戻ってきて、そのまま倒れて死んだ。私がその日から今日まで寝られないよ、こうして。こうしてぶるぶるぶるぶる震えて。

ああやってめちゃくちゃな生活そのままで、まだ若い子たちだけー（涙を流して）〔孫娘〕一人だけ嫁に行って、四人を置いてそのまま逝ってしまってどうするよ。近い親戚もいないし。それで政府がお金三〇〇〇万ウォンくれたのを使わないで、銀行に置いておいたのよ。それで病院で葬儀を終えてみると、あっちもこっちも借金で人の噂にならないよう、全部返してしまったよ。全部返して、それでも足りない。家も二〇〇万ウォンもらって売ってしまった。売る時に、この下の階は孫娘二人が暮らせるようにして、それでちょっとまけてやったよ。

今はひと月に五〇万ウォンずつ出るだろう。それ私は二〇万ウォンももらわずに田舎に全部送るよ。月々出たら送るよ、あの子たちの生活費にするために。私はひと月に就労事業で、前はたくさん〔仕事〕くれたけど、公共勤労事業が出てきてから、ひと月に一〇日しか〔仕事〕もらえない、零細民は。一〇日やったら一二万七〇〇〇ウォンにしかならない。それ、管理費出したらなくなるよ、管理費出したら生活は何でやるよ？　それでお寺に行って、私が仕事して食べさせてもらって、お寺でまたお金くれるでしょう。ここは行って仕事すると、日毎にくれる、家政婦みたいに、それでここ（末孫）のコンピューターも習って、テコンドーも習って、英語も習って、学校も行って。

＊＊＊

一人で暮らして子孫もいないで、そういう人たちは本に出てくるよ、何人か。

私の名前は入れないでよ。私は孫たちがいるじゃないか。子どもはいないが、あの孫一人でも私が人間として学ばせて死のうと思ってるよ。これは身寄りがいないじゃないか。私に頼って、もう教える人もいないよ、もう。それで思いきり学ばせて、後に仕事に就いて稼いで生きていけるようにして死ぬのが私の願いだよ。

あとで子どもたちでも「ハルモニがこうして生きてきたのか、うちの親世代が悪いことをしたり、日本から奪ったり〔したのではなく〕、韓国人が代々たどってがんばって生きようとして、それで親世代がそういう大きな事を成したんだ、悪い事は何一つしてない」〔と思ってくれたらいい〕。

挺身隊のハルモニたちは、一四〇人が残ってるって。でも私みたいに行った人は私しかいない。私は本当にこれ本で書き残す甲斐があるよ。私は歴史だよ、連れて行かれたのが。

原　注

1　ハルモニは睡眠薬を飲まされたと思っている

2　広島の近くか、たくさんの爆撃を受けた別の地域だったのかは明らかではない

3　今でも左腕のひじが外側に折れており、腕を頭に上げることができない
4　股ぐらと子宮に向けて撃った弾がはずれて、股と太もものあたりを貫通した状態を説明している

訳　注

＊1　「撚り」や「粗紡」など製糸の工程に関わる呼び名と推測され、工場内にあった領域のことのようである
＊2　日本映画『新妻鏡』(一九四〇年公開)の主題歌の一部。歌詞は「僕がこころの良人なら　君はこころの花の妻　遠くさみしく離れても　なくな　相模のかもめどり　たとえこの眼は見えずとも　泣くな　さがみのかもめどり　強くなろうよ　強くなれ　母となる身はおさなごの　なんで嵐にあてらりょう」
＊3　全羅北道・茂朱にある渓谷。ここでは景色の美しい山奥を象徴する言葉として用いている
＊4　婚姻した女性は実家に足を踏み入れるべきではないという朝鮮時代の女性差別的な文化を反映した言葉

私たちが見て聴いて理解した尹順萬

金《キム》　秀珍《スジン》・梁《ヤン》　鉉娥《ヒョナ》

私たちが尹順萬に初めて会ったのは一九九九年九月のある晴れた日だった。牛眠山《ウミョンサン》を背にしたアパート団地の空気がすがすがしく感じられた日、四階の廊下の前でハルモニは白い麻の服を着こなして私たちを待っていてくれた。

螺鈿簞笥が置かれた尹順萬の家は小ぎれいだった。ハルモニは一カ月に一〇日ほど働き、牛眠山

にあるお寺にお参りし、高校一年生の孫の面倒をみながら暮らしている現在の生活について、活気あふれる様子で話してくれた。「慰安婦」の経験によって左ひじの骨が外側に突出しており、頭も体も軽やかな小さな体格だったが、なぜか力が感じられた。

その後、私たちは二〇〇〇年二月と七月にかけて三度、ごくたまにハルモニに会った。「会ったって別に得にはならない」と、来ないでほしいといった言葉にもかかわらず、二度も三度も聴き取りを行った。やっと約束を取りつけ、おそるおそるハルモニ宅を訪ねると、歓んで出迎えてくれた。ハルモニはこうした聴き取りの状況にある程度慣れていたようであったし、質問が特に必要ないほど話が上手だった。聴き取りによって証言内容に多少変化がありはしたが、一貫した証言の構造とハルモニの心の機微を感じることができた。

ハルモニの話は明確でリズムがあって面白い。日本軍が初めて家に侵入した日を描写するハルモニの話は聞く人に映像を思い描かせ、強かんされた状況のような場合には部屋の中を舞台にして体全体を使って動作を見せてくれた。そして彼女の証言には安定した枠組みがあった。それは独立運動をした一家の子孫だという点を中心に構成されている。それが「慰安婦」強制連行の原因となり、また「慰安婦」として被害にあったときに「親もいないから死ぬ覚悟で」体を守る抵抗につながる。

何よりも彼女の証言で目を引くのは、強い行為性(agency)である。彼女は幼い頃から好奇心が強く、飢えをしのぐ時には誰よりも「賢しく」食べ物をもらって他の人まで食べさせる。帰国後結婚して四人の子どもたちを育てあげ、今や七〇を超えたが、彼女は子どもたちに頼るどころか孫の面倒を見て暮らしている。こうした姿は、彼女の強い生活力を感じさせるだけでなく、植民地の疲弊と戦争に血塗られたこの一〇〇年余りの間、この地の人々の世話をしてきた女性たちの生命力を確認させてくれる。

家族的アイデンティティと繋がる物語の構造

しかし尹順萬の生には、もう一つの異なる次元が存在する。彼女の生涯には神秘的な力というか、ある種の物語の構造が存在する。それは崖っぷちに立った尹順萬を助ける力としてしばしば表現される。日本を抜け出す時に助けてくれたおじさんがそうであるし、帰国後失意のなかで自殺しようとした時、貯水池にあらわれた「黒い牛」の叫びがそうであった。また秋風嶺で会った二人の女性菩薩たちがそうであった（結局この菩薩の助けによってハルモニは健康を取り戻し、「慰安婦」としての生活から足を洗うことになった）。ハルモニはその後「神が降りて巫女になろうと飛び回っていたが」、お寺に入って精神を取り戻したという。しかしこうした流れの基底には、曽祖父に代弁される子どもの頃の記憶があるようだ。「信徒たちを集め」祖国の未来を語っていた曽祖父、幼い孫娘の手を取って教えてくれた曽祖父の道が、「天も助けてくれる」尹順萬の力となってあらわれたのではないだろうか。曽祖父が抱いた未来への懸念と希望は、「慰安婦」として連れられたが蘇生して生を開拓してきた孫娘の生に対する予言のようである。こうして尹順萬を取り囲む物語の構造は、自らの家族的アイデンティティと繋がっており、それは再び彼女の主体性を形作っているようである。今回の内容に詳しく含めることができなかったが、一時彼女は家と土地を取り戻し、公式に独立有功者の末裔となることに熱心であった。結局国家補償の対象となるその席は、庶子のものとなった。

ハルモニの言葉通り、「祭祀をおこなう者」が子孫であるためそうなったのだが、もはや彼女はそこに頓着しない。むしろ彼女にとって重要なことは、「慰安婦」としての経験を、迫害された独立運動家の一家の孫娘が紡ぎ出す物語のなかに位置付けることにある。そのため彼女が記憶する「慰安婦」の経験は、強かんに抵抗した状況に集中しており、彼女の曲がった腕はその明らかな証拠として残っている。彼女はその場面をのぞいて、一年以上いた軍部隊での「慰安婦」としての生活についてほとんど語らなかった。すらすらと出てきた記憶の映写機は、軍部隊の「慰安所」に入った瞬間その場面で止まるのである。あれこれ質問してみても映写機は作動せず、聴き取りを繰り返してみても状況は同じであった。私たちはこうした記憶の枠組みが何を意味するのかという問題を考えてみた。彼女は私たちにこう語っているようである。「慰安婦生活とはすなわち強かんを意味するのであり、私自身は民族の娘としてそれに抵抗した人間である」ということを。

こうして「民族」を中心として構成された記憶は、彼女の過去を支えてくれる拠りどころでもあった。それは自分の証言を仮名でなく実名で載せようとする意志としてあらわれもした。彼女は証言を出版することを躊躇した。娘も婿もいて、孫まで一緒に暮らす状況だったため、彼女は一〇年近く水曜デモや挺対協の行事に参加しながらも、顔が新聞やテレビに出るのを恐れてひやひやしてきたと言い、自分だけ外してほしいと言ってきた。私たちは子孫たちが忘れないように歴史に残すために本を出すのだといい、仮名の使用を勧めた。そうするとハルモニは首を横に振り、悪いことをした覚えはないとして出版に同意してくれた(ただ写真を載せることはできなかった)。

しかし彼女が持つ民族の娘としての自負心は、自らを他の「慰安婦」たちと区別する機制として作用する。「チョンシン(精神)なく(バタバタして気が気でない様子)連れて行かれたからチョンシンデ(挺身隊)なのよ」と言いながらも、他方で彼女は「腕がこうなったのは私一人だけ」と語るだけでなく、ああいう場所(「慰安所」)に行ってないとも語った。こうした記憶の枠組みについて評価するのは、ここでの私たちの役割ではないだろう。確実なことは、こうした心の動揺は、尹順萬さん個人のものだけではなく、またそれを単に個人のせいにすることはできないという事実である。こうした社会的、歴史的地平を超えて、ハルモニの生涯はハルモニだけの霊魂で埋められている。私たちはこうした集合的であるが個性的なハルモニの声をこの証言に込めようとした。そこに私たち聴き手の声が溶け込んでいたらいいと思う。

• 証言を聴き録音内容を文字に起こす作業は、尹《ユン》エスン(作家)とともに行った。

(訳・趙　慶　喜)

第8章

金《キム》ボクトン

1915年　忠清北道清州《チュンチョンブクトチョンジュ》生まれ
1932年頃(18歳)　清州で製糸工場に通う
1933年頃(19歳)　「慰安婦」として中国満洲に連行される
1934年頃(20歳)　妊娠中絶手術を受ける
1930年代後半頃　故郷の清州に戻る
1944〜45年(30〜31歳)　忠清北道報恩《ボウン》地方で後妻に入る
1970年後半頃　ソウルに移住，製品工場勤務や家政婦等をしながら生計を立てる
1990年代前半頃　忠清南道大田《チュンチョンナムドテジョン》に移住
1998年(84歳)　日本軍「慰安婦」被害者として韓国政府に登録
2000年(86歳)　大田で姪と共に暮らす
2003年9月27日(89歳)　死去

私は、もともと誰かと仲よくおしゃべりするような性格ではないんだよ。ここに花札をしに来る人たちだってそう言ってる、無口すぎるって、話すことがなくて。ちょっと笑ってみてって、私に。〔他の人たちは〕わいわいおしゃべりしながら大きな声で笑っているけど。何でもないことを言い合って笑うんだもんね。だから私が（横を睨みながら）こうやって睨むんだ。

何、そんなに笑うことあるんだろうねぇ。アイゴー、笑ってる顔も声も見苦しいねぇ。わあわあ騒ぎながら「ゲラゲラ」笑うなんて。アイゴー、そうやって、笑うことなんかないよ。何も笑うことなんかない、笑おうとしてみても、笑うことなんかないんだ、何でかねぇ。何かちょっと面白いことあれば、ちょっと笑えばいいのに、なんでそんなに声上げて笑うことがあるのか。見てられないよ、私は。

満洲の話は、私は誰にも言わない、恥ずかしくて……家にそうしてやって来て聞くんだったら、やられたことだけ話すよ。

＊　＊　＊

ヨシモトとは親しくなった。優しいんだよ。あの時、あの人は、私が見たところ三〇を過ぎていたと思う。もうすぐ四〇に手が届くみたいだった。口数が少なかった、本当におとなしい人だった、心がきれいで。

ヨシモトさん、あの人は地位がすごくたかーい人だよ。そうそう、何かこう（肩の上を指し示して）星が三つだった。うん、金みたいなもので星の形に作ったのが三つ付いていた。一つ、二つ、三つ、ここにも（帽子の上を指し示して）、三つあったね。それから赤いものを付けて歩いていた。あの部隊では最高にいい、高いみたいだよ。

その人が私を本当に、通ってきて何でも食べる物だって買ってきてくれて、パンのような物も、そうして好きになったんですよ。本当に私のことを可愛いと思ってくれたみたい、本当に可愛がってくれた。

ヨシモトが下に来て「アイちゃん」と呼ぶと、「はい」と言って。そうしろとあの人が言ったんだ。返事しないと騒ぐんだ。

「はい」と言って飛び出していくと、手を取って、可愛くてしかたがないって。私はその時、ほら、何か［したさ］。私もすごく馬鹿だった、若かったとき。

ヨシモト、私を可愛がってくれた人は、来たら、パンみたいな物、何か変な物、モチみたいな物、そんなのは私、そん時に知ったんだ、モチ、あの時食べたモチみたいな物は、今はないね。モチみたいなのを買ってきて、私に食べろって言ってくれた。

なに、水飲みたい？　そうやって聞かれて、私が日本語で今考えると、**ミシノミタイ**、水飲みたいのか、そうだと言うと、夜中でも行って汲んできてくれるんだよ、**ヨシモト**が。

私が今考えると、寝てても笑っちゃうけど、それは、初恋だったみたいだ。たまに思い出すよ。すごく寂しかったときに愛してくれたから、好きになったんだ、私も。

＊＊＊

いや、その〜、〔**ヨシモトと**〕一緒に住んでいたんじゃなくて。

あの人は時々来るんだ、時々。

満洲で私一人、あの人が行ったり来たりして、ほかの軍人も来て手を出そうとするんだよ、ほかの軍人も来て。

そう、やって来て、手を出そうとするんだ、あの人、将校〔**ヨシモト**〕が来なくて、そんな時……。だから抵抗したよ。あとで**ヨシモト**司令官という人にその話をしたら、ふふんと笑ってお終い。だからあとでやって来て、こっそりとする人、一回ずつ許してやった……(顔をそむけて)。

それからは軍人たちが行ったり来たりして、**ヨシモト**が行ったり来たりして、ほら、スーパーだったか、どこかでご飯は持ってきてくれて食べるんだ。さぁね、これくらいのお盆に汁と、**スキモノ**(漬物のことだと思われる)と言って、唐辛子も入っていないキムチと持ってきてくれて、運んでくるんだよ。ご飯を持ってきてくれて、で、一口だけ食べて。

軍人たちが来ないときは、来ないときは、洗濯、靴下、軍人たちのそのぉ、下着(山の形を作って)こうやって置いておくのですよ。竹かごに。それと。洗濯、洗濯。そう、ひとかごずつ持ってくるんだ。洗濯して、部隊の横に。部隊のそばについて回るじゃないか。部隊が移動すると、みんなでついていったんだよ。

ヨシモトが私を、私にちょっかいを出してねえ。それで、子どもができたみたいなんだよ。あの人とは何回か関係した。でも兵卒の軍人たちはやって来ても、私には手を出せないんだ。**ヨシモト**みたいな高い地位にいる人が私を好きになったんだから、あんなに。兵卒たちは来てもそのまま帰って行くだけ。無理矢理やらされたこともあったさ（顔をそむけて）無理矢理……私が嫌っている軍人が来て乱暴するから、泣きわめいて抵抗した、そしたらやられたことがある。

ヨシモトがどこかに出張したんだ、行っている間に一人の兵卒が乱暴したんだよ（声を低くして）あの、あの大将が知ったら私も……しょうがないよ。私は軍人三人としか関係しなかったんだけどね。**ヨシモト**を除いては、兵卒が、ふん、これも、何だ、少尉だよ、もう。

一つの部屋に一人ずつ、そう、毛布一枚と、服はいつも日本の連中が**ハオリ**［寝間着］のようなものをくれた。中国の服だって奪ってきた、日本の連中が、中国人がやっている店に行って、奪ってきたんだ、それも着てみて。服は配給されたよ。買って着ようとしても、買って着る物がどこに行けばいいか分からないもんね、出られないようにされていたし。

チョウバ[*1]が、**チョウバ**がお金を受け取るんだって、お金は受け取って、物を売るんだけど。そこが経理もして**チョウバ**もするみたいだ。物を売る所に人がいるじゃないか。そこで何かくださいと言ってお金を出せば、その人がくれるみたいだ、私は知らないけど。

そこ、八人だったか、いたよ。私を入れて九人。（他の人たちは）あぁ、とても言葉にできない。ケンカしてぶたれて追い出されて泣いたりした。無理矢理やろうとするから、嫌だというと足で蹴られて、お金も置いていかなくて、体だけ汚されるんだから。とにかく腹が立つじゃないか、だから。

そんなおばあさんたちが一日に、たぶんそんな人たちが一日に五〜六人くらいも［やってくる］。私はそうやって、あの人が私を可愛がって、地位の高い人だからなかなか動けないけど、必ずやってくるんだ。［他の人たちに］来るのはきりがない。でも私には下手に手を出せないんだよ。それにあの時も今も、私が、見た目にはずいぶん肝が据わっているように見えたらしいよ、だから下手にはね……。

＊＊＊

ヨシモトとだいたい二一〜二三［年］、いや、違う、ええと。私が一九歳の時に入って二一歳の時に出たんだ。あ、そうだ、一八歳で入って、一九歳の時に入って赤ん坊をおろして、二一歳で出たんだよ。だから私が二〇歳、いや、二〇歳じゃない。一九歳の時に赤ん坊をおろして。（指で数えてみて）そうだよ、二三歳か四に。[1]

それでも体はそんなに弱くなかったのに、子どもをおろしてからガタガタになってしまった。子どもをおろすのもちゃんとやれば何でもないのに、あいつら、また赤ん坊ができるんじゃないかって、子宮を取り出しやがったんだ。

お腹が痛くて、むちゃくちゃ体がだるくて、ご飯も食べられなかった。ほら、陸軍病院だかどこだか、私は知らないけど、私を連れて行って診察したら、赤ん坊だって、お腹を、こうやって裂いたんだ。こうやってお腹を裂いて赤ん坊を取り出したみたい、私は知らないけど。

赤ん坊身ごもって、赤ん坊手術して病院に一週間いたんだけど、すごくつらくて、あの時私、細かったんだよ。今はもっと痩せたね。うん、とにかくガリガリだった。日本の奴ら、兵卒たちが、アイちゃんはとっても可愛かったのに、頬の肉がこけて、あぁあ、みんなそう言ってた。その前はその前は、不細工だなんて言われなかったのに。だから、お腹の手術をしただろう、食べられないだろう。誰が実家にいるように世話してくれる？　そりゃ、ご飯を持ってきてくれても食べる振りをしただけだから、痩せるに決まってるだろう。

それだって今私が落ち着いて考えてみると、あいつらが間違っていたと思う。なんで、どうしてひと月ちょっとしか経っていないのに、赤ん坊だなんて、赤ん坊だと言って血を掻き出してお腹を切り裂いて。

＊＊＊

私は馬鹿だから、ここで話したら穴があったら入りたいよ。今はちょっと利口になったけどね。だからかわいそうだと思った。だから通訳する人［ブローカーのことを言っているように思われる］に、たぶん**ヨシモト**さんという人が、それとなく朝鮮に送り返せって言ったみたいだね。

日本の通訳する人一人と、その人は軍人じゃない、日本人でも［ない］。朝鮮人と二人、どこそこに出てこいと言うんだ。服をまとめて。

それで、汽車の停留所に行って乗って、ソウルにやって来た。ソウルに来て、一人はそこから日本に行き、日本の奴は。［その］朝鮮人はソウルの人で、私は清州の者だから、清州まで行く電車代をくれたんだよ。

清州に来たら、うん、私が住んでいた家に行ったら、オムマが、こう、木がないから田んぼに行ってスズメノテッポウを刈り取って、庭で干しながらそれを振る、振ってるんだ、年寄りが〔首を少し傾けて、振るまねをし〕こうやって。

「オムマ」〔泣き出しそうになって〕

「オムマ、私、ボクトンだよ」

そのまま後ろに転んでしまったんだよ、草を振りながら。

「オモニ、どうしたの、どうしたの、私だよ、私、私」。そうしたら。

「ど、どうやって帰ってきたんだ」

「うん、こうこうして帰ってきた」

そう言ったら、泣き止まないんだ、とにかく泣き続けるんだよ。それで、〔私を〕つかんで泣いていたら、村の人がやって来た、来てみんなが〔私の手を〕つかんでどうやって戻ってきたんだって〔咳〕、アボジのことを聞いたら、お前がいなくなった後、アボジはショックのあまり亡くなった、っていう。〔すすり泣きながら〕だから私は地面を叩きながら泣いたんだよ。

そうそう、姪の父親〔現在同居している姪の父、すなわち自分の弟のこと〕がいたんだけど、アボジがいなくなって畑仕事もできないので、働きに出ていた。家でオモニとだいたい三年いましたよ。そんで、金持ちの小作地管理人をしていた人が、管理人が私に結婚の仲介をしてくれたんだ。

＊　＊　＊

そりゃ、苦労するわ。ハァ〔ため息〕……お腹の手術をして子どもも産めず、なんてったってそれが問題だったんだよ。韓国に戻っても落ちぶれてしまった、もう。人の家に行っても子どもを産まなきゃ、冷たく扱われるだけ。あっ、私はこの朝鮮に来てから再婚を〔後妻に入ったことを再婚と表現している〕、私は財産のある家に行ったんだよ、でも子どもを産めないから妾《めかけ》を迎えたんだ。

お腹の手術をしたせいでやってられない、苦労したよ。あの時のお金で一万石家〔一万石の米を産するほどの大富豪〕に嫁に行った。一万ウォン稼ぐ人が、私がソウルに、あの満洲に行って何をしていたのか知らないわけだね、私が話さないからね、その時、私はよかったよ、体格が、仲介を、その家の管理人が私を仲介した。あぁ、一緒に一〇年、二〇年、三〇年経ったって産まれるわけがない、これはね、子どもがいないんだからね。

お腹の手術をしても、子宮だけは残しておいて赤ん坊だけ出しておけば、私は子どもを産んで生きていけたのに。それなのに子宮まですっかり取り出したなんて、私は知らなかったから子どもを産もうと、またいろいろ試してみたさ、お寺にも行ったし、産神様にもお参りしたし、いろいろやってみた、クッ〔シャーマンがおこなう祭祀〕もやったよ、金持ちの家だからね。

医者が、医者がすごく腕がいいんだって。なんだ、医者だか医院だか、診察をしてみろと〔旦那が〕言うんだ、〔連絡を取ったところ、医者が〕うちの旦那にいついつ迎えに来るようにって言ったみたい。やって来て、朝起きたら起き上がらないでそのままいてと、横になっていろと〔言ったんだって〕。

だから横になっていたら、来たよ、来たというので客間に通して。旦那が入ってきて私のところに来てそのままじっとしていなさい。医者が来たので静かに横になっていろと言われて、胸がドキドキドキするんだ。それで静かに横になっていたら、入ってきたのです。

入ってきて、「奥さん、じっとしていて下さい」と言う。起きようとすると、「じっとしていて下さい」と言う。じっと横になっていると、こうやって横になっていると、脈を取るんですよ。こっちの足も（右足を指しながら）、ここの脈を取って、そうして、ほんとうに残念だって言うんだ。赤ん坊の胎膜はいいのに産めないって。

「手術されましたね」

「はい」

「いつされましたか」

これは言わなくちゃならなくなったけど、とても言えない。

「〔一〕八になってからです。一八か一九になってからです」

だからチッチッ（舌打ちしながら）息子二～三人は産めそうなのに、息子が。胎膜はいいのに子宮が丈夫じゃないので、産めないって。それで、その時からそのことを聞いて、旦那もがっかり、私もがっかり。その時からお寺に行って、毎日供養して、産神様にお参りして、毎日そうしました。

＊　＊　＊

しょうがないから、また妾を入れたよ。人の家に入って子どもを産めなかったら、それも罪が大きいからね。だめだと思ったから、入れてやったんだ。入れてやったんだけど、あの俗離《ソンニ》の女、報恩[*2]だよ。私が、そのぉ、住んでいた家に。私がお寺に通っていたから、住職が話をしてやって来たんだけど、見場が悪いんだよ。

その明くる年の正月に息子を産んだ。産んだからって何だ、息子を産んだけど、その子、一年後に死んだよ。一年後に。正月に産んだのが正月に死ぬなんて。その家にそのままいて、女の子を一人産んだ。今ソウルで元気に暮らしています。その子は。

そうやって暮らしていたけど、私は出て、姪の家で。そこに行って、弟の嫁が産んだのが九人なんだよ。元気に育ってみんな勉強して。ソウルに行って女の子が七人、男の子は二人で、七、七人の子を産んだんだ、女の子を嫁が。そうだよ、家を出て、子どもの服を売って、服を売って、ありとあらゆる商売やってね。そうしてあっちの家に行って子どもの面倒を見て、こっちの家に行って子どもの世話をして、生きていた。

そうやって暮らしていたけど、じっくり考えてみると、これではいけない。そう、姪の家の隣に小さな雑貨屋があったんだけど、そこのご主人が、おばあさん、あの頃は「おばさん、工場みたいなところに行きたくない?」何の工場なの、製品工場だって、完成品から糸くずを取り除く。行くと答えて、月給はいくらなのかって聞くと、三〇万ウォンしかもらえないんだって、でも行ったよ。行って、服が〔うずたかく〕積まれたら、ただ糸くずがないか見て、糸くずがあれば全部切ってから畳んでおいて、だけど頭悪くなかったからそんなことは上手にできたねぇ。

でもまたある人が、そこは〔その人の〕妹の家なんだけど、男の人は文教部将校[*3]で、女の人はソウル大学の英語の先生、そんなところがあって月給を七〇万ウォンくれるって、倍くれるじゃないか。だから行くと。そうやって稼いだ金だよ。

そうして金を稼いでここ（大田）に来て、一部屋借りて住んでいた。それがその頃、調査を続けている人たちがいるじゃないか。姪がどこで聞いたのか。あの子も知らないことだ。「おばちゃん、あの時、日本の植民地時代に満洲に行ったって言ってたけど、どこで何してたの？　ハルモニが言ってたよ、お前のおばさん、一人だけ、満洲に行ったんだって」、何していたのかしつこく聞くんだ。それで恥ずかしいから何も言わないでおこうと思っていたら、あったままのこと話して届け出ると、すぐに生活できるものくれるんだって、そう言ってやんわりとそのかすんだからね、ふん。だけど三日後に、何も言わないでいたら三日後に（咳）、よーく考えてみると、「あれ本当だろうか、日本のせいで私が苦労した〔と思うと、悔しくて〕、震えるくらいだけど、だから政府がお金を出すんだろうか、日本が補償するんだろうか」。それで私は話したよ、姪に。私はそのために青瓦台《チョンワデ》まで行った。全部調査して、そうしたら何だか人がやたら訪ねてきた、それも書類をまとめるのに時間がかかるって〔言うんだ〕。

＊＊＊

満洲の話はどれも同じようなもんだよ。

私が一八歳だったか、一九歳だったか、あの時私は製糸工場に通っていた、清州のどこ、西の方だったか、北の方だったか、うん。

だいたい一年、だいたい六カ月通った、六カ月、六カ月通ったら、日本人と、朝鮮人は今考えると、通訳だったみたいだ、やって来て、ソウルのいい製糸工場に入れてやると、私に行こうって言うんだ。（手を振りながら）嫌だって、私、オムマのところに行って、オモニとアボジのところに行って、話してから行くって、俺たちが全部話しておいたので心配するなって言うんだよ。あの時の人たちのことを考えてみると、私たちが間違っていなかったのです、行かないと言っていたら、車がぶぅんとやって来たんだよ、（手で車が来る真似をしながら）車が、車が今あるような車じゃない、変な車なんだ、トラックみたいだけど、幌が架かっている車、黄色だったね、そこに乗れって言う、そうだよ、二人が、二人の男が、私を引きずり上げるものだからどうしようもない、それで乗ったんです。

そのう、ソウルに行く道を行くんだ。その時はまだ車に乗って、ソウルには何となく行ってはみたかったけど、これはオモニもアボジも知らないのに、どうやって行くんだろう。心の中で思いながら行ってみたら、ここがソウルだって言う、朝鮮人が、それで、私たちは降りないのか、降りないのかって言ったら、もう少し行くんだって言う。どこまでも行くんだ、どこまでもね。

ソウル市内でも、もう、江原道がどこなのかもわからない、とにかくどこまでも行くんだ、それでやっと、「うわ、大変だ」。アボジがオモニと話していたのを聞いたことがある、若い女の子を日本人が捕まえていくって、「アイゴー、私も捕まったみたいだ」。それからもう涙が出てきて、止まらなかった（しゃくり上げて）。それで、だけども朝鮮人がこうやって（一緒に）いるんだから、そこに行けば、いい所があると、心配するな、あぁ、それ（捕まえられていった話）をこうして話すと、頭に血が上る（涙を拭いて）。

心配するなって言う、だから、だけどそんなことできない、心配になるよ、何度も、涙が出て、それで行くと、その時は三月、四月頃だった、行く途中で何か買ってくれるって〔言うんですよ〕、でもそれを食べるなんてこと、できない……それで、それをそのまま持っていると、食べろとしつこいんだよ（すすり泣いて）、だから一口二口食べたけど吐き気がする。食べたくないし、だからだから食べないって言ったら、日本、朝鮮人が代わりに食べるんだからね。

それで行って、あの、あの、清州から水原《スウォン》、ソウルの手前で、女の子を一人乗せたよ、そこにまた知らない男が一人立っていた、だから私とで二人だね、二人だったのがまた行ってまた一人乗せて三人、女の子が三人、私たち三人が座って泣くんだ、その時は、一人はクワンジュが故郷で自分は水原が故郷で……などとおしゃべりしながら行って、行ったけどどこだか、満洲なのかどこなのかわからない……満洲、満洲なのかそこがどこなのか、今は奉天というところでその。だいーぶ入って（遠くを指して）。あの日本の軍人を乗せる車があるじゃない、それに乗せられて。〔軍人の部隊は〕山の麓に。私には分からない、広い大平原だ。

どこかに着いておとなしくそこに座っていると。誰だか将校が来て私に向かって可愛いと、私が一番可愛いって言うんだ。だから私が「可愛かったら家に帰してくれるのですか」と聞いたら、「可愛ければよけい帰さないさ」って言うんだ。その人の名前が**ヨシモト**だよ。

＊＊＊

あの子（姪）も私がこんなに苦労したことは知らない。私がどこかで元気で、どこかで、恥ずかしくて言葉にできない。どこかに行って元気でいて、戻ってきたと思ってるんだ、あの馬鹿が。

〔家によく遊びに来る友だちは〕知らない、知らない。嫁に行ったけど子どもを産めないで、妾を入れて戻ってきたとばかり思ってるんだよ。こんな話は全然しなかった、恥ずかしくて。

私は馬鹿だよ、生き残ったんだから、早く逝かなかきゃならないのに。〔私みたいな〕人間がお天道様を仰いで生きているなんて、面目ない。お腹さえ、子どもさえおろさなかったら、子宮はそのままにしておいて、子どもだけ出しておけば、子どもを産めたのに、それを考えると。

兵卒たちに踏みにじられたことを思い出すよ。あの寒いのにこんなに〔山の形をして〕持ってきて、まだ子どもに向かって洗濯しろと言うんだから。クソッタレが。

〔手が〕あかぎれになって、凍えて裂けたんだ。本当にあいつらはどう見てもごろつき、浮浪者、そんな連中だよ。軍人も。軍人たちも洗濯しようと、お湯を沸かしてもみ洗いすると、連中、こうやってバサバサと洗濯するんだ。洗濯したから絞って干しとけって、それから行ってしまう。そんであの悪い連中、まったくならず者みたいだ。〔立ち上がって洗濯機がある台所の方に行きながら〕アイゴー、あれ、洗濯物、全部洗い終わったね。

＊　＊　＊

今もそうだけど、誰が見ても〔運が〕ほんとーにいいってさ。死ぬような目に遭っても助けてくれる人がいたので、生きて戻ってきたって。私はそうなんだって。

私はみんなが持ってきてくれる物しか持ってない、持ってきてくれる物。食べる物がたったこれだけでも、ここに来て私一人で食べきれないんだよ。

ここにうどん、なんだ、冷蔵庫にコンククス〔うどんを豆乳に入れて塩で味付けしたもの〕がある、たくさん。とても食べられないよ。そういう巡り合わせなんだよ。

ここも〔引き出しを開けて〕ぎっしり詰まっているんだ。ラーメンとか何か、ここにたくさん。〔左側の洋服ダンスを指して〕あの中にもある、チャプチェも、食べ切れないよ。だから貧しい人にも私が一つずつあげるんだ。私は食べられないから。〔引き出しを開けて〕チャプチェ二袋ほどあげるから持って行くかい？　ここ見てごらん、こんなにたくさんある。さぁ、一つずつ持っていきなさい、ここにもたくさんあるからね。ささ、鞄に入れて持っていきなさい。ここに突っ込んでおいたところで何にもならない。私は食べ切れない。

［人が］たくさん来るよ。日曜日にはうどんを茹でてやり、うどんがなかったらラーメンを茹でてあげてるよ。ポリパプ〔麦飯のことだが、普通、その麦飯に野菜をのせて混ぜて食べるものを言う〕も作るし、日曜日には。たまに、時々だけど、あぁ、すごくたくさん食べるんだ。〔訪ねてきた人たちが〕おいしいってたくさん食べるんだ。

すごく若かったとき、私、金持ちの家に住んでいたとき、そっと米をよそって貧しい人に持っていったんだ。旦那に内緒で。だからそれ、今ぜんぶ〔返して〕もらって食べてるわけよ、若かったときにいいことをした、お金もあれば貸してやって。その人たちがお金を返してくれたら、今からでも、私が死んだら前がこんなになると思うよ〔膝の前に積まれるまねをし〕、お金をもらったら。死んだら全部もらえるって。いやいや、そんなことする必要ないよ。〔笑って〕私は死ぬときだけはきれいに死ねたらいい。死ぬときれいに死ぬこと、絶対私の体は悪い病気に罹らないってよ。

私が実は去年八四歳になって、必ず夜に死ぬと言ったじゃないか、夕食をおいしく食べて夜中に。私は何か、体に何か異常がある病気には絶対にならないって、幸せに死ねる運に恵まれて。夜においしく食べて八四になったら逝くと言ったんだよ。それなのに、私の運命なのか、死ななかった。私が観音菩薩様と地蔵菩薩様をここに（部屋の隅を指して）お祀りしたんだ。仏画、仏画。私がお寺に行けないから。そうそう、明日は七月三日だろう。鶏肉でも差し上げようか、そうするとも。千手経でも読んで燃やせって言うじゃない？　私死ぬ前に。そうしようと思う。山に行けないから。この子（姪）にお金をたくさんあげて、行ってお祈りをして燃やしてくれと言おうと思って。成り行きに任せよう（と思うんだ）。私はすごく（体調が）悪いので、七月か八月に死んだら、うん、どうしよう。そうだよ、そうやってこうして燃やしたんだよ。燃やしたのにまた七～八月になっても死ななかったら、これはどうしようかね（笑って）。

原注

1　これについて人に話したことはなく、そもそも古い記憶を辿るわけなので、金ボクトンが何年に故郷に戻ったのかについては、正確ではない。姪の補助的な証言と本人の証言をもとにすれば、二四歳前後であり、一九三〇年代後半頃と推定される

訳注

＊1　帳場。ここでは物品販売と経理を受け持つ所と考えられる

＊2　俗離は俗離山のこと。忠清北道南部にある連峰で、報恩郡に位置する。ここに法住寺《ポプチュサ》という名刹がある

＊3　大学の修士課程を修了した者、または同等以上の学力があると認められた者に与えられた地位

私たちが見て聴いて理解した金ボクトン

金《キム》秀《ス》娥《ア》

金ボクトンは現在(二〇〇〇年当時)、大田で台所付きの部屋を借りて住んでいる。そこは他に二～三所帯が住んでおり、彼女の姪夫婦も一部屋を借りて住んでいる。もともと彼女は一人でいたのだが、一九九八年に健康が悪化したので、姪が面倒を見るために同じ家に住むようになった。

彼女を知る町内の人たちは、彼女が活発だと言う。私たちが訪ねていくたびに彼女は、町内の友人たちと縁台で花札をしていた。毎日毎日友人たちがやってきて、一緒に遊ぶのだと、楽しく暮らしていると言う。一緒に住む姪夫婦の食事も自ら準備するほどかくしゃくとしており、料理することが大好きで、そうして訪ねてくる友人たちを、酒や肉などの食事でもてなし、楽しく生き生きと過ごしていると言う。それなのに私たちを迎えると、いつも寂しいと言う。

二つの表情

彼女の姿を写真に収めているとき、彼女には二つの表情があることに気がついた。大きく笑っている表情と少しぶすっとして口を閉じている表情。写真を撮るときに「ハルモニ、笑って下さい」

と言うと、明るく笑うが、写真を撮り終わるとすぐに気難しい表情に戻っていく。また好きなことや言いたいことについては熱心に話すのに、満洲の話のような嫌な思い出については言及を避ける。だから彼女との対話は楽しいのだが、一方で自分が話したいこと以外の問題について質問すると、きちんと答えてくれないので、私たちは粘り強く尋ねなければならなくなる。すると彼女も涙を流し始め、聴き取りをする者も切ない気持になるということがたびたびあった。それに、まだ自分の過去について明らかにしていない彼女が、常に友人たちが出入りするなかで、私たちに自分の話を気兼ねなく語ってくれるなど期待できなかった。

証言を聴いている間、私は確認することのできない「事実」にこだわっている自分を発見した。金ボクトンはいつ満洲から出てきたのか。彼女は本当に満洲にいたのか。ヨシモトは彼女に何をしてあげたのか。彼女が三人の軍人としか関係しなかったというのは、どういうことを意味するのか。それは事実なのか。初めて証言を聴きに行ったとき、金ボクトンは、ヨシモトという人を通して自分の体験を話したのだが、それは悲しくつらい記憶ではなく、まるで朧気な思い出を手繰りよせるかのような表情をして、一つ一つ話し続けたのだった。だから私たちは、彼女がその将校と生活を共にしていたのだと考えていた。時には彼女自ら「慰安所」にいたことすら否認したこともあり、私たちは混乱を深めた。しかしながら彼女の証言のところどころに、それにもかかわらず、それとは相反するほかの状況が隠されていた。だとすると彼女は、ヨシモトについてどうしてそのように記憶しているのだろうか。

証言の聴き取りをしたあと、半年近く編集作業をしながら、私は、客観的な事実には相対的に関心を持たないようになっている私自身に気がついた。私は一九歳の彼女を知ろうとして証言の聴き取りをしていたのに、その間に金ボクトンが見せたものは、八五歳まで「生きてきた」彼女の姿だった。それなのに私の時計は、彼女が生きてきた旅程のなかのある部分、「慰安所」での時期にだけ留まっていたのではなかったか。私はどうして、そのある部分に対してのみそんなに執着してきたのか。どうして私は彼女の話を疑うのか。私が「知っていること」によれば、彼女が正確ではないから。そうだとすると、私はなぜ「以後の生」の不正確さについては質問しなかったのか。私はなぜ彼女と会ったのだろうか。

だからもう一度彼女に「会わなければ」ならなかった。編集するために再び書き起こしと向き合いながら、彼女の抑揚と表情を再度発見することになり、年度が正確ではない、それで「事実の歪曲」だとしてしりぞけることもできる彼女の記憶を、そのまま理解して受け入れることにした。私の頭の中で年度別に整理されている「事実」は、もはや重要でないこともありうると、思い始めたのだ。

以前私たちは、彼女に「正確な年度」に関して執拗に質問し続けた。すると彼女は、「年度」と「事実」について混乱し、短く答えるだけだった。たぶんそれは、彼女がそれまでその話を誰にも、自分にすら、整理して話したことがなかったからだと思われる。彼女は今まで、自分の経験を思い出したり反芻したりしながら、生きてきたのではなかったようだ。自ら容認できることに限って、他人に話してきたのだろう。だからそのような、彼女が容認できる記憶から逸脱する状況に関して質問されるのは、彼女にはひどく苦しかったに違いない。

「息子を産んで生きる人生」という願い

今の彼女の願いは、四十九日を執り行い葬式が終わった後、輪廻転生し息子を産んで生きることだ。四十九日は法住寺で執り行わなければならないと熱心に頼み込むので、姫が俗離山の法住寺に行って信徒証を作っておいたくらいだから、彼女は来世に対して大変執着しているようだ。かといって、彼女は死にたいと思っているのではない。彼女が望んでいるのは、「息子を産んで生きる人生」なのだ。子宮を「取り出した」ことが、満洲でつらい思いをしたことのすべてだと言う彼女、そしてその経験が彼女の人生を決定づけたのであるから、彼女の望みについて充分理解できるのだけれど、さまざまな思いを巡らさざるを得ない。来世への希望が現世の彼女を支えているということ、単なる「子ども」ではない「息子」への執着、姫がいても町内の人たちが遊びに来ても、孤独な彼女の心、ヨシモトの子だったと「信じて」いる最初の妊娠に対する記憶と、ヨシモトに対する彼女の追憶、そのような思いが私に一度に押し寄せ、何か言い表せないやるせなさが心のなかに広がっていく。それでも「息子」を持ちたいという思いは、彼女にとって後生に対する「願望」へと続いている。私たちからつらい質問をされている間ずっとぶすっとしていた彼女は、「死ねばいいんだよ。私は死ぬときはきれいに死にたい」と言いながら、にっこり笑った。

（訳・中野宣子）

• 証言を聴き録音内容を文字に起こす作業は、徐ミョンソン（ソウル大学校女性学協同課程修士課程修了・当時）とともに行った。

第9章

安《アン》法《ボプ》順《スン》

1925年4月12日　京畿道楊平郡《キョンギドヤンピョン》雪岳面《ソランミョン》生まれ(現在は加平《カピョン》郡雪岳面)六女一男の三女
1940年頃(16歳頃)　妹弟たちが死亡
1941年*(17歳)　父，死亡．ソウルから「慰安婦」として連れて行かれる．シンガポールで「慰安婦」生活
1945年(21歳)　解放後，シンガポール捕虜収容所に収容される
1946年(22歳)　帰国後，故郷である金谷《クムゴク》へ行き，すぐに上京
1948年(24歳)　姜《カン》氏と結婚
1949年(25歳)　夫が家を出て行方不明
1950年(26歳)　驪州《ヨジュ》，利川《イチョン》等で避難生活．食料品を売って生計維持
1951年(27歳)　姉2人が死亡
1969年(45歳)　母，死亡
1991年(67歳)　夫の死亡申告をする
1995年(71歳)　日本軍「慰安婦」被害者として韓国政府に登録
2000年(76歳)　ソウル新内洞《シンネドン》で一人暮らし
2003年9月12日(79歳)　死去

＊1942年と思われる〔訳注〕

昔の話をしろって、懐かしくもないのに昔話だなんて。

最近はなぜだか頭が痛いんだ。血圧が上がったんだって〜。頭もずきずきするし。朝、教会に行ってきたけど、頭も熱かったんだ。だから今すぐ死んで、生まれ変わって、勉強も少しして、教会に行くにしても勉強してなきゃ。賛美歌も読んで。賛美歌があんなに心を打つじゃないか。だから賛美歌が流れたら私はわっと泣き出すんだ。

神様、早く私を天国に連れて行って下さい。生まれ変わってさ、賛美歌も歌いたいし、聖書も読みたいんだ、私は。

身体が痛みさえしなかったら生きていけるんだけど痛むから、最近もここが、痛むんだけど、こ〔の病院〕がいいって聞いたら行ってみて、あっちがいいと聞いたら〔そこにも〕行って、ある薬が良いと聞いたらそれも飲んでみて。あと、漢方薬みたいなもので一番安いのが、えーっと、一五万ウォンとか一七万ウォンとかするよ。この前はある人が玉壺温泉に行くっていうから〔一緒に〕行ったんだけど、この足が痛むのに、何かすぐに（漢方薬にして）煎じてくれるって。カタツムリと、なに、ほらマガモとか、ボラと、こうやって、そうだ、カムルチも。そうやって煎じてくれるって、三三万ウォンか、三三万ウォンか払って。それで、それを漢方薬にして食べて。

あと、紅花の種だっけな？　それがまた足には良いって言うんだよ。紅花の種は花の種なんだって。それを京東《キョンドン》市場で買ってきたんだけど、油を搾って、こうやっておちょこで一杯ずつ飲めというんだよ。あぁ～、油を搾ったのは、また、下手をすれば下痢になるんだって。

足がこんなんだったら、足だけはもうちょっと丈夫になるか、それか糖尿はないとか。それか心臓がもう少し頑丈だとか。まぁー、どこか、どこか一つでも健康なところがあったら人生も楽しいだろうよ。なのに、まったく。だから、これは。あぁ～～。だから第一に、体が健康なのが一番だよ。そうこうしてもう死ぬのを待つだけだよ、まったく、ははは〔笑い声〕。

〈長生きされますよ〉

あぁ～、そんなこと言わないでくださいよ。長く生きるとしてもそんなことは言わないでおくれ。すごく、私は一番、私は怖いんだ、それが。だって、死ぬのにどれくらい患えば死ねるんだい、どれくらい？　だから一番、患うのがもっと嫌なんだ。でも私の家〔系〕は長生きの家系ではないのに、私がまぁ〔早くに死んだ家族の〕命を引き継いだからこうなのよ。その命を。私の姉さんたちは安らかに死んでいったし。

＊＊＊

私のオモニは娘を六〔人〕産んだんだけど、七番目は息子〔を産むために〕三カ月、一〇〇日祈禱して産んだんだ。その子が四歳になったときに、先にはしかにかかったんだ、〔その子の〕姉さんよりも。そしたら八歳の妹にもうつって。そしたら一人が朝方に死んで、もう一人は夕方に死んで。二人とも死んだんだ。一日〔のうちに〕。うん、だけど、もうそうやって死んだら、同じ門から出さないんだってさ。えーっと、家の垣根を壊して一人は送り出して、もう一人はまた、えーっと、門からその遺体を送り出さなきゃならないんだって。アボジはもう子どもを作る気もなくして、オモニもそうなって、まぁね、もうこうなったから。家の中はぐちゃぐちゃになったんだよ、そのまま。だけど、またなんか、末っ子の娘を一人産んだんだ。だけど、その子がまた〔オモニから〕離れたらひどく泣くんだよ。家中がうまくいかない兆しなのか、そうやって泣き出すんだ。ちょっとでも下ろしておくとすぐ泣くんだ。だからオモニがずっとおぶってたんだよ。お尻が腐っちゃうよ、腐っちゃう。とにかく私は、今もその妹のことを思い出せもしないよ。一番上の姉さんは、だから、三五歳で、六月に亡くなって、二番目の姉さんは三一歳の正月に亡くなったし。一年に二人ずつ。だから兄弟は一人もいないんだ、私には。その末の妹はまた天然痘、それにかかってまた死んだし。だからもうそうやって、家族がそうなったから、父ももう五四で亡くなったんだ。オモニが、アボジと一〇歳違いだから四二で独りになったんだよ。なのに、オモニも心の病気になってしまったんだよ。子どもをいっぱい失くして、ただ何かと血を吐いて、喉からそのまま血がこうやって上がってきて、それで蓮根を買って食べさせたりしてたんだ。その怒り、それがこみ上げてきたらすぐに死んでしまって。それでも、七〇くらいまで生きてから亡くなったよ。

家の中が崩壊する手前、人がそんなふうに死ぬんだよ、人が。その命をつないで、私がこんなにも長く生きてるじゃないか、まったく。そんないろんな人の命をつないで。

＊　＊　＊

家族がこうやって崩壊したから、私の家が崩壊したから、私は何もわからないままソウルに来たんだ。アボジも亡くなって、一七歳になってソウルに来て、女中でもしようと思ってやってきて、買出しに行ったんだけど、それでそのまま〔捕まって〕行ったんだよ〔路上で拉致されたと思われる〕。鐘路《チョンノ》四街で。捕まってそこでもう、一晩か二晩か過ごして。そこから直接釜山《プサン》に連れて行かれて、釜山で一晩泊まって、船に乗ってシンガポールに行ったんだ。

私たちがシンガポールに着いた時はいっちばん、とても危険な時だったんだ。〔敵地に〕攻めていきながら私たちも連れて行ったんだから。軍需品を積んだ船に。這い上がらなきゃならないんだ。そのままこうやって船に。それが貨物船だから這い上がっていくんだ、屋根裏みたいになっていて。だからもう、そこでさ、ひどく船酔いして、何も食べられずに行ったんだよ、まったく。

そのまま何も言わずに連れて行ったんだから、うん、そんな人たちがさ〔行って何をするのかと〕きちんと話してくれるわけがないでしょう？　だから放心してしまったんだよ。もう呆然と。〔一緒に連れてこられた女の子たち同士〕話すこともできない、何も話せないし、完全に罪人なんだよ、罪人。あそこ〔船の中〕は、ここで言ったら刑務所のような場所なんだよ。

悪いこともしてないし。何の話もできないし。ただそうやって捕まって、あの時に〔シンガポールに〕行くときに船に軍需品を積んで、軍人たちもいっぱい乗って、あと朝鮮人の軍人もいたよ。そのまま、無事にシンガポールにたどり着いたんだよ。

＊＊＊

私は働かせるために連れて行かれたと思っていたんだ。まぁ、あのー、軍人の洗濯とか、飯炊きとかをしたり。そう思っていたんだ、誰があんなことをさせられると思うのかい？　あんなこと？　ここ〔朝鮮〕でも女中の仕事をしたから、うん、そうだと思っていたのさ。なのに、行って、あんな、軍人たちに、あんな、あんなことをさせられるとは思いもしないじゃないか？

とにかく、船から降りたら軍人の車が来たんだ、トラックが。それで私たちをその軍人のトラックに乗せて、草むらで下ろすんだ。それで、軍人たちがいるんだけど、釜で沸かして、牛乳を沸かして、パンをくれて、それで、そこから**シオコクラブ**〔将校クラブのことと思われる〕へ私たち三人を行かせたんだ。それで、他の人たちは第一線の地域、そっちにみんな連れてかれたのさ。フィリピンとかそんなところに行って。他の女の子はみんな連れて行って。私とナツコという女の子と、ケイコという女の子と、三人の女の子だけそこに、**シオコクラブ**に置いて行ったんだよ。こうやって一番若い子たちを。ケイコが私より一歳年上で、そのナツコという女の子も私より一歳年上だった。私はその時一七〔歳〕で、あの人たちは一八歳だった。

＊　＊　＊

ここがシンガポール市内だよ〔図〕。市内はこうやって、鐘路通りみたいに広い路なんだ、ここが。大通りなんだよ。ここに**シオコクラブ**があったんだよ。**シオコ**〔将校のことと思われる〕ってのは、日本の偉い人たちのことみたい。その名前をとってクラブの名前をつけたみたい。**シオコクラブ**、そこでは必ず偉い人だけの相手をしたんだ。

もうちょっと行ったら**ダイトワゲキジョウ**〔大東亜劇場のことと思われる〕なんだ、ここが。何だっけな、歌手みたいに歌ったりするところがあるでしょ？　えーっと、十何階建てだとか言ったよ、とにかくそこに上がって、えーっと、日本人が〔戦闘で〕勝った時にまず上がっていって旗をさしたって言っていたよ。有名な建物だよ。三階建てとか、五階建てとかのアパートのようなものはなかったよ。それで、こうやって、また数メートルいったら**ショウナンホテル**〔昭南ホテルのことと思われる〕があった。それも有名なところだよ。偉い人たちが来た時にそこで少し、一日か二日か過ごしてから前線に向かうっていうホテルなんだよ、そこは。

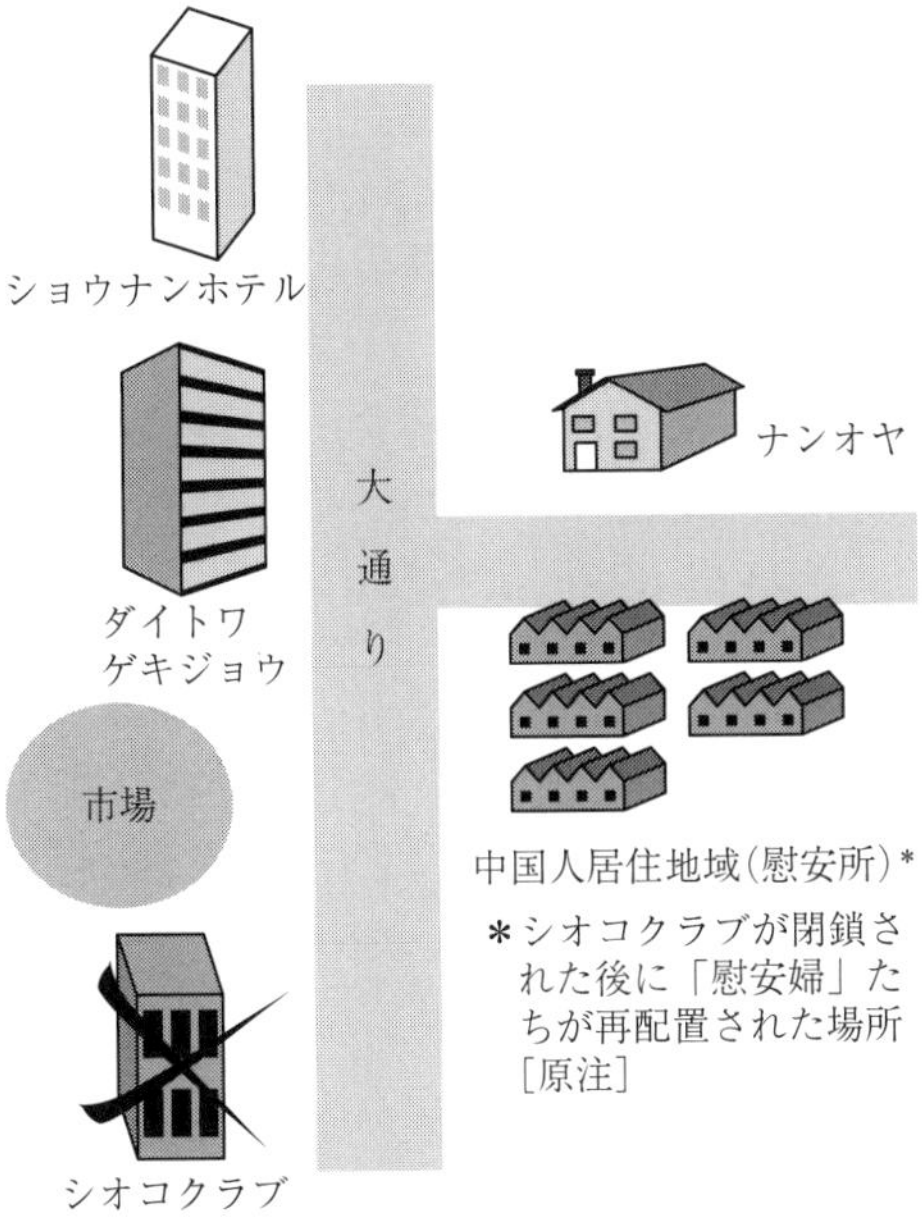

図　慰安所があったシンガポール市内の空間配置図

＊＊＊

爆撃もひどくて、そうしたら〔慰安所の〕主人がどうやってニュースを聞いたのか知らないけど、パッと消えてしまったんだよ。もう、みんな、みんな〔慰安婦たちを〕集めておいて、そこに。[1] **ショウナンホテル**からこっちの右側にいったところに集めておいたんだ。それで、〔私が〕二〇歳になった時にそっちに集められたと思う。市内の道よりは少し狭かったよ。

左側には日本の店が一軒あったんだ。あー、ちょっと待って。**ナンオヤ**〔南洋屋のことと思われる〕だったっけな？　日本の軍人たちが行って、酒も売って、体もそうして。日本の店はそれ一つだけだったのさ。

そこも変わらないよ。捕まえられてきたのか、自分が望んで来たのか、それはわからないけど、やることは同じだよ、男をとるのは。その店は酒も売ってそうしたんだって、えーっと日本の妓生〔芸者のことと思われる〕と言っていた。

ああー。私たちは、そのままこうやって三食くれたらこうやって飯を食って自分の部屋に居て、客が来たらまたあれをして、そんなんだよ。あまり考えるのもやめたんだ。

普通の家じゃなくて、中国の家があるじゃないか、二階建ての。だから中国人たちが住んでいた家だよ、そこは。戦争で勝ったから、奪って。その時は、まぁ、ちゃんとした家がなかったのさ。そこは低い人〔低い階級の軍人〕たちが来るところだったよ。どんな人でも来たんだ。なーに、それぞれの部屋に入っていくから、それをまぁ、いちいち全部わかるわけないじゃないか？　男たちがただ並んでいて、日曜日のような日はご飯も食べられなかったよ。

＊　＊　＊

私は、だけど、あまりにも昔から体をよく壊していたから、あんまり、それでも他の人よりは苦痛は少なかったと思うよ。しょっちゅう入院して、血を抜いて、また検査もして。

その人たちがこんなにも体が悪いんだったら、軍医官が入院させないといけないって言ったらそこで、間にいる人がいるでしょ、私たちを管理する人。その人が〔私を〕入院させて、そしてまた〔軍医官が〕退院させろと言ったら、退院してまた〔慰安所に〕戻るんだよ。私たちも軍人ということになってるから、病院に、陸軍病院に行ったんだよ。

えー、えーっと一週間の間に検査して、ぜーんぶ、きれいになったらもう〔注射を〕打たなくてもよかったよ。そうでなかったら、また一から、一号からまた打つんだよ。それには号数があるんですよ。一、二、三から六まであるんだよ。だから六〇六号〔梅毒の治療薬として使われていたサルバルサンのこと〕だよ。それを打たれたら、すごく口の中に臭いが、きつい臭いが、臭いが喉から上がってくるんだよ。血管に打つ。でも血管にうまく入らなかったりするとこれが漏れたりすると腐るんですよ、腐る。それくらいきつい薬なんだ、これが。

もう、わっと何か出来物ができて、それでだ、ガラスの破片みたいなもので焼くんだけど、これはもう言葉では言い表せないよ。何かが、その、ただブツブツブツブツ出てくるんだけど、それを焼くんだけど、バチバチはぜるんだよ、アイゴー（ため息）。

（小さな声で）下から、なにか虫みたいなのが出てきたよ。しょっちゅう、脱脂綿でこうやって洗い流すんだ。

ああー、男たちは「コンドームを」使うよ。だけど、間違って使ったら破れてしまうようだったよ。だから病気がどこからうつされてしまったかわかるわけない。なーに、一人や二人じゃないんだから。（しばらく沈黙）

＊＊＊

（声が小さくなる）入院までしたと思うよ。それが破れたからね。〔性病にかかって〕膿が出てきたんだ。

あ、そうだ、ベッドでこうやって寝ていたんだけど、それはさ、当時はしろーいシーツに、服も白かったんだ。真っ白なんだ、まぁ、綺麗で、シーツも。そうだったんだけど、**インドジン**[2]という女がさ、髪を、とても真っ黒な髪をゆらゆらと三つ編みにして、チェビテンギ〔韓服を着る時につけるリボンのような髪飾り〕をつけて、黄色いチョゴリに赤いチマを、韓服を着ていて、姿形だけインド人の女なんだよ。えーっとね、ここ、ここに宝石を埋め込んでいて、鼻に。あっと思ったら、そのまま私にシーツを被せて、頭を押さえるんだ。お腹に乗って座って、う〜。

私はその頃、力持ちだったんだ[*1]、まぁね、そうだね、男みたいに。なのに手も出せずに目を覚ましたんだ、私が、声をあげながら。だからその病院の中に声が響いたのさ。聞いたらインド人の女がそこで死んだんだって、何日か前に、私のベッドで。だから私が弱かったら死んでいたんだよ。だから、そうやって、本当に私の命ってのは天に届いているみたいだよ。あ〜、それで私は「鬼神〔という存在〕はいるんだ」と思ったんだけど、今この教会に行けば、必ずしも鬼神がいるというわけじゃない。悪魔を払わなくてもいいんだよ。

私、また死にそうになったじゃないか。

そこ〔**シオコクラブ**が閉鎖された後にいた慰安所〕から、バンコクに慰問に行った時に、山の中に小さな小屋を建てておいて軍人たちをとったんだ〔移動慰安所のことと思われる〕。軍人たちが〔敵地に〕攻めていく時は女たちも連れて行くじゃない？　山の中にこうやって建てて。草でこうやって隠して、人一人入ってするところ。そこに軍人について行ったら、一週間くらいしてから〔戻ってくる〕。それで、おかしなことがあったんだよ。何って、何かが〔私を〕踏みつけたみたいに、体調が悪くなって、うーん、いや、本当におかしかったんだよ。鬼神っていうのがまたいたみたいだよ。死んだ人たちがみんなそうだったんだよ、そうみたいなんだ。鬼神が覆いかぶさってきて、私はもう死にそうになったよ。うん〜いや、もう、体が、もう、火だるまみたいになって痛むんだよ、私が、熱が出て。

それで朝鮮人の軍人が車、車を運転する人、トラックを運転する人が来たんだ、そこに。そう、私がもう、もう死にそうになっていたから〔笑いながら〕もう、あの子〔一緒に行った他の「慰安婦」〕の恋人が来て、このままじゃだめだって。もう、男たちもそうだってね。**ハンゴウ**〔飯盒〕に、軍人たちが**ハンゴウ**を持っているでしょ？　それでご飯を炊いて〔笑〕、またそれで、泥水だとか何かだとか言って、沸かしたとか、〔その泥水を〕味噌汁と言ったかな、なんで味噌汁を〔笑〕。だから食事を作ったのに捨てたんだよ、あーあ。その後にこの髪の毛を掴んでむしり取って、そこに入れて、何、ああしたりこうしたりして、唾を吐けって、三回。ああ、そうしたら、治ったんだよ、それが。

私の実家が崩壊してからは、オモニが鬼神と言ったらそうやってただ何でも、いろいろしてあげていたんだよ、私の家がこうなったじゃないか。だから私は鬼神がいない〔と思う〕。鬼神がいたとしたら、もっと〔状況を〕よくしてくれるのが鬼神でしょ、家族をそうやって、家族みんなを捕まえてしまって、どこに鬼神がいるって言うんだい。えーっと、朝鮮にいた頃、幼かった頃、その時一三歳になったときに鬼神バク〔霊魂を奉っておく容器のようなもの〕を叩き潰したんだ、私が。私も連れて行けって。私も生きていくのが嫌だから私も私も連れて行けって。なのに鬼神は〔私を〕連れて行かないんだよ、それでも、まだ。ただ頭は痛いし、瘭疽《ひょうそ》も出てきて、身体をすっかり壊してしまったんだ。

あ〜、だけどシンガポールに行って、本当に二回も体験したんだね、鬼神を。う〜ん。〔与えられた〕命が長いから生き延びてしまうんだね、アイゴー、私が。

＊　＊　＊

年度でいったら二年間だけど〔**シオコクラブ**が閉鎖して新しい慰安所に移動した後〕九二年も経たずに、解放を迎えたんだ。二一歳の時に解放されたと思うよ。

そこで、その家では子どもを産んだ女の子が三〜四人いたよ。子どもを産んだ女の子がそれくらいいたんだけど、さあね、下関だか、みんな行ったよ。どこに向かったんだか。だけど、後で話を聞いてみたら、なに、船に乗って向かったんだけど、死んだりどうかしたりしたって聞いたよ。あの人〔慰安所の責任者〕たちが旅行証〔渡航証明書〕を出したんだか、旅行証を出した。そう、その頃は旅行証が無かったら行けないから。それで私が全部壁や窓を壊して、飲めない酒も飲んで、私が、こいつ殴り殺してやるって、私が、そうして倒れて、ここに、今も傷跡がある、ここ〔頭頂の傷を指す〕、なのに脳震盪にもならなかったんだ。

まったく、私は朝鮮に戻らないとならないのに、朝鮮に戻れないから、そのままにしておいたから、そうするしかないじゃないか？　私は〜、それじゃあ。朝鮮に戻らないといけないじゃないか、私は。それで奴らは一斉にいなくなっていった、私が腹がたたないはずがないだろう、ねぇ。あー、結局、朝鮮に戻ってくる頃には、私一人だったんだよ。

＊＊＊

解放されてそのキャンプ〔シンガポールにあった捕虜収容所〕に、私たちみたいに遅れた人だけ、私たちを、急き立てて、米軍〔英国軍と思われる〕が歩かせて急き立てたんだ、捕虜だよ。そしたら、本当に元気もなくていたんだけど、そしたらあの大きな、今も米軍の六輪の車があるでしょ、こうやって今でいうと土をのせて運ぶ車みたいな車、それが全部米軍の車みたいだった。あの大きいの知ってるかい？　それが、なーに、バックしてきたんですよ、バックしてもこの太ももの方まで来ていたら足が二本とも折れてしまう事故だったんだよ、私の足が。

だけど、折れずにこうなったんだ。[3] それでもバックする時だったからよかったけど、バックしてなかったらこの足はダメになっていたよ、アイゴ。

木の葉を取ってそのまま食べて、とうもろこしとか、そんな粉を米軍たちが茹でてくれたんだ、どこからもらったものか、とにかく、数人ずつ行ってご飯として食べましたよ。

まさにこんな軍隊飯だったんだよ。釜もただ大きくて、とうもろこしの粉をもらったらそのまま、虫がいるかもしれないものを沸かして、そのまま、一年いてから〔捕虜収容所を〕出たんだ。

＊＊＊

船から降りて、ハンコを押してもらって。貨物車に乗って、汽車。それからソウル駅で降りて、その次の日に金谷《クムゴク》に行ったんだ。その時は姉が生きていたから。それですぐに姉の家に行って、オモニの家を訪ねたんだよ、鍾路《チョンノ》二街に、オモニが暮らしていましたよ。

私がいない間に〔再婚を〕したみたい。私が行くと年老いた二人〔母親と義父〕が暮らしていたんだ。だけど生活に苦労していたみたい。あ～あ。朝も夜も食べるものがなくて、家賃も払えないでいたんだよ。

だから、そうやって暮らしているから、私は一晩だけそこで過ごして、あっちの嘉會洞《カフェドン》に奉公に出たんですよ。

そこで一〇〇〇ウォンを月給から出して、茶屋町《タオクチョン》に玄関脇の小さな部屋を一つ、その頃は一カ月に三〇〇ウォンずつで、三カ月分を払って、これくらいの木〔薪〕が二〇ウォンでした、二〇ウォン。これくらい束ねてあって干し草みたいにね、その木を買って、米五合一升を買って。そうやって〔母親の家を〕準備してあげたんだ。

他人の家で女中をして暮らしていたけど、その後からは焼き芋売りをしたから（笑）。だけど若いのが焼き芋売りをするもんだから、ヒヤカシをする奴らがとても多いんだ、まったく、それもまた鍾路の辺りに行ってヒールを履いて、いや、そう、洋服を着てこうやって座り込んだから、まったくみっともない（笑）。

それも串に刺して一〇ウォンずつ、一串一〇ウォンで。そうやってオモニとアボジの面倒を見たんだ。

うちのオモニが、「私はあんたみたいな子〔家計を支えてくれる人〕が一人いるけど、あんたは結婚しなきゃならないだろう?」って言うんだ。「結婚なんて、しないよ」って。

私はわかりきってるから、嫁いでも子どもを産めないし、うん、それだとダメでしょう? それでも、私が若い頃は、若い男女が出会って結婚して暮らすことを望んでいたんだよ、私の身体はあんなにも何度も何度も汚されてしまったのに、嫁に行ける良心があると思うかい? そうだろ? なのに、オモニは知り合いに話をつけて結婚させたんだ、結婚したのはしたんだよ。

二〇、二〇、三、二五〔歳ぐらい〕で婚姻届を出したんだ、私が。二四で嫁いで。戸籍だけでも入れておかないとと思って。

なのに、男が消えたんだ。その間に子どももできなかったし、子どもを産めなかったからそうなのかも〔消えたのかも〕しれないけど、男が消えたんだ、どこかに行ってしまったのさ。そんなときに朝鮮戦争が起きて、その後はもう会えなかった。

＊　＊　＊

朝鮮戦争の時? 朝鮮戦争の時? いや、まったくバカだよ、バカ。だからそこで暮らしていた頃もバカだったからそうやって暮らしていたんだ。そしたら、〔笑いながら〕東部戦線が私の故郷じゃないか、そこが。そう、ここが江原道《カンウォンド》、ここが京畿道《キョンギド》で境界が接してる地域でしょ? なのに、何でそっちに行くんだい、なんで〔そこに〕避難しに行くんだい、南に行かなきゃならないのに。あー、だからシルクを一包み、東大門《トンデムン》に行って買って背負って、その頃はそうでもしないと食糧を手に入れられなかったから。とにかく私は元気はあったんだ、力持ちだったから。だけど、それを背負って、ぴたっとこうやって手ぬぐいをかぶって、杖をついて、（笑いながら）清涼里《チョンリャンリ》に向かって歩いて行くんだけど、軍人たちはしきりに後退して戻ってくるんだ。アメリカ人たちは車に乗って来るんだけど。韓国の軍人たちは歩いてくるんだ。みぞれが降ってるのに。あーなのに、そのまま行ったんだよ、私は。歩いていたら、何かがどっしりと、包みが重いんだ。えーっと、清平《チョンピョン》のスジョン橋のところに行ったらさ。あのー、アメリカ人が私を引っ張るんだ。[4]

その頃は何せ戦場でそうやって生きてきた人間だから、連れ込まれそうなのを防いでは、「お前、あとちょっとでもついて来てみろ、あのスジョン橋まで、胸ぐらを掴んで、足で蹴って、殺してしまうぞ」と言って〔私は〕そのまま進んだんだ。すると、あー、これが怖かったみたいだね。真っ暗だし、だけど、あー、一体誰があんなふうに男の力で掴まれているってのに〔強気でいられるのか〕、あんなに小柄だっていうのに。そしたら〔米軍が〕自ら去って行ったんだ。その頃から根性はあったから。

そんな大変な中でも〔私には〕いもしない家族を、もう〔隣の〕五人家族まで私が連れて行ったんだよ。誰もいなかったから。私が孤独で寂しいから。それからシルクの包みを持って行ったから、避難して安全な場所に行ってそのシルクを売って。みんなに食べさせてあげようと。それも切実に思うからできるんだ、嫌々やったんじゃないよ。

ああもう、飛行機は飛びまわって爆撃して、こうやってムドゥリに行って、楊平《ヤンピョン》を通って、青陽《チョンヤン》へ抜けていくんだ。そうしたら、飛行機は爆撃してそこら中に火を放って、そこら中で小豆がはぜるように、ただ〔バチバチと火花が散って〕、そう、私はこうやって飛行機の行く道を見上げて、クソッ、飛行機が一体なぜ戦場に行って戦争をしないで、こうやって避難民を追い回しているんだ、そう思うと、中共軍が一歩リードしていたんだ、私たちより。だから飛行機軍があんなに速いんだ。アイゴー、私たちは中共軍の（笑いながら）後ろについていったんだ。

だけど、中共軍ってのは、うーん、白いシーツみたいなのをかぶって歩くんだってさ。それでも一人も怪我をしないんだって。あの人たちは、あそこは教育を〔受けていて〕戦場で女たちにアレをしたらそのまま殺されるんだってさ。完全にそういう教育を受けるんだって。だから、なに、中国のやつらと一緒に眠った人だっているんだって、一つの部屋で。*3

＊＊＊

それでそこから驪州利川《ヨジュイチョン》に行ったら、住めないんだよ、また、あのー、アメリカ人のせいで。あの頃はもうアメリカ人たち［に］捕まえられたら死んだんだ。そういう奴が一人だけいるわけじゃないんだ。そのまま、えーっと、女たちが避難していて、あんなふうにされて死んだらそのまま山に捨てたりしたんだ。昔、私たちが経験したやり方さ、あの、あの、あのやり方だよ。

米軍がまたちょっかい出そうとするからさ。

奴らは、韓国人で八軍団〔米第八軍〕の印をつけた人たちで、軍属だったんだ。こうやって見ていて、何かあったら〔米軍を〕よこすんだ、その、女たちがいるところへ。そんな風に韓国人は悪いことをしたんだ。そういうようにして、後になって洋蝎甫《ヤンカルボ》や洋公主《ヤンコンジュ》＊4を作り出したのさ。

傍若無人だよ。婦人でも、若い女性でも、誰でも、うん、老人でも、構わないんだ。アイゴー、だから、そのトラックの中でも奴ら〔米軍〕が捕まえてしまって、みんなそうして、死んだら、そこに捨てていったんじゃないか。ただそこにいる人を、軍人たちがみんなそんな酷いことをしたんだ。

だから一緒に逃げていた家族が、わらの束を一つ抜いておいて、その中に私に入れといって押し込んで、毛布一枚をもらって、その頃はまだ若かったから、眠たくなるでしょ？　ああ、私は死にそうになって、ばりばりしていて、息もうまくできなかったのさ、だってわらの束を一つ抜き出したところに、毛布と人間とを入れたんだから、うーん、空気が通らなかったら死ぬようだった。「えい、私は死ぬんだ」って思った。ほじくって出てきたんだ。なのに、なぜだか死にそうだったのに、死ななかったんだ。どうにかしてわらをほじくって出てきたんだよ、私が。それで〔やっと〕息が出来たんだ。

＊　＊　＊

驪州利川に行ったんだけど、あの〔シンガポールで出会った〕お姉さんに会ったんだよ。私は顔に見覚えがあったんだ。そうやって、なに、愛想よく話したりして〔シンガポールで〕過ごしてきたわけではないけど。

大邱《テグ》で捕まえられてきたのさ、そのお姉さんも。

水を汲みに行ったんだけど、ああ、そのお姉さんも水を汲みに来てたんだ。避難している時に、なに、数日前に来たんだって。私をこうやって見ると、「あんた、誰々さんじゃない?」って、こう言うんだ。聞いてみると、〔彼女は〕本妻が亡くなった家に嫁いだみたいなんだ。誰かが仲人になって、息子だけが二人いる男やもめの家に嫁いだんだって。驪州利川では二番目にお金持ちの家で暮らしたよ、お姉さんは。だけど〔手を口に持って行って〕こうしていたよ。それで、こうやって私たち二人は胸の内を打ち明けたんだ、胸の内を。

えーっと、今はいい暮らしをしているから、こんな〔「慰安婦」被害者であるという〕届け出をしていないだろうよ。いくらニュースで聞いていても。必要ない人なんだから、なーに、食べて暮らしていけるなら、なんでそれを〔届け出〕するかい、それを、ねぇ、その程度のこと。

＊＊＊

まったく戦争には慣れた人じゃないか、私が、幼い頃から。だからドーン、ドーンと降ってくるんだ。爆撃が。そう、京畿道広州《キョンギドクァンジュ》。そしたら避難民もたくさん死んで、中国人もたくさん死んだんだ。その翌年の春になってみると、死体がゴロゴロ転がっていたんだから。

アイゴ~、私は死に際を数百回も経てきた人間だよ、本当に。なのに、その、死というものは思い通りにはならないみたいだ。

＊＊＊

オモニが死んだら私も死のうと思ったんだけど、それも思い通りにならないね。死っていうものはそうやって自分の思い通りには、それも忍耐強くないといけないんだろうね。

佛光洞《プルグワンドン》に住んでいた頃にも交通事故で、思いっきり、この、死んでしまったような人が生き延びたんだ、私が。この部屋で寝ていたらバスが突っ込んできたんだ。[5] 頑丈な男でも骨が何本か折れてしまうか、死んでしまうような事故だったんだよ。でもどこも、傷一つできなかった。そしたら、赤十字病院の院長先生が、〔私に〕いやぁ、心立てがとーっても優しいんだねって。

オモニが七〇〔歳〕で死んで、今電話してきた姪っ子、あの子たちの面倒を見て。他の人たちは、叔母と姪っ子には見えない〔実の親子のようだ〕って言うよ。あの人は心立てがいいって、「なんであの人はあんなにも私たちによくしてくれるんだろう」。他人もそう言う。

心立てが良いのではなくて、なんせ私は残っている恨《ハン》が多いから、私がなんせ恨みが多い人間だから。

（笑いながら）まともに嫁に行けなかったから、恨みが多いんだよ。だから他の人くらいは幸せに暮らしてもらいたいし、他の人の娘でも幸せに暮らしてもらいたい。だから姪っ子もそうだし、他の人もそう、私がそうなるよう一言でも言うんだよ。今日もお祈りする時に、「神様、新しい一〇〇〇年には健康で、お金も稼いで奉仕させてください」と言ったんだ。

（笑）ああ～、本当、他人にあげるのは好きなんだけど、一体なんだって、私は人のおかげで生き

てるんだから。（しばらく沈黙）

＊＊＊

この書類も、ラジオだったか、いつだったかテレビだったかで聞いたんだ、私が。〔慰安所に〕行ってきた人たちは、届け出ろって、こうやって。アイゴー、これまでこうやって生きてきたのに、養老院にでも行かないとと思って届け出なかったんだ、私は。だけど、姪っ子たちがしきりに、養老院に行ったら、会いたくても会いに行けないっていうんだ。どの面を下げて会いに行くのかって。死にもしないし、うん、こんなふうに養老院にも行けないし、働くのも大変じゃないか、だから。他の人も〔届け出〕しているから、私もしないとと、そう思って区庁に行って、そうして行って〔登録をしたんだ〕。

お年寄り、今、あそこの身寄りのないお年寄りたちは今、みんなもらえるじゃないか、アパートを。一人暮らしする人ももらえるんだ、今は。私たちは先着順にもらったけど、身寄りのないお年寄りは全員もらえるんだ。誰もいないっていう身寄りのないお年寄りは、今もニュースで取り上げられてるでしょ、しょっちゅう。本当に身寄りのない人たち。だからこんなアパートがもらえたんだ、だからこれがもらえたんだって、ただそう説明しているよ、〔「慰安婦」被害の届け出をしたことは〕姪っ子も知らない。

これは私の胸の内にだけしまっておくんだよ、もう。死ぬ時までこのまま。（笑いながら）いつ死ぬかはわからないけど、なーに、死ぬ日は近いだろう、生きる日が、なあに、まだまだ長いと思うかい？

ただあんまり患わないで〔逝けたら〕、あー、その、私は人が死ぬのには嫌気がさした人じゃないか。ただね、怖いんだ、怖いんだよ。また、死ぬことにも大変な思いをした人だし、生きるにもあんなに辛い思いをした人じゃないか。だから、ここらで他人にでも「あ～、あのおばあさんはとても心立てが優しかったから、本当に、亡くなるときも〔笑いながら〕きちんと亡くなったね」って。こんなことを言われたいね、そう、それが心配なんだよ。はははは、あ～。〔笑いながら〕これは本当にわからないし、生きるってのは本当にもどかしいね。

＊＊＊

私は、戸籍は今も〔名前が〕まったく同じだよ。安法順。

オモニが、安チャムボン宅〔近所にある他人の家〕といって、ずっと息子を産めなかったんだけど息子を産んだ家があったよ。〔そこのお宅の息子が生まれて〕一〇〇日の時にわかめスープを作ってあげて、こうやってペッソルギ〔朝鮮の白い蒸し餅のこと〕を作って行ったんだけど、オモニがそこで桑の葉をとったんだって。桑の葉をとって帰ってきて、わかめスープを飲もうとしたら、わっと生臭い臭いがしたんだって〔つわりになったことを説明していると思われる〕。そしたらすぐに気持が悪くなったんだ。吐いたりしたから、赤ん坊が、私が上がってきてしまったんだ。オモニは気管が詰まったんだ。だからいろんな薬を使ったんだけど、赤ん坊が下がっていかないんだ、私が下がらないんだ〔胎児の状況を指している〕。だからオモニが死んでしまうって、ずっとそういう状態だったから、なんでも、いいということはすべてやって、そうしたみたいだよ。

すると誰かがこう言ったんだって。あのー、水がだーっと流れ落ちる滝があるじゃないか。その水をまだ鶏の声や犬の声が聞こえない時分に行って、夜中に一升瓶、大きいの一升分、それと、一つをこうやって汲んで半分くらい沸かして、黒いの、黒ごま、ゴマみたいなやつ、それをきれいに砕いて、そこに混ぜて、水ちょうど、半分入れたところに混ぜて、一番〔背丈が〕高い甕にむしろをかぶせておいて、空腹の時に飲ませろと言ったんだって。

清平《チョンピョン》にヨンヤクコルという場所があります。竜が出てきたといわれる場所。そこに滝があるから、叔父が汲んでこうやってオモニに飲ませたんだけど、私が下がってこようとしたら、オモニが死んでしまうって、カンカンに怒ったんだって。それで私が下がってきたんだけど、オモニがガリガリにやせ細ったんだ、一カ月の間こうやって〔苦しんで〕産んだから、ご飯も食べられなかったし。そしたら、あんなんではどうやって無事に産めるかと、ハラボジの友人が、山参と鹿茸、本物のね、それを持ってきて煮詰めて嫁に食べさせなさいとくれたんだ。こうして産んだんだけど、私が黄色く染まったみたいだったんだって、この肌が。この肌がこうやってぱんぱんにふやけて生まれたんだってさ。だから私に全部来たんだよ。本当だよ、山参を食べたのは私だよ。

面〔村〕から〔役所の人が〕名前をつけるようにとやって来たんだ。すると、ハラボジが名前を何とつけたらいいですか、と言うから、役所の人は「村中を思いきり騒がせて生まれてきたから、騒がせて〔ハングルでボプソク〕生まれてきたから、ボプスンと名付けましょう」って。

この世に「法」〔ボプ〕なんていう〔字を用いた〕名前はないんだって、私の名前は。とにかくそれでも勉強でもちゃんとして、うーん、私がそうしていたならこの名前にそれでも使い道はあったけど、きちんと。使えずに、今に至るんだよ、こうやって。

最初に行った時に［捕まえて行った人が］アイコと名付けたんだよ。可愛いって、私を、そう、そう名付けたんだけど。

その名前が悪かったのか、なぜだか、とっても病気がちになったんだよ。

だから私が、名前がよくなかったみたいだって。もう患わないように、死ぬんだとしたらさっさと死んでしまうとか。あの頃は死ぬのは少し嫌だったんだ。なぜってオモニがいたから、そうさ、まぁ、オモニがいなかったら、死ぬなんて、ちっとも怖くないよ。身体もこうなったのに、なにを、生きることを、それが生きるということか？　そんなのが？

だけど、スム、スムル、ス、スミレ、そう名付けてほしかったんだ、私は（笑）。私が名付けたんだ、私が（笑）。そうして病気も治して。

＊＊＊

今も秋や春になったらただ、うん、痒くて、どうしてか皮が剝ける時もあるし、こうやって、今でも。

そう、塩水で少し洗って。腫れが全部取れたと言っても、まだ何か残ってるんだろうよ。何せひどい病気だったから、治しても、そうさ、そうこうしてもまたこうやって身体は痛むんだよ。だけど、ある時は春になったらもっと痛む、死にそうになるんだ。すっかり参ってしまって、今年の陰

暦の四月、五月頃はこうして、そう、春になったら。アイゴー、もっと痛むんだ、とても。(しばらく沈黙)

＊＊＊

オモニも知らずに亡くなったよ。私の胸の中にしまっていくんだ、私がすぐに、こんなに年をとったから、早く死んで、また生まれ変わるとかね。ああ、さっさと死ぬってことだけだよ、今思うことは。

そうだ、何せ私の心は強くて、なーに、そうだとしても、怖かったよ。えーっと、怖く、なかったと思うのかい、あれが? そうさ、(桃を取り出して)ああ、甘い。とてもおいしい。私はそう、人間がすることじゃない、人間が。いやー、昔、嫁に行って一人の男も怖いのに、この、その、あー、あー、今だったら二〇歳、三〇歳になってからあれをするのに、その時、一七〔歳〕だったら何も知らないじゃないか? それ、食べなさい。すごく甘いよ、これ。

原注

1 シオコクラブが閉鎖され、新しい慰安所に「慰安婦」を配置した状況を説明している

2 インド人を意味し、証言では肌の色が黒い人全体を指して使用している。ここでは病院に入院した当時、幽霊を見た経験について述べている

3 現在は右足の親指の方に骨が飛び出している

4 米軍がちょっかいを出そうとする状況を描写している

5　大きな交通事故が起こり、道路からバスが突っ込んできた状況を述べている

訳　注

＊1　原文では「重量挙げをしていたんだ」という表現が用いられているが、力が強いという意味であり、実際にバーベルを持ち上げたのではない
＊2　軍人も迷信を信じていたことを説明している
＊3　同じ部屋で眠っていても性暴力事件が起こらなかったという意味
＊4　米軍将兵の性の相手をした女性への蔑称

私たちが見て聴いて理解した安法順

李《イ》善《ソニョン》炯

私たちが安法順に会うのは、彼女が証言することであると同時に、三人の女性が集まって小さな宴会を開くことでもある。解放後に母親と緑豆チヂミの商売をしていた頃に得た腕前で、野菜チヂミ、キムチチヂミ、ジャガイモチヂミなどを作ってくれて、帰るときも必ず包んでくれる彼女は、まさに人情味あふれる私たちの「ハルモニ」の姿である。

安法順は現在(二〇〇〇年当時)、中浪区《チュンランク》新内洞《シンネドン》のこじんまりとしたきれいなアパートに一人で暮らしていて、早くに亡くなった姉たちの娘たちと連絡を取りながら生活を送っている。その姪っ子

たちが現在彼女に残されたほとんど唯一の家族である。三番目の姪っ子は私たちが行った時にも、何度か電話が来て、一度偶然会ったこともある。昨年の冬に私たちが訪れた時、姪っ子の誕生日だから清凉里で約束があると言っていた。それで証言を終えてから、私たちが清凉里まで一緒に行ったのだが、その時に姪っ子と少し会ったのである。もちろんその時、彼女は姪たちに私たちを紹介しなかったし、私たちもただ挨拶だけした。その後にも聞かなかったが、おそらく私たちを区庁から来た福祉課の職員とだけ言っておいたのだろう。そして、同じアパート団地にいる金ソナ(仮名)ハルモニとしょっちゅう行き来しながら過ごしている。そのハルモニもシンガポールへ「慰安婦」として連れて行かれた経験があるため、より一層親しくしているのかもしれない。二人はキムチを分けて食べたり、暑気払いには一緒にお酒を飲む間柄である。また彼女にとってとても重要な日課は教会に行くことである。教会へ行くことは人々に会って寂しさを紛らわすだけでなく、世の中とつながる通路でもある。時々近況報告の電話でもすると、欠かさずいつも私たちのためにお祈りをするという彼女、おそらくこの二年間私たちがこの仕事をできたのは、彼女のお祈りのおかげであろう。

生涯のほとんどを一人で生きなければならなかった彼女にとって、私たちは楽しみにして待つお客さんであり、「一緒に」ということを楽しめる若い友人たちである。のんびりとした日曜日の午後、子ども達の遊ぶ声が聞こえる彼女の小さなアパートの部屋いっぱいに香ばしい油の匂いを漂わせながら、三人ではしゃいだ時間は単に彼女だけでなく、実家を離れて暮らす私たちにとっても大きな幸せだった。そして、私たちが家を出るときには、いつもバスの停留場まで私たちを見送ってくれた。運動しがてらと言いながら。

「ああー、こうやって暮らしたらどれほどいいか。こうやっていると一つもつらくない。私たち三人でおいしいものを食べ歩いて、遊びまわったらいいね」。だが、彼女の楽しさというのは、単に一人暮らしの「寂しさ」を埋めるということだけではないだろう。

自分自身を再発見する

彼女は自分の過去と未来を一つにまとめる、すなわち記憶を再構成する過程を通じて、自分自身を発見していた。これは、今まで一度もすっきりと言えなかった話を打ち明けたところから来るカタルシスとは別の種類の楽しさである。もちろん、彼女はオモニにも言えなかった話を打ち明けるんだという言葉を何度も繰り返した。しかし、私たちが聞いたのは、その言えなかった話の内容だけではなかった。彼女は話しながら、自分自身がどれほど勇敢な人間だったのか、他人は彼女をいつも笑って生きているというが、実のところは心がどれほどもどかしいのか、今こうして暮らす私がなぜこうやってしか生きられなかったのかということを、繰り返し強調すること、そんな話をしながら彼女は自分自身を見つめ直していた。もちろん、依然として彼女には私たちに言えない話があるということも知っている。最初から記憶の中から消してしまっているのかもしれない。

一〇月に、法廷に提出する被害事実を調査するために元「慰安婦」のハルモニと一緒に車に乗って、仁川《インチョン》のサラン病院に行ったことがあった。ボソボソと話をしていると、そのハルモニが突然慰安所での悲惨な経験を打ち明け始めると、彼女は急に口を閉ざして車窓の外だけを眺めていた。

おそらく彼女が恥ずかしい記憶として封じ込めていた場面場面が他の人の口から飛び出してきたからであろう。彼女は私たちにさえ「あれ」の話はしたがらなかったのである。「いい話でもないのになぜ」何度も話すのかと。だからとりわけ彼女の言葉には「あれ」と呼ばれる代名詞が多かった。彼女が私たちに話して、私たちが聞いたことは、彼女が主体となって歴史を自ら作って解釈しながら付与した様々な意味の束であった。その過程で苦労した昔の話が筋立って話される。

自分の証言の中で、彼女は自分自身を幾度の「死に際」を生き延びた、運命的な女性として描いている。慰安所での経験が占めているシンガポールの記憶は、こうした構造の中に落ち着いている。彼女との面会が一年以上も続くなか、彼女の記憶はだんだんと、より一層詳細になり豊富になっていった。最初はシンガポールの慰安所で経験したことをありのまま、偽りなく話さなければならないという考えを強く持っているようだった。私たちが繰り返し質問したらいつも欠かさず「嘘をつく人がいるんだ、いいところでもないのに、行ってもないのに行ってきたと言ってるのかもしれない」という言葉を欠かさず、もう一度同じ言葉を繰り返したりした。

しかし、私たちが話の全般的な枠組みを知って、彼女も私たちを知り始めた頃から、私たちは互いの「誤解」を見直しながら話を理解していくようになった。つまり、私たち三人は、独白を聞いた人々ではなく、対話をする人々になっていったのである。

証言をする人、証言に参与する二人、この三人が一つの証言を作っていく過程は互いの記憶を振り返りながら、どのように「誤解」しているのかを通じて理解していく。一緒に話を聞いたにもかかわらず、私たちの記憶と理解には多くの違いがあったため、証言に参与する前に二人で前回の証言を「記憶する」過程は、とても重要で大切だった。この過程で私たちは彼女の「誤解」と私たちの「誤解」を縫い合わせていくことができた。

にもかかわらず、全般的に彼女の記憶が再現される過程で踏まえられていた基本枠は、いつも一定に維持されていた。その中で、自分自身の身体と関連する直接的な記憶、特に性に加えられた直接的な暴力に関する記憶は、その構造の中から抜けていた。そのため彼女が自身の性に関する記憶、被害について話したのは一度きりであった。それは偶然で、絶対に繰り返されることはなかった。

証言の記憶構造を支える「死」

全体的な証言の記憶構造を支えていたのは「死」である。しかし、彼女にとってこの「死」の意味は単純ではない。家族の死によって家が崩壊し、そのためにソウルに行き、他人の家で暮らしていたところシンガポールに連れて行かれたという経験から、「死」は彼女のその後の人生を決定的に変化させた原因である。しかし、家族の早い死によってその命を譲り受けたから彼女は困難な苦労に打ち勝つことができた。つまり、ここで彼女は家族の「死」を自分の「生」の隠れた力に変えたのである。

解放直後、慰安所にひとり残された彼女が、飲めない酒を飲んで慰安所を叩き壊した過程で頭をぶつけたが、命には何の支障もなく、先に帰った人々は船が壊れて結局みな死んだという話もやはり「死」を通じて記憶される。またシンガポールで見たという鬼神は、家を壊した鬼神と再会し、彼女はこの鬼神の話を通じて慰安所の話を伝える。

しかし、実際のところ彼女自身の死は、新たな希望として読める。文字を読めない彼女にとって賛美歌や聖書を読みたいという願い、子どもを産んで家族を作りたいという願いもやはり彼女が死んで生き返ることで可能になるのである。彼女の死はこのように「希望」とつながっているため、彼女は今幸せな死を望んでいるのかもしれない。そのため、彼女から暗い死の影のようなものは見つからない。他人に与えることがとりわけ好きで、いつも明るい表情をしている彼女にとってはむしろ生きる力がみなぎっている。

・証言を聴き録音内容を文字に起こす作業は、羅珍女《ナジンニョ》とともに行った。

（訳・李 玲 実）

付録Ⅰ　聴き取りの指針

聴き取り調査の態度

(1)　一般的な態度

聴き取りの包括性：聴き取り〔原文：面接〕には、質問して、聴き取って、記憶する作業がすべて含まれる。よって、何をどのように問い、聴き、記憶するかを前もって準備しなければならない。これは質問事項のレベルを超えた聴き手の価値観、態度にかかる部分が多く、つまるところ〔聴き手が〕日本軍「慰安婦」問題をどのように理解しているのかにかかっている。

証言者の位置：聴き取りでは、証言者が主導権を持たねばならない。あるいは持つようにする。そうするためには、証言者が安心して、あるいは熱心に自身の話をできるようにする雰囲気がなによりも重要だ。また、聴き手は証言者の証言を最大限に忠実に聴いて、その流れについていかねばならない。

聴き手は証言者に、本人の同意がない限り、本名で資料を公開しないことを約束する。そして、この聴き取りが日本軍性奴隷〔制度の責任者〕を処罰するための女性国際戦犯法廷と直結しているので、①日本の謝罪と賠償を受けて、②元日本軍「慰安婦」〔ハルモニ〕たちの恨《ハン》を解きほぐすためのものであり、③さらにはハルモニの証言がなければ記憶されず、過ぎ去っていく歴史的な真実を明らかにするためであることを伝えなければならない。

聴き手の位置：聴き取りに臨む前に、聴き手（原文：面接者）は次のような事項を準備する。

1　まず、この歴史的事件の全体像を十分に理解していなければならない。このために、「満洲事変」（一九三一年）から第二次世界大戦の終結にいたるまで、朝鮮および日本の近代史と軍「慰安婦」の強制連行の歴史を学習する。

2　一九九〇年代初頭以降の韓国社会におけるこの問題に対する言説的構造、大衆的な通念がどんなものなのかについて、理解しなければならない。

実際の聴き取りには次のような態度で臨む。

1　聴き取りのときは、必須質問（法廷準備のための部分、歴史の保管用）以外では、できるだけ介入を最小限にとどめ、証言者の流れについていくようにする。

2　よい証言を簡単に得ることができるという期待を持たないようにする。私たちの証言（聴き取り）作業は五十余年が過ぎた過去への旅行に旅立つことだ。さらに、まだ認識が成立する前である（ほとんどが）一〇代の時の経験について反芻しなければならない作業であり、それ以後にもその経験を表現する機会がハルモニたちにはあまりなかったという事実を心に刻む必要がある。

3　言葉がうまく出てこなかった場合、記憶を活性化させるような質問をする。つまり、新たなテーマを提起するよりは、ハルモニがすぐ前に話した内容のなかでよく語られなかった部分について、「それ（特定の指称でもよい）、何ですか？」「その時、もっと思い出せることがありませんか?」等々、話の脈略によって多様な内容に広がる質問を準備しておく。このために聴き手はハルモニたちの証言を非常に注意深く聴かねばならない。これもうまくいかなかった場合は、新たなテーマを振ってみる。

4　証言者から人間的な信頼感を獲得する。何よりも言葉がすらすらと出てこなくても、待つことができる忍耐とハルモニに対する深い愛情が聴き手に必要だ。

5　さまざまな方法を使っても、言葉がうまく出てこない場合、証言チーム長とすぐ連絡を取って新しい方法を模索する。

(2) 聴き取り調査の進め方

三回の調査を基本とする。毎回、聴き取りが終わるたびに、証言チーム長に電話あるいはeメールで報告し、調査日誌を必ず作成する。

1　一回目の聴き取りの時に、被害者の基本的な状況を把握して、親密感を形成する。まず、調査者たちはハルモニに簡単な自己紹介をして、調査目的を伝えて、録音の許可をとる。

しかし、録音するとしても、ノートに重要な事項を書きとめながら進めることが、後で録音を文字に起こす時にも役に立つ。またハルモニの顔の表情、行動など(たとえば、「ここで怪我をした」と言う時は、ここがどこなのか記録する)は、録音できないのでノートに書き留めねばならない。聴き取りは現在の状況を中心に進める。一回目の聴き取りの後、録音された内容をすぐに書き起こして整理し、証言者に対する基本的な理解をはかる。つまり、証言者が動員された地域について把握して、聴き取りで証言者が話した日本語の意味などを理解できるようにする。こうした作業は次の調査を進めるのに、非常に重要な土台になる。

2　二回目の聴き取りの時には、自由回答質問を中心にして、可能ならば証言者が記憶に深く残る体験を聴くことができるよう努力する。二回目の聴き取り内容を文字に起こし、補足すべき質問をチームのメンバーの間で相談する。

3　三回目の聴き取りでは、必須質問の中でこれまでの調査で応答がなかった部分をチェックしながら質問する。この過程では、自由回答質問の方法も並行して行う。聴き取りが終わる頃、調査者および挺対協の連絡先を教える。三回目の聴き取りがすべて終わった後には、全体を整理してフロッピーディスクとインタビュー記録をプリントアウトしたもの一部を提出する。

(3)　**聴き取り時の準備事項**

1　必ず録音をする：レコーダーと録音テープの状態を点検して、テープと乾電池をつねに十分に準備する。レコーダーの使用方法を正確に知り、実験をしてみる。ハルモニに渡す挺対協の案内パンフレットも準備していく。

2　可能ならば、写真を撮る(三回目の調査の時期がいいだろう)。

3　そのほか(幼い頃、または強制連行された時期の写真や所持品)も可能ならば集める。

聴き取り内容

1　聴き取りは、開かれた質問と必須質問で構成される。一連の番号1、2などは、開かれた質問のテーマを表し、各テーマの下の質問は必須質問である。
2　聴き手は、聴き取りのテーマおよび各テーマの下の必須質問を熟知する。
3　実際の聴き取りでは、まず開かれた質問に該当するテーマについて、先に質問を行う。
a　証言者がよく話してくれる場合は、質問をしないでその流れに沿いながら、
b　必須質問の内容が証言の中に出てくれば聴き手が記載しておき、追加質問をする必要はない。
c　二回目の聴き取りまでに出てこない必須質問については、三回目の聴き取り時に質問をする。しかし、証言者すべてが必須質問にこたえられるわけではない。
d　必須質問はまた、証言者の記憶を触発できる触媒のように利用しうるのであり、証言の内容をより詳しく明らかにするための方法になりえる。
4　証言の内容が時系列的に語られるとは限らない。そういう場合は、それをただす必要はない。可能な限り、証言者の流れへの介入を最小限にして、証言者の記憶を活性化させながら、彼女たちのことばを収穫する聴き取りを追求するようにする。

質問内容

1　**人的事項**　基本的な人的事項、主に一回目の聴き取りの時に把握する。
2　**連行状況**
3　**慰安所の状況**　慰安所の一般的な状況について聴く。

4　**強かんおよびその他の暴力についての記憶**　元日本軍「慰安婦」たちは、慰安所に移動する過程から強かんされはじめることが多い。ここでは彼女たちが受けた「言語的」、「物理的」暴力——強かん、威嚇、殴打、拷問、殺害など——と彼女たちが目撃した暴力を思い出すようにする。そして、そうした暴力が証言者にどのように記憶されているか、彼女たちがどのように感じたのかを聴く。

5　**身体の体験に対する記憶**　先のテーマとつながるものである。ここでは主に証言者の身体の体験を中心に聴く。どのような種類の強かんを日本軍人たちが行ったのか、数え切れないほどの性行為の結果、身体にどのような変化と異常がもたらされたのか、性病と妊娠関係はどうだったのかを聴く。こうしたことについて、証言者はどのように記憶しているのかを考察する。

6　**危機状況への対処**　途方もない危機の状況を生き残るために、証言者たちはどんな努力をしたのか。どのように言葉にもできない現実を「理解」して、意味を縫い繕っていったのか。そしてこの時、仲間の「慰安婦」はどんな役割をしたのか。具体的な行動と意味の次元から彼女たちのとった行動を聴く。

7　**戦後の生存／帰国の過程**　証言者の生存は、「九死に一生」だと表現するしかない。どのように彼女たちは、生存することができたのか。そしてほかの大多数の「慰安婦」は、なぜ帰国できなかったのか。

8　**韓国社会での暮らし**　元「慰安婦」女性たちは、自身の経験を周りの人々に言えないまま、閉鎖的な人生を送ってきた人が多いと言われている。彼女たちを支援する社会的なネットワークも不足しており、大部分は経済的に困窮した暮らしを送ってきた。つまり、母国に帰国したけれど、彼女たちの居場所が韓国にはなかったと言えよう。ここには経済的な、社会的な関係のネットワークから、劣悪な状況で耐えてきたハルモニたちの人生にスポットライトをあてる。

9　**結婚および家族の状況**　「慰安婦」という経験が、彼女たちの家族および結婚、出産、性の経験にどのような影響を残したのかを考察する。「慰安婦」ハルモニが、「正常な」女性としての人生を送れなかったと感じることによって、もっとも大きな恨みとして残っている領域だ。ハルモニたちは、自身の純潔、出産、性に対してどのようなことばを持っているか。

10　**「慰安婦」生活が及ぼす身体的・精神的影響**　「慰安婦」経験が残した身体的・精神的な被害、性格の変化などの後遺症の深層にアプローチする。

11　**申告の動機、その後の変化**　〔日本軍「慰安婦」被害者として韓国政府に〕申告した後の彼女たちの精神的、人間関係の側面に残った影響を探る。またこれを通じて、彼女たちのアイデンティティにどんな変化がもたらされたのかを調べる。

インタビュー記録作成の要領

- 用紙はＡ４
- 余白は上19〔ミリメートル、以下同じ〕、下15、左側と右側30、ヘッダーとフッター15

- 段落の形は左側、右側、インデントなく、行間隔150
- 文字の形は新明朝、文字の大きさ10
- 最初のページは証言者の名前、聴き手の名前、聴き取り日時、場所を明記
- 録音テープの番号とA、B面を表示
- 聴き手の質問は——で示す。聴き手が二人の場合、誰が質問したかを表示
- 証言者の返答は、改行して書く
- 状況の説明は脚注で処理
- 動作を表す時は（　）、解釈者の解釈が必要な時は［　］で処理

（訳・金富子）

付録Ⅱ　聴き取り記録原文の例

〔事例1〕　証言者　韓オクソン

　聴き手　李善炯、羅珍女

　聴き取り日時　一九九九年五月二六日

　聴き取り場所　京畿道仁川市富平洞自宅

テープ1-1-A

どこかに差し込んでおかなくてもいいんですか？

——羅　はい〜。性能がいいんですよ。ハルモニの声がとてもクリアに録れますよ。

（一同笑）

（インタビューを）しながら召し上がりなさい。冷めちゃうから。

——李　ハルモニはされたことがありますか？　こういうものを使ってインタビューしたことありますか？

ううん、私は（インタビューを）しながら差し込んでおくものだと思ったから聞いたんだよ。

——羅　腰はその時にそんなにたくさん痛めたんですか？

はい、足で腰を蹴られて、それで。

——羅　職業紹介所のようなところに行かれたんですか？

はい。職業紹介所に行ったら**タカサショウテン**というところを紹介してくれて、行ったんです。それでそこで何カ月かいたんだけど、その次の年の四月一七日の日がオモニの法事だったんですよ。それでそれに出るために帰ってきて［もう一度タカサショウテンに］戻ったら、ある知らないお客さんが来ていました。

——李　知らないお客さんですか？

うん。年を取った男性が。それで挨拶しなさいと言われて挨拶したら、「お金を稼ぎたいなら一緒に行こう、お金稼げるいいところがあるから行こう」って言うから、その男に騙されて行ったわけですよ。そうしたら今は知らないけど、その時は知らないけど、今思い返せば紹介所の先に行ってみたら女の子たちが七人いました、その子たちは売られてきたのかそれは分からないけど、もう新義州の川を渡って今は知っているけど吉林省だと思います。その時は知らなかったですよ。そうやって行ったんだけど、

幕をいっぱい張って、女の子たちがただ、なに、ベルを持って出ていったり入っていったりして軍人たちは列をなして、ただもうすごいですよ。私は何にも知らないでついて来たんだから、言うことを聞かなかったから、ただもう「**キサマヤロー**」って罵倒されたり、こぶしで殴られたりもして、なだめすかされたりもして、それでも私が言うことを聞かなかったんですよ。そうしていたらそこには何日もいなかったと思いますよ。前線だって言っていたから。どれくらいいたのかは覚えていないんだけど、もう歳が八一だから思い出せないけど、汽車に乗せられてまたどこかに行った

んです。それでついて行ったんだけど、太原だったと思います。

——李　太原ですか?

太原。

——羅　中国ですか?

中国の、はい。太原と言うところに到着したんだけど、そこは旅館の部屋のように部屋がたくさんある家をもらったのか、そこに行ったら部屋を一人ずつみんなにくれたんですよ。やっと今は、太原というところであるってこともどういうことなのか分からなかったんだけど、後で知ったところによると、太原っていうところだったって、そんなところまで連れていかれたからもうそれ以上逃げられなくて鞭で打たれて。それでただ仕方なくただ恥ずかしい話だけど本当に軍人を相手にしながら泣きながらとにかくどうにか日々を過ごしたんですよ。そうしたら(泣きながら)そうしたら、またしばらくしてそこから汽車に乗ってずっと行ったんだよ。行ったらオスイジンという村に到着しました。ファンスジン。それでそこに到着したんだけど、そこも行ってやっぱり部屋を一つもらったのか、部屋ごとに、ただ、女たち全員、全員に一部屋ずつくれて。私も本当に、部屋を一つもらったからどうしようもなくて、そこでは本当にどうせ身体は、捨てた身体だしそれでただ軍人の相手をして、(泣きながら)他の女たちはなに、ただもう、いそいそとただもう、火が付いたように出入りして、騒々しくしてても、私はどうにかして、ただ身を入れないで、あれをしないように、すごく努力もしましたよ。でも、それが思い通りにはならないから。でもその男が売り飛ばしたみたいですよ。後になって知ったことだけど。

——羅　ハルモニはお金も受け取らなかったんですね？

受け取らなかったよ。受け取らなかったからこんなにも苦労をしましたよ、なに。そうしたら～お金を受け取って行ったなら知らないけど。いま。なんで鞭で打たれるんですか？　その女たちがやってるとおり真似しましたよ。そうしたら少しだけ過ごして今度はオスイジンに行って、そこでも家を一軒準備してそれぞれ部屋にばっといれておいて、そこで綿を買って布団を作らせたんですよ。それで中国の女たちが綿を売っているのを買って（慰安所の）主人が綿を打って布団を作りました。それでそこでどれくらいかすぎてからオレイガンというところにまた行きました。

——李　オレイガン？

オレイガンなんだけど、韓国語だと黒龍江かな？

——羅　黒龍江ですか？

はい。それでそこに行ったんだけど、オスイジンでは、オスイジンでは身体検査をしたかな？しなかったかな？　あんまり昔のことだからそれも忘れちゃったけど。オレイガンでは確かに身体検査をしました、私は。そうして身体検査をするんだけど、これが野戦病院ですよ。そこに連れて行かれて身体検査をするんだけど、**ハガショイ**という軍医官が将校です。軍医官が検査をして、なぜかわからないけど、私がちょっと身体がきれいな女だって、処女が慰安所に来てこうなったっていうことを、どうやってか、そういうことをわかったみたいですよ。何日か後に夜にやってきました。やってきて私を訪ねるんですよ。それで出て行って見ると、その**ハガ**軍人が、軍医将校が訪ねてきたんです。それで呼ぶんです。それでもう、身体は捨てた身体だからどうしようもなく、ただ本当に相手をして送り出したら。その人が本当に、軍医将校だからすごくたくさん私が得をしたんですよ。その時から私はただ無理をして、本当に努力してお金を稼ごうとはしなくなりました。そうしたらそこからまたオレイガンと言うところに行きました。ああ、違う違う。オレイガンで、もうその将校が通ってきたから本当にやむない事情で仕方がない時はただ客をとって、その軍医官が訪ねてくるから。私は本当にそんなにお金を稼ごうと身を入れなかったんだけど。それからオレイガンから、だから、どこに行ったかっていうとオボジェンイというところに移りました。

――李　オボジェンイですか?

はい、オボジェン。それでそこで後に探して来いっていうから行って。部屋を一つ借りてくれました。あ、最初は部屋は借りられなくて、知り合いの食堂。片側で食堂をして、もう片側で女たち、身体を売る女たちがいるところです。そこで主人に話をして、その端っこに部屋を借りてくれたんですよ。それでその部屋にいてその**ハガ**軍人さんだけが通ってきて……。私に子どもがいたんですよ。今の子じゃなくて、一人は(泣き出しそうな顔で)日本に行きました。二人とも育てられなくて、養女に出したんですよ。それで上の子が出来たんだけど、オボイジン《ママ》にいた時に上の子ができて産んだんだけど……。あるときハヒョンという所に行って、ある食堂にまた言っておいたみたいですよ。それでついて行ってみると、ハヒョン大衆食堂なんだけど二人のおじいさんしかいなかったんですよ。それでそこでお茶を出しながら日々を暮らしたんだけど。お腹がだんだん大きくなるから、その年老いたおじいさんが「うちは女給を置けない状況だ。だからうちがいいところを教えてあげるからそこに行け」って言って、そこから少し離れたところだったけど、すごく離れてはいなかったんですよ。それでハヒョンから違う場所に、そこは日本の家だったんだけど日本の女の子が三人いたかな、二人いたかな、茶房がありました。私はそこでお腹が大きくなって、そこでお腹が出てきたんですよ。それでその家もおじいさんの家だったんだけど。なに、ものすごく年を取っていたわけでもなかったんだけど子どももいなかったんです。四七歳で、女は三七歳だったんですよ。でも男の名前がシライジンスケだったかシライ……とにかくそんな名前で、夫人の名前ははっきりと覚えているけど、旦那の名前は忘れちゃいました。（以下、省略）

（訳・古橋　綾）

〔事例2〕　証言者　崔甲順

聴き手　夫嘉婧、ジャン・ミウォン

聴き取り日時　一九九九年六月九日

聴き取り場所　城北区所在　崔甲順ハルモニが暮らしている部屋

テープ1-1-A

（前略）

――夫　ずっと同じところにいらっしゃったんですか？　満洲？

満洲もね、初めて行ったときは東安省に行って、そこでも追われてね、あーそこ、どこだっけな。とにかく中国領とロシア領だけど、でもそこには山もないんですよ。

ああいうところは原っぱだよ、ちょっとどこか盛り上がってるところがあれば、そこが山ですよ。そっちの峠を越えたらもうソ連領ですよ。

そこでは大体三カ所くらい逃げ回ったよ。どこどこに攻めてくるっていうと、私たちを車に乗せて連れて行っては、〔慰安所を〕すぐに作ってね、すると軍人たちがワーッと〔入ってくる〕。

——夫　部屋がいくつくらいありましたか？

あ、女たちだけ三〇人超えますよ。だからこうやって（廊下が真ん中にあって部屋が向かい合ってる様子を手で描いて見せる）ずらっと並べて、こっちにも部屋、あっちにも部屋、そうやって**ナラビ**になっててね、毎日、雪が降ろうが、雨が降ろうが、一日も休む暇がなかったよ。それでも私みたいな人（ハルモニ自ら）は、それでも運が良かったのか一度も病気になったこともありませんでしたよ。だからよくしてくれた人は、私のことを胸が痛い、痛いとね。病気にもならないし金も稼ぐし、足も開くとね。またね、偉い奴らが来るとね、夕方に一〇〇〇ウォンずつ出して、一〇〇〇ウォンでもって一晩中泊まっていきますよ。夜の九時、一〇時になって（慰安所に）来て一〇〇〇ウォンだけ出して、翌朝に帰りますよ。でもこの人たちは帰り際にかわいそうだといって五〇〇ウォンくれていく、かわいそうだとね。食いたいもん食えと。あの頃、私はね、化粧もしなかったですよ。化粧のしかたも知らないしね、今でもね。こんなの（眉毛を描く真似をしながら）買ってみろと、かわいそうだと五〇〇ウォン札くれるけどね、私はそんなの使い方も知らないから、もらった金を「一昨日の晩に寝て行った人がこうやって五〇〇ウォンくれましたよ」と〔金を取る人間に〕納めてね……。

——夫　アイゴ、ハルモニ。

だから私が一番金を稼いだよ、たくさん稼いだよ。

——夫　そのお金をそのまま主人に渡したのですか？

そうだよ、そのまま渡したよ。一週間に一度、ほら、まだ田舎娘だからね、水商売で少しでも働いたことのある一七歳、一八歳になった者たちはすごくませてたよ。でも私はまだ初心者だから、一七歳の、あの時は韓国人（朝鮮人）がいませんでしたよ。中国だったから韓国人（朝鮮人）がいなかった。だから洗濯するといっても、そのまま洗濯ができない。自分たちで自分たちの洗濯からするから。もうね、ある人は一週間に一度検査を受けるから、その日、その人たちは客をとらない、とれないよ。

——夫　ああ、一日取らないんですか？

はい。一週間に一日はとらない。するともう女たちは、その三〇人いる女たちの中でシーツを敷いておいて、シーツの上であれをするのに、もうね、水が染みついて汚れるんだよ、一日だけしても、日が暮れるまで一晩中、そういうのをするからね。それでそれを私が一枚に、一つ洗ってあげるのに五〇銭ずつもらうのさ。シーツ一枚ずつ洗うのに（ハルモニが少し笑って）そうして三〇人のそれを、シーツを全部集めて洗濯用の苛性ソーダで、あのときは洗剤があったから。中国人の店に行って、店主に向かって、そこの店主を社長さんと呼ぶよ、私らはすぐにわかるからね。洗剤を買おうとすると、何に使うのかときかれるから、これ一つ洗うのに五〇銭くれるから、私が全部洗って稼いで、自分の借金分稼いで返すんだと言うよ。するとアイゴ、「**カワイイデスネ、カワイイデスネ**」といいながら洗剤を一袋売ってくれますよ。そしたらそれをある程度溶かしてね、それによく揉んで煮洗いして、それからきれいなお湯でよく煮洗いしてね、その日、その日のうちにやっておかないと翌日に〔彼女たちが〕客をとれないんですよ。そうすると金が結構できますよ。この〔シーツ〕一枚に金を五〇銭ずつもらうからね。三〇枚ならいくらになる？　三〇枚洗ってあげるよ。〔そしたら〕ある女たちは意地悪してくれない奴もいるし、金がないといってくれない奴もいたり、後からくれる女もいてね。こうやってね、集めた金を全然使わずに、こうやって稼いだのを抱え主に全部納めるからね、私をかわいそうだと思ったんですよ。そうだったのに、そうしていくときに（敗戦後日本人の抱え主が撤収するときに）行くということばもなく、一昼夜のうちに誰にも知らせないでどこに行くとも言わないで去ってしまったよ、私らだけ除け者にしてね。それで後から二人で出てきたけれどもね、もう市内で火事が起きてね、私らがいるところ（慰安所）だけ火事にならなかったけどね、市内で軍人がたくさんいる場所だけが火事になってメラメラと燃えたよ、軍人たちは誰も知らないうちにいなくなってしまってね、そんな風に解放されましたよ。私たちは。

（訳・金美恵）

〔事例3〕　証言者　安允弘

聴き手　庵逧由香、金ヨニ

聴き取り日時　一九九九年六月八日

聴き取り場所　京畿道平沢自宅

テープ1-2-A

（前略）

——金　その時そこで？

うん。

——金　客だってこうやって行ったんですか？

（ハルモニ、少し沈黙し記憶をたどる）

客だって言ったんだったか？　軍人だとは言って、**ヘイタイサン**だってそう言って……そうやって言ったことは……**ヘイタイサン**たちだったよ、原則は。

——庵逧　ヘイタイサンだって言ったんですか？　ヘイタイサンがその……軍票のようなものを払っていきませんでしたか？　ただ……。

うん。もう、ドアの前で見ると誰かということが、その人が全部書いてから入れるんだ。書いて、どの部屋に入っていくのか全部分かるよ。こいつは私の奴で、私の部屋に入ってきて、あいつは他の部屋に、自分が気に入ってる部屋にみんな入っていくんだよ。

——金　じゃあ、ハルモニにそれをくれましたか？　そうじゃなくて書き記すだけだったんですか？

それ、その帳簿小さいから全部書き記したよ。

——金　帳簿だけですか？

もちろん！

——金　じゃあ後でお金をくれなかったんですか？

お金、お金は、お金なんかくれるもんか。

――金　そうやって、全部、なに、ネマス？　みたいなものを全部引いた後に、くれなかったんですか？

くれなかったよ。

（中略）

――庵逧　ハルモニがじゃあそこにいたのが、だいたい、どれくらいですか？　その、子どもを三カ月、子どもを妊娠されて、なに、三カ月くらい……。

三カ月だよ。

――庵逧　三カ月で……その、そうだとしたらその時まで、出てこられるまでどれくらいですか？

――金　何、何カ月くらいいたんですか？　そうしたら？

だから一一カ月いたよ。

――金　一一カ月ですか？

うん〜〜〜。

――庵逧　じゃあ一年近くいたんですね。その間に、でもハルモニにしょっちゅう来るヘイタイサンのような人はいましたか？

うん、背が高くてすらりとしていて、なんで、その日本に、そんな人が暮らそうって言ったら暮らすだろうな、そんな人もいたよ。

――金　その人、名前は憶えていませんか？

名前は憶えていないよ。名前は。一年くらい一緒にいた人たち同士でも知らないんだから。

（中略）

――庵逧　じゃあその時……ハルモニがいらっしゃった部屋が～。

うん。

――庵逧どんな感じでしたか？　その大きさがどのくらいでしたか、その時……。

（手で大きさを示しながら）これを見て。

――庵逧　（動作を真似ながら）これくらいですか？

そこ、うん、うん、これ、これくらいなら部屋が三つ、三つ作った。

（中略）

――庵逧　そうしたら、でも、その時、なに、名刺のようなもの、どうやって。掛けましたか？　番号だけを掛けたんですか？　部屋に、ハルモニの名前もこうやって書いて貼り付けたんですか、その時。

名前を書いて貼り付けてあったよ。

――庵逧　名前を書いて？

うん。

――庵逧　はい、ハルモニの源氏名が……マツモトだって……。

――金　じゃあそこにもマツモトって書いたんですか？

うん、そうだったよ。（以下、省略）

（訳・古橋　綾）

証言を理解するために——朝鮮植民地支配と日本軍「慰安婦」制度

金 富子

本書には、韓国在住の朝鮮人「慰安婦」サバイバー九人の証言が収録されている。連行された先は中国「満洲」(金永子、崔甲順、安允弘=仮名、金ボクトン)、中国華北(韓オクソン)、日本(尹順萬)、シンガポール(金華善、安法順)、南洋群島(金チャンヨン=仮名)と広範囲にわたる。連行された年代は一九三三年から四五年までで、連行方法は就業詐欺、人身売買、路上での拉致などさまざまだ。ただし連行年は、証言チームが年齢から逆算した推定の年であることに留意してほしい。ここでは、なぜ朝鮮人女性が日本軍「慰安婦」にされたのか。九人の証言をより深く理解するために歴史的な背景をみていこう。

朝鮮植民地支配と日本軍「慰安婦」制度のはじまり——「満洲国」を中心に

日本は、朝鮮を戦場にした日清戦争(一八九四〜九五年)・日露戦争(一九〇四〜〇五年)を通じて朝鮮への侵略と軍事的支配を強め、一九一〇年に「韓国併合」を強要し朝鮮を植民地化した。

植民地下で朝鮮人は日本国籍を強いられたが、日本人と同じ扱いはされなかった。たとえば、義務教育制のある宗主国日本と異なり、朝鮮では義務教育制でなかったため学校に通うには高額な授業料が必要だった。さらに朝鮮人女児の学校就学率は著しく低かった(約六%。朝鮮人男児二六%、在朝日本人男女九九%＝一九三〇年度初等教育機関)。民族差別に加え、ジェンダー差別があったからだ。本書のサバイバーたちも学校に行けず、文字の読み書きができなかった。また、当時の朝鮮人の八割は農民だったが、植民地政策によって土地を奪われ(土地調査事業)、収穫した米も日本に奪われ(産米増殖計画)、貧窮化していった。「慰安婦」サバイバーのほとんどは貧農出身だ。朝鮮人「慰安婦」動員の背景に、政策的に作り出された飢えと貧しさがあったことは軽視できない。

そのうえで歴史上はじめて「慰安所」という用語が登場したのは、一九三二年初めに日本軍が中国で起こした上海事変の時だった。その前年の三一年九月に関東軍(＝日本軍)が「満洲」(中国東北)を全面占領して、三二年三月に日本が傀儡国家「満洲国」を建国した頃である。上海事変時に日本海軍が上海で慰安所をつくり、陸軍も上海で慰安所をつくった。

関東軍が支配した「満洲国」の各地に慰安所の設置が広がり、日本人や朝鮮人の女性たちが動員されはじめた。資料で確認できる中国東北最初の慰安所は、三三年四月に平泉に駐留する日本軍部隊が設置したものだ。本書に登場するサバイバー五人に限らず、韓国政府への「慰安婦」登録者のなかにも「満洲国」の各地に連行された被害者が多いのは、朝鮮に隣接したこと、長期にわたって慰安所が置かれていたことが理由としてあげられる。

崔甲順と安允弘が連れて行かれた東安省は、ソ連国境に面して「満洲国」政府が新設した省(現在は黒龍江省東部)だ。また、金永子が行かされた中ソ国境沿いの東寧(現在は黒龍江省牡丹江市東寧県)

では、対ソ連作戦上の軍事要塞の建設工事が一九三四年から日本敗戦まで中国人の強制労働によって行われたが、その地下要塞はアジア最大規模だった。そのため東寧には、第一国境守備隊を中心に関東軍部隊が配置され、東寧要塞周辺の村々には慰安所が設けられた。

日中全面戦争・アジア太平洋戦争と朝鮮人「慰安婦」

一九三七年七月、日本が中国への全面戦争を開始すると、日本軍兵士による中国人女性への強かん事件が相次ぎ(同年一二月の南京虐殺の時が有名)、現地の日本軍は陸軍中央の承認を受けて慰安所を大量に設置していった。中国各地の慰安所に、日本や朝鮮から女性たちが送り込まれ「慰安婦」にされた。中国華北に連行された韓オクソンもこのケースとみられる。

一九四一年一二月、日本軍がマレー半島に上陸して連合国軍(米・英など)との間でアジア太平洋戦争がはじまると、陸軍省自らが慰安所の設置に乗り出し、日本が占領した東南アジアや太平洋諸島の広大な地域に慰安所が広がった。これらの地域に、日本人や朝鮮人も軍用船などで「慰安婦」として連行された。この間に、中国はもとより、フィリピンやインドネシア、南洋群島など、現地の女性たちが大量に強かんされたり、「慰安婦」にされた。

金華善、安法順はシンガポールに連行された。日本軍は一九四二年二月にシンガポールを占領し、二月末に慰安所を開設した。確認された慰安所は少なくても五~六カ所あり、日本人、朝鮮人、マレー人、インドネシア人などの「慰安婦」がいた。市内のケーンヒル・ロードの慰安所には朝鮮人が多かった。安法順の証言と空間配置図(本書二六五頁)から、安はこのロードの「シオコクラブ」、即ち「将校クラブ」にいた可能性がある。この空間配置図の「ショウナンホテル」とは日本軍が当時「昭南旅館」と呼んだラッフルズホテル、「ダイトワゲキジョウ」(大東亜劇場)はキャセイ・ビル、大通りはオーチャード・ロードを指し、ケーンヒル・ロード沿いに日本軍人向けの遊び場がたくさんあった(林博史氏のご教示による)。安の記憶の確かさに驚かされる。日本から多くの料亭が市内に進出したが、安の証言からその様子がわかる。

金チャンヨンが連行された南洋群島(赤道以北のミクロネシアの島々)をみよう。第一次世界大戦中に日本海軍が南洋群島を占領し、大戦後に委任統治領にした日本は、一九二二年に南洋庁をパラオ諸島コロール島に設置した。日本から移民が増加し、芸妓・酌婦も数多く渡航した。三〇年代後半に軍事工事のため朝鮮人が戦時動員された。日米開戦前の一九四〇年から四一年にパラオ、サイパン、クェゼリン、トラックに海軍の根拠地隊が新編され、いずれも第四艦隊に所属して配置された。「満洲」にいた関東軍の部隊も南洋諸島に送られた。日米両軍が激突したサイパン、テニアン、トラック、グァム、パラオ、ペリリューなどの島々には慰安所があり、日本人や朝鮮人が「慰安婦」として送られた。金チャンヨンがいた慰安所では、海軍の相手をさせられた。

また、ｗａｍ「日本軍慰安所マップ」によれば、戦時期の日本各地にもたくさんの慰安所があったことが明らかになっている。軍都・広島の軍服工場で働かされたあと山奥の部隊に行かされた尹順萬は、このケースとみられる。ただし日本各地の慰安所の実態は、明らかでない点が多い。歴史研究による解明が待たれる。

植民地・戦場・ポスト植民地社会を生き抜いたサバイバーたち

慰安所設置の名目の一つは、日本軍兵士による占領地の女性への強かん防止だったが、実際には強かんは止まなかった。また、日本軍将兵への性病防止も名目の一つだったが、性病防止もできなかった。検査は目視でなされ、兵士には定期的な検査をしなかったからだ。にもかかわらず、「慰安婦」への性病検査は、週一回など定期的に部隊付きの軍医や衛生兵によって行われた。

本書のサバイバーの証言には、慰安所での初めての性暴力、慰安所前で列をつくる軍人や慰安所での乱暴な軍人のようす、性病検査や検査時に使われた「カモのくちばし」、梅毒治療のためのサルバルサン注射(別名六〇六号)、サックやゴム(軍支給のコンドーム)などの語りがひんぱんに登場する。まさに当事者でしか語りえないディテールであり、それらをどう感じたかも語られている。慰安所に関連する日本語(地名、人名、歌、日常用語など)もひんぱんに出てくるが、本書では音の通りに太字で表記した。こうした日本語は「慰安婦」にされた痕跡を雄弁に物語る。

日本軍「慰安婦」にされたのは、朝鮮人女性だけではない。しかし朝鮮人女性が日本の支配・占領した広範なアジア太平洋全域に、数多く「慰安婦」として連行されたのは確かだ。未成年が多かったのも特徴の一つだ。その最大の理由は、日本が朝鮮を植民地支配したことだ。より具体的には当時の植民地政策を背景に朝鮮人が貧窮化したこと、朝鮮人女性には民族差別に加えジェンダー差別が激しかったこと、日本が婦女売買禁止国際諸条約から植民地を適用除外したこと、日本軍が性病対策として性経験のない若い女性や少女を「慰安婦」として徴集しようとしたことなどがあげられる。植民地支配への理解を抜きに、朝鮮人「慰安婦」問題を語ることはできない。

本書でサバイバーたちが語っているのは、慰安所での性被害だけではない。彼女たちの前半生や「慰安婦」後の長い後半生を含めたそれぞれに個性的な人生が語られている。それでも、戦場で「慰安婦」たちは、殴打と虐待、拷問などによる身体の外傷、生殖器の破損、人工妊娠中絶や不妊措置、性病感染にさらされ、その後遺症は精神的なトラウマを含めて、生涯にわたって彼女たちを苦しめた。サバイバーたちの語りから、彼女たちの人生を貫いた「慰安婦にされたこと」の被害（梁鉉娥）とは何だったのかを汲み取ってほしい。

参考文献・サイト

青木茂（二〇一三）『万人坑を訪ねる――満州国の万人坑と中国人強制連行』緑風出版

アクティブ・ミュージアム「女たちの戦争と平和資料館」（ｗａｍ）（二〇一九）「日本軍慰安所マップ」https://wam-peace.org/ianjo/　（二〇二〇年八月三〇日閲覧）

今泉裕美子（二〇一五）「南洋群島の日本の軍隊」坂本悠一編『帝国支配の最前線――植民地』吉川弘文館

金富子・板垣竜太責任編集（二〇一八）『Q＆A朝鮮人「慰安婦」と植民地支配責任――あなたの疑問に答えます』御茶の水書房

林博史（一九九四）「シンガポールの日本軍慰安所」『季刊　戦争責任研究』第四号

梁鉉娥、梁澄子訳（二〇一〇）「植民地後に続く韓国人日本軍「慰安婦」被害」、西野瑠美子・金富子責任編集『証言未来への記憶　アジア「慰安婦」証言集Ⅱ――南・北・在日コリア編　下』明石書店

吉見義明（一九九五）『従軍慰安婦』岩波新書

韓国挺身隊問題対策協議会・
2000年女性国際戦犯法廷証言チーム

梁 鉉 娥（ヤン ヒョナ） ジェンダー法学．ソウル大学校法学専門大学院教授

金 秀 娥（キム スア） メディアとジェンダー．ソウル大学校言論情報学科／女性学協同課程副教授

金 秀 珍（キム スジン） 社会史学．大韓民国歴史博物館学芸研究官

金 ヨ ニ（キム ヨニ） 韓国史．

羅 珍 女（ナ ジンニョ） 社会学．ハル大学（Hull University，英国）研究員

夫 嘉 婧（プ カチョン） 社会福祉学．韓国労働研究院専門委員

李 善 炯（イ ソニョン） ジェンダー政策．ソウル市女性家族財団研究委員

崔 奇 子（チェ キジャ） 女性学．ジェンダー教育研究所（IGE）副所長

韓 雪 雅（ハン ソラ） 社会福祉学．ウェスタン·カロライナ大学（Western Carolina University，米国）社会福祉学部教授

〈監訳〉

裵 姈 美（ペ ヨンミ） 社会学・歴史学．独立記念館韓国独立運動史研究所研究員

〈翻訳〉

金 美 恵（キム ミヘ） 東アジア・朝鮮近現代史研究．東京大学大学院総合文化研究科特任研究員

趙 慶 喜（チョウ キョンヒ） 社会学・マイノリティ研究．聖公会大学東アジア研究所助教授

中野宣子（なかの のりこ） 韓国語翻訳・講師

李 玲 実（リ リョンシル） 在日朝鮮人女性史．一橋大学大学院博士後期課程在学中

〈編訳〉
金 富 子　ジェンダー論・ジェンダー史．東京外国語大学大学院教授
古 橋 綾　社会学・ジェンダー研究．東京外国語大学大学院・立教大学非常勤講師

記憶で書き直す歴史
──「慰安婦」サバイバーの語りを聴く
韓国挺身隊問題対策協議会・
2000 年女性国際戦犯法廷証言チーム

2020 年 12 月 11 日　第 1 刷発行

編訳者　金《キム》 富子《ブジャ》　古橋《ふるはし》 綾《あや》

発行者　岡本　厚

発行所　株式会社 岩波書店
〒101-8002 東京都千代田区一ツ橋 2-5-5
電話案内 03-5210-4000
https://www.iwanami.co.jp/

印刷・三秀舎　製本・中永製本

ISBN 978-4-00-061442-9　　Printed in Japan